그레이트 마인드셋

세계 최고 대가들의 인생을 바꾼 결정적 순간

그레이트 마인드셋

루이스 하우즈 지음 | 정지현 옮김

The
Greatness
Mindset

포레스트북스

"성공과 실패는 대단한 차이가 있는 게 아닐 수도 있다. 많은 사람이 성공을 위한 특별한 비법이나 지름길을 갈구하지만, 저자의 일대기를 살펴보면 성공은 그런 것들보다는 의지와 용기, 그리고 실행력에 달려 있다는 생각이 들게 한다. 책을 읽는 동안 '나도 해봐야겠다, 나도 해볼 수 있겠다'는 생각과 가슴의 두근거림이 멈추지 않았다. 열정과 의지로 자신의 길을 개척해나가고 있는 모든 사람에게 이 책이 작은 떨림과 커다란 용기를 선사할 것이다."

박지웅 패스트트랙아시아 대표이사,
『패스트트랙아시아 박지웅의 이기는 게임을 하라』 저자

"그럭저럭한 삶을 살고 싶은가? 위대한 삶을 살고 싶은가? 부상으로 무기력하게 소파에 널브러져 TV나 보던 저자는 어느 날 새로운 결심과 행동을 시작으로 자기계발 분야 최고의 인플루언서가 된다. 그는 우리에게 위대함은 능력과 재능이 아닌 선택의 문제라고 말한다. 이 책은 위대함으로 가기 위한 비결과 장애물, 그리고 마인드셋과 플랜에 대해 단계별로 제시한다. 관중석에 있을 것인가? 경기장의 선수로 뛸 것인가? 이 책을 통해 목적, 의욕과 동기가 희미해진 독자들이 자리를 박차고 일어나 위대함을 선택하고 의심과 두려움을 뛰어넘어 자신의 사명을 성취하기 바란다."

신수정 KT 엔터프라이즈 부문장,
『일의 격』 『거인의 리더십』 저자

"루이스는 이 책에 이 시대를 살아가는 사람들에게 너무도 필요한 메시지를 담았다. 번아웃, 스트레스, 불안으로 가득한 세상에서 이 책은 독자들이 그들의 목적과 다시 이어지고 내면의 힘을 깨우고 그들의 재능을 이용해 더 나은 사회를 만들 수 있도록 도와줄 것이다."

아리아나 허핑턴Arianna Huffington,
「허핑턴 포스트The Huffington Post」 공동설립자,
스라이브 글로벌Thrive Global 설립자/CEO

"그동안 꿈을 이루기 위해 끊임없이 장애물을 극복하는 루이스의 모습을 지켜보면서 감탄의 연속이었다. 나는 그가 사람들이 자기 의심을 극복하고 만족스럽고 풍요로운 삶을 살 수 있도록 도와주기 위해 그의 방식을 문서화하는 데 시간을 할애했다는 사실이 감격스럽다."

제이 셰티Jay Shetty, 「뉴욕타임스」 베스트셀러 1위
『수도자처럼 생각하기』의 저자, 팟캐스트 「목적에 관하여On Purpose」 진행자

"인생에서 무엇을 하든 올바른 마인드셋을 선택하는 것은 당신의 꿈을 이루기 위해 가장 중요한 요소다. 이 멋진 책에서 루이스 하우즈는 진정한 위대함을 이루는 실용적인 도구를 제공한다."

조 디스펜자Joe Dispenza 박사, 「뉴욕타임스」
베스트셀러 『당신이 플라시보다』 저자

"루이스는 우리에게 커다란 힘을 실어주는 방법으로 힘든 진실을 공유하는 능력이 있다. 이 책은 자신의 진실을 용감하게 마주하고 최고의 나에게 돌아갈 수 있도록 지지와 격려를 아끼지 않는다. 인생을 업그레이드할 준비가 된 모든 이에게 이 책을 강력하게 추천한다."

가브리엘 번스타인Gabrielle Bernstein, 「뉴욕타임스」
베스트셀러 1위 『우주에는 기적의 에너지가 있다』 저자

"가능성을 제한하는 믿음은 너무 오랫동안 당신의 발목을 잡았다. 루이스 하우즈가 이 책으로 당신을 도와줄 것이다. 믿음을 바꾸면 인생도 바뀐다."

멜 로빈스Mel Robbins, 세계적 베스트셀러
『굿모닝 해빗』, 『5초의 법칙』 저자

"부담스러울 수도 있는 주제에 대해 실용적이고 과학적으로 뒷받침되는 방식으로 다가가는 루이스의 접근법은 무척 신선하다. 자신의 비전과 다시 이어지고 관계에 활력을 불어넣고 자신을 업그레이드하고 싶은 사람들에게 이 책을 강력하게 추천한다."

타라 스워트 비버Tara Swart Bieber, 의학박사,
신경과학자, MIT 슬론 경영대학원 교수

이 책을 고통 속에서도 나를 짊어져 준 용감한
과거의 나와 부끄러움을 마주 보고 치유하는 법을 배운
현재의 나에게 바칩니다. 그리고 미래의 나에게도 바칩니다.
위대함으로의 여정은 이제 막 시작되었기에.

차례

Part 4 ————

3단계: 그레이트 마인드셋

Part 5 ————

4단계: 위대함을 위한 게임 플랜

The
Greatness
Mindset

Part 1

위대함의 발견

위대함은 '자신의 고유한 재능과 선물을 발견해 의미 있는 사명을 추구하고, 주변 사람들에게 위대한 긍정적인 영향을 준다'는 뜻이다. 당신은 자신만의 고유한 재능과 선물을 발견하고, 그 재능을 펼치기 위해 전력을 다하고, 그 과정에서 주변 사람들에게 최대한 영향력을 발휘할 준비가 되었는가? 대답이 예스라면 당신은 그레이트 마인드셋을 배워 인생 이야기를 다시 쓸 수 있다. 내가 위대함을 쫓는 것이 아니라 위대함이 나를 쫓아올 것이다.

Chapter 1
위대함을 꿈꾸며

스물세 살의 나는 오하이오주 콜럼버스에 있는 누나 집에서 신세를 지며 소파에서 쪽잠을 잤다. 빈털터리도 그런 빈털터리가 없었다. 헛웃음이 나올 지경이었지만 웃을 수도 없었다. 그게 내 현실이었으니까. 위대함과는 한참 동떨어진 인생.

그런 상황으로 내몰리기 직전까지만 해도 나는 운동밖에 모르는 사람이었다. 10종 경기에서 올-아메리칸(All-American, 미국의 각 스포츠 분야에서 매년 고등학교와 대학교 아마추어 최우수선수에게 주어지는 타이틀 - 역주)이 되었지만 가장 큰 열정을 느낀 스포츠는 풋볼이었다. 풋볼에서도 역시 올-아메리칸이 되었고, 모든 디비전을 통틀어 단일 게임 최다 리시빙 야드(receiving yard, 풋볼에서 리시버가 패스를 받고 앞으로 전진하면서 얻은 야드 거리를 말한다.-역주) 세계기록까지 세웠다. NFL(미국의 미식축구 프로 리

그-역주)을 최종 목표로 삼았고, 마침내 아레나 풋볼 리그(Arena Football League, 실내 미식축구인 아레나 풋볼의 프로 리그-역주)에서 프로 선수로 뛰는 꿈을 이루었다. 하지만 경기 도중에 손목이 부러지고 말았다. 상태가 어느 정도였냐고? 수술이 필요하다고 했다. 골반 뼈를 조금 떼어 손목에 이식하는 수술이었다. 6개월 동안 깁스 신세였고 회복까지 1년이 더 걸렸다.

깁스를 한 지 한 달밖에 되지 않은 2007년 9월, 두 번 다시 경기장에 발을 들여놓지 못할 것만 같은 불안감이 엄습했다. 설상가상으로 그 전해에 아버지가 지구 반대편의 뉴질랜드를 여행하다 사고를 당했다. 아버지는 심각한 뇌 외상을 입었고 몇 달 동안 코마 상태였다. 아버지의 의식은 돌아왔지만 회복까지 기나긴 여정이 될 것임은 자명한 사실이었다. 아버지가 미국으로 이송된 후 드디어 일주일에 한 번씩 아버지를 만나러 갈 수 있었다. 하지만 아버지는 사고 이전, 인생에서 가장 소중했던 사람들을 거의 기억하지 못했다. 좀처럼 차도가 없었다.

밤마다 온갖 생각이 나를 두려움에 빠뜨렸다.

손목 부상이 회복되지 않으면 어떡하지? 다시는 풋볼을 할 수 없게 되면 어쩌지? 내 꿈이 이대로 영영 끝나버리면? 그러면 내 인생은 어떻게 되는 걸까? 아버지가 나를 영영 기억하지 못하면 어쩌지? 앞으로 새로운 길을 찾지 못하면 어떡하지? 나를 사랑하는 사람이 한 명도 없다면 어떡하지? 다시 노력했는데 실패하면 사람들이 뭐라고 할까? 아니, 남들의 시선은 둘째 치고 나 자신의 기대에 못 미치면 난 어떡해야 하는 거야?

그 암담한 나날 동안 내가 할 수 있는 일이라곤 하릴없이 TV 리모컨을 이리저리 돌려가며 광고나 재방송 프로그램을 보는 것뿐이었다. 위대함으로 나아갈 기회가 손에서 스르르 빠져나가는 정도가 아니라 전력 질주로 달아나는 게 느껴졌다. 멍했다. 아무 생각도, 아무 느낌도 없었고 어떤 감정을 느껴야 하는지조차 알 수 없었다. 게다가 아직 대학도 졸업하지 않은 상태였다. 경제적인 상황은 물론이고 몸도 마음도 영혼마저도 너덜너덜해졌다. 앞으로 어떻게 해야 하나, 그저 막막했다. 철저하게 혼자 남겨진 것만 같았다.

내 인생의 이야기가 여기서 끝날 리 없다는 생각이 끈덕지게 버티고 있었다.

하지만 한편으로는 내 인생 이야기가 여기서 끝날 리 없다는 생각이 끈덕지게 버티고 있었다. 앞으로 더 많은 이야기가 있을 거라고, 분명 내 안에 위대함이 있다는 확신이었다. 무엇을, 아니 어디에서부터 시작해야 할지 알 수 없었지만 마음 깊은 곳에는 어떻게든 답을 찾을 것이라는 믿음이 있었다.

중요한 건 마인드셋

살다 보면 갑자기 끔찍한 진실을 깨닫는 순간이 있다. 시간은 속절없이 흘러만 가는데 지금 나는 언젠가 마법 같은 기적이 찾아와 인생이 송두리째 바뀔 것이라는 희망을 꽉 움켜쥔 채 하루하루 버티고 있을 뿐이라는 사실. 꿈은 여전히 꿈으로만 남아 있다. 꿈이기에 언젠가 이루어질 수도 있겠지만 그런 날은 도저히 오지 않을 것만 같다.

이 글을 쓰고 있는 지금, 코로나19 바이러스가 수많은 사람을 무기력과 스트레스, 우울증에 빠뜨렸다. 하지만 꼭 세계를 뒤흔드는 팬데믹이 아니더라도 우리를 시련에 들게 하는 일은 언제든지 생긴다. 산다는 건 그런 것이니까. 최근에 당신은 전혀 예상치 못한 일을 당해 앞으로 어떻게 해야 할지 막막한 상태일지도 모른다. 직장을 잃었거나, 이혼이나 이별을 겪었거나, 사랑하는 가족을 하늘로 떠나보냈거나, 나처럼 큰 수술을 받고 경력이 완전히 결딴났거나.

아니면 당신은 소파에 널브러져 있었지만 진즉 훌훌 털고 일어났을지도 모른다. 바쁘게 일을 추진하고 꿈을 좇는 당당한 모습으로 살아간다. 본업 외에도 부업으로 추가 수입을 얻고 있거나 사업이나 커리어를 통해 열심히 꿈을 향해 달려가지만 속으로 부족하다고 느낄지도 모른다. 이만하면 꽤 성과를 내고 있지만 뭔가 부족한 것 같고 더 잘할 수 있다는 생각이 든다.

그럭저럭 좋지만 결코 위대하지는 않다고!

사람들이 괴로워하는 이유는 자신이 내는 성과가 정체성과 연결되어 있다고 느끼기 때문이다. 지금 당신도 괴로움에 빠져 있을지 모른다. 나도 전부 다 거쳐온 시간이다. 골프에는 '가장 중요한 샷은 다음 샷'이라는 유명한 말이 있다. 하지만 그런 마인드셋은 절대 이대로 충분하지 않다는 불만감에 빠지게 한다.

뭔가 빠진 것 같고 더 잘할 수 있다는 생각이 든다.

'그럭저럭 좋지만 위대하지 않은 삶'에서 벗어나기란 절대로 쉬운 일이 아니다. 우리는 남들이 보기에 돈도 많이 벌고 좋은 직업에 사랑하는 가족까지 있는 사람들이 채워지지 않는 공허감과 괴로움을 호소하는 모습을 많이 본다. 그들은 더 많이 원한다.

당신도 공감할 수 있는 이야기인가?

오해는 하지 말아주기를 바란다. '그럭저럭 좋은 삶'은 아무런 문제가 없다. 그런 삶과 자신의 삶을 기꺼이 바꾸려는 사람들이 세상에 널리고 널렸다. 하지만 중요한 질문은 따로 있다. '그럭저럭 좋은 삶'이 정말 내가 원하는 삶인가? 그것이 정말로 미래의 내 이야기가 되기를 바라는가?

사실 이것은 고성과자들이 깊은 의도를 담아서 던지는 질문이다. 하지만 당신이 이미 그런 사람일지라도 이 대화에서 빠지면 안 된다. 당신은 지금 꿈을 좇으면서 성과를 내고 있을지도 모른다. 비즈니스와 스포츠, 예술, 정치, 자선 사업 등 그 어떤 분야에서 가장 높은 수준의 위대함을 추구하면서. 의식적으로 마인드셋을 개발하려고 큰 노력을 쏟아붓지만 진정으로 목적지에 도착한 사람을 한 명도 알지 못한다. 당신은 더 큰 경쟁적 우위를 원하고 마음의 힘을 활용하는 방법을 찾고 있다.

이러지도 저러지도 못하는 상태에 갇혀 있거나 완전히 무너져 내렸거나 그저 하루하루 연명할 뿐인 사람도, 남들 눈에

그것이 내가 원하는 삶인가?

는 좋은 삶을 살고 있지만 마음 깊이 충족감을 느끼지 못하는 사람도, 혹은 돌파구를 찾아 다음 단계로 치고 올라가서 남들보다 우위를 차지하고 싶은 사람도 전부 여기에 잘 왔다.

그레이트 마인드셋은 사람마다 '다른 의미 있는 미션(Meaningful Mission)'을 찾아 마음의 힘을 봉인 해제하여 두려움과 의심을 이겨내고, 오랫동안 붙잡히지 않았던 꿈과 목표를 마침내 이루도록 도와줄 것이다.

우리는 과거의 이야기를 새로 써서 그것을 추진력으로 삼아 밝은 미래로 나아갈 수 있다. 그런 일이 가능하다. 머릿속에서 쉬지 않고 되풀이되는 과거에 발목을 붙잡힐 필요가 없다. 그런데 당신은 미래의 이야기를 어떤 식으로 쓰고 싶은가? 어떤 사람이 되고 싶은가? 어디로 가고 싶은가? 알고는 있는가? 그리고 어떻게 하면

두려움과 자기 의심을 극복할 수 있는 용기를 찾고, 내가 누구이며 어떤 사람이 되고 싶은지 확실하게 아는 상태로 꿈을 향해 달려가는 게임 플랜을 세울 수 있을까?

꿈이 무엇이든, 꿈이 있었다는 사실을 잊어버리고 살았든, 당신에게 이 간단한 질문을 던지고 싶다.

'만약 꿈이 이대로 사라져 버린다고 해도 나는 과연 행복해질 수 있을까? 충만한 삶을 살 수 있을까? 그렇지 않다면 앞으로 내 꿈을 어쩔 것인가?'

완벽하지 않지만 거대한 행동

다행히도 내 이야기는 누나네 집 소파에서 끝나지 않았다. 누나는 언제까지나 나를 받아줄 수 없다고 분명하게 선언했다. 사실 누나가 나에게 준 가장 큰 선물은 잠자코 지켜만 보다가 생활비를 보태지 않을 거라면 다른 있을 곳을 알아보라고 한 것이었다. 덕분에 자기 연민에 허우적대던 나는 한두 달 만에 소파에서 일어나 비틀거릴지언정 앞으로 나아갈 수 있었다.

내가 한 첫 번째 행동은 모교 고등학교 교장이자 존경하는 멘토였던 스튜어트 젠킨스(Stewart Jenkins) 선생님에게 전화를 건 것이었다. 나는 아주 뻔한 질문을 했다. "저는 어떻게 해야 할까요?" 선생님은 '요즘 사람들은 링크드인이라는 새로운 디지털 플랫폼에서 일자리 정보를 얻는다'라고 했다. 처음 들어보는 이야기였지만 스승님이 괜찮은 생각이라고 하니 한번 확인해봐야겠다 싶었다. 그래서 모든 것을 쏟아부었다. 완전히 몰두하면서 배울 수 있는 모든 것을 배웠다.

그리고 크리스마스에 형이 선물을 주었다. 우리 가족은 제비뽑기로 누가 누구에게 선물할지 정하는 전통이 있는데 그해에

우리는 과거의 이야기를 새로 써서 그것을 추진력으로 삼아 밝은 미래로 나아갈 수 있다.

는 형이 나를 뽑았다. 형이 준 선물은 책이었다. 포장도 하지 않고 비닐봉지에 넣어서 주었다. 그 책은 티모시 페리스(Timothy Ferris)의 『나는 4시간만 일한다(The 4-Hour Workweek)』였다. 아침 9시부터 8시간 동안 일하는 삶에서 벗어나 살고 싶은 곳에서 살고, 일하고 싶을 때 일하면서 돈도 많이 벌 수 있다는 메시지가 관심을 확 잡아당겼다. 크리스마스 연휴 동안 책을 파고들었다. 어색하게 책을 붙잡고 깁스하지 않은 손으로 페이지를 넘겼다. 그 책은 나에게 디지털 비즈니스, 온라인 마케팅, 신제품 출시 같은 것들에 대한 새로운 가능성을 열어주었다. 책을 다 읽은 뒤 당시 최고 리더들의 블로그를 파헤치고, 링크드인에서 가능한 모든 사람에게 연락해 인맥을 다지면서 1년을 보냈다.

그 기간에 두 가지가 큰 도움이 되었다. 하나는 진지하게 살사춤을 배운 것이다(나중에 자세히 이야기해주겠다). 또 하나는 스피치 기술을 마스터하기로 한 것이었다. 평생 내 앞을 가로막은 발표 공포증을 극복해야만 한다고 느꼈다. 나는 전문 강사를 찾아가서 그가 하는 일을 배우고 싶다고 했다. 목숨이 달린 상황이라고 해도 사람들 앞에서 말하는 게 어렵다고. 그는 나에게 커피를 사주고(그때 나는 더치페이할 돈조차 없었다!) 최고의 조언을 해주었다. "토스트마스터즈에 가입해서 1년 동안 매주 사람들 앞에서 말을 해보세요." 전문가가 하는 말이니까 맞을 거야. 그래, 한번 해보자!

오하이오주 콜럼버스에서 열린 토스트마스터즈 행사에서 어떤 남자가 정말로 멋진 연설을 했다. 나는 행사가 끝난 후 서둘러 행사장 안쪽으로 향했다. 마련된 음식을 바쁘게 입안에 쑤셔 넣고 냅킨으로 포장까지 하고 있는데 남자의 목소리가 들렸다. "뭐 하세요?"

나는 그 자리에 얼어붙은 채 고개를 돌려 질문한 사람을 쳐다보았다. 방금 놀라운 연설을 한 그 사람이었다! 나는 음료를 마시고 음식을 삼켰다. 한 손으로 주머니란 주머니에 공짜 음식을 쑤셔 넣는 것이 세상에서 가장 자연스러운 일인 척했다.

"어, 그게, 제가, 음, 돈이 별로 없어서, 나중에 먹게 좀 싸가려고요." 할 수만 있다면 음식이 놓인 테이블 아래로 기어들어 가고 싶었지만, 190센티미터가 넘는 몸을 그가 눈치채지 못하게 구겨 넣기란 힘들어 보였다. 주머니에 챙긴 음식도 망가질 테고.

"내가 점심 살게요." 그는 이렇게 말하고 문 쪽으로 몸을 돌렸다. 마치 연설이 끝날 때마다 주머니에 음식을 몰래 챙기는 배고픈 사람들을 만나는 게 일상이라도 되는 듯 너무도 자연스러웠다.

그의 이름은 프랭크 어긴(Frank Agin)이었고, 발표에 관해 조언을 해주기 시작했다. 그는 비즈니스 네트워킹 회사를 운영하고 있었다. 그와 가까워진 후 나는 링크드인에 대해 공부했다고 말하면서 그의 프로필을 업그레이드해주었다. 그는 100달러짜리 수표를 주었고, 프로필 업그레이드가 그의 사업에 큰 변화를 가져다줄 것이라고 말했다. 나는 깜짝 놀랐다. 이런 걸 해주고 돈을 받을 수 있다는 말인가? 나는 그의 격려 속에서 더 많은 사람을 도와주었고 돈도 받았다. 진짜로 돈을 벌었다!

프랭크는 내가 거기에서 멈추도록 놔두지 않았다. 이내 새로운 도전 과제를 던졌다. "링크드인에 관한 책을 쓰는 게 좋겠어." 뭐라고? 나는 책을 어떻게 쓰는지 전혀 알지 못했다. 그때 겨우 스물네 살이었다. 내가 쓴 책을 진지하게 읽어줄 사람이 있을까? 고등학교 때 영어 점수도 꽝이었는데.

그래도 그는 단념하지 않았다. "내가 도와줄게." 프랭크는 이미 책을 몇 권 냈다. 오프라인 네트워킹에 대한 부분은 그가 집필하고, 나는 링크드인을 사용해 온라인 네트워크를 구축하는 방법을 맡기로 했다. 퓰리처상을 받을 만한 명작까지는 아니어도 우리는 함께 책을 완성했고, 책의 쓸모도 증명되었다. 어느새 나는 작가가 되어 돈도 벌고 앞으로 나아갔다.

그 후 트위터 모임에 나갔다가 이걸 링크드인에서도 할 수 있겠다는 생각이 스쳤다. 내가 알기로 당시 링크드인 네트워킹 이벤트를 개최한 사람은 아무도 없었다. 그다음 1년 동안 내 네트워크를 이용해 전국에서 20회의 링크드인 네트워킹 이벤트를 진행했다. 그 결과 많은 컨설팅 의뢰가 들어왔고, 결국 첫 웨비나(웹과 세미나의 합성어, 인터넷상에서 열리는 회의)를 열게 되었다. 결국 나는 온라인과 디지털 비즈니스의 세계에 진출했다. 그 이후로 앞만 보고 열심히 달려왔다.

빠르게 14년의 세월이 흘렀다. 그동안 나는 스포츠에 복귀했을 뿐만 아니라, 9년 동안 미국 남자 핸드볼 올림픽 대표팀에서 뛰었다. 비즈니스에서는 수백만 달러의 매출을 올리고 계속 성장 중인 사업체를 만들었다. 내가 진행하는 팟캐스트 「위대함 학교(The School of Greatness)」는 전 세계 수백만 개의 팟캐스트 중에서 꾸준히 상위권을 유지하고 있다. 큰 성공을 거둔 사람들이 게스트로 출연하고, 지금까지 1,200개가 넘는 에피소드가 모였고, 5억 회 이상의 다운로드를 기록 중이다. 나는 자기계발 분야 1위 유튜브 채널을 가지고 있고 「뉴욕타임스」 베스트셀러를 포함해 책도 여러 권 썼다. 「엘렌」, 「투데이」, 「굿모닝 아메리카」 같은 TV 프로그램에도 출연했고 소셜 미디어에서 800만 명이 넘는 팔로워를 모을 수 있었다.

이 모든 일 덕분에 지난 10년 동안 여러 비영리단체의 자문위원회에서 활약하고 관심 있는 대의를 위해 봉사하면서 세계에 영향력을 미칠 수 있었다. 개인 네트워크를 활용하여 수백만 달러의 기부금을 모아 아동 교육에 힘쓰는 '약속의 연필(Pencils of Promise)', 개발도상국가에 깨끗한 식수 공급에 앞장서는 '자선: 물(Charity: Water)', 어린아이들을 성 노예에서 해방하는 '지하철도작전(Operation Underground Railroad)' 등 다양한 대의를 위해 앞장서는 단체들에 힘을 보탰다.

나는 이 여정에서 많은 것을 스스로 알아냈고 세상에서 가장 위대한 사람들, 즉 각자의 분야에서 위대함에 헌신한 사람들로부터 직접 가르침을 얻기도 했다. 하지만 의미를 찾고 두려움을 극복하고 삶의 의미와 성취를 위한 게임 플랜을 만드는 것에 대해 이야기하는 이 책을 쓰기로 결심한 이유는 내가 매일 일상에서 느끼는 무엇 때문이었다.

앞으로의 길

앞으로 당신과 위대함의 여정을 함께하면서 내가 최근 몇 년 동안 어떻게 성장했는지 자세히 이야기할 것이다. 위대함은 내가 성인이 된 이후로 줄곧 연구하고 실천해온 주제이다. 나는 오랫동안 건강, 관계, 사업, 경제적 문제로 삶의 세 가지 큰 영역인 신체적·감정적·정신적인 시련을 극복해야만 했다. 절대로 쉽지 않았다. 모든 단계에서 두려움과 불안을 마주했지만 세계에서 가장 위대한 사람들의 도움으로 극복할 수 있었던 경우가 많았다. 나는 위대한 사람들을 인터뷰하고 기꺼이 그들의 제자가 되어 그들이 어떻게 고통과 도전, 트라우마를 극복한 후 놀라운 일을 이룰 수 있었던 비결을 활용했다.

당신은 이런 의문이 들지도 모른다. '이 작가가 위대함이라는 말을 어떤 의미로 사용하는 거지?' 나는 완벽하지 않지만 거대한 행동을 처음 실행했을 때부터 지금까지 위대함의 실질적인 의미를 계속 가다듬어왔다.

위대함은 '자신의 고유한 재능과 선물을 발견해 의미 있는 사명을 추구하고, 주변 사람들에게 최대한 긍정적인 영향을 준다'는 뜻이다.

조금도 복잡하지 않다. 내가 누구인지 알고, 주변 사람들과 세상을 더 낫게 만들기 위해 나만이 할 수 있는 일을 알아내면 된다.

이렇게 간단한데 어째서 위대함을 실천하지 못하는 사람이 그렇게 많으냐고?

사람들이 **위대함을 추구하지 않는 가장 큰 이유**는 위대함의 적을 너무 빨리 마주치기 때문이다. 의미 있는 사명이 명확하지 않은 것이 바로 위대함의 적이다.

정말로 하고 싶은 일이 무엇인지 모르면 성공하기 어렵다. 따라서 1단계는 자신의 목적을 알아내는 것이다. 홀로코스트 생존자이자 『죽음의 수용소(Man's Search for Meaning)』의 저자 빅터 프랭클(Viktor Frankl)도 말했다. "우리의 관심을 요구하는 프로젝트는 인생에 의미를 준다."[1]

그런 프로젝트가 없으면 목적 없이 방황할 뿐이다. 2단계에서는 자신의 사명을 분명하게 알아내는 실용적인 방법을 알려줄 것이다. 방향이나 목적이 없어 영혼이 공허해지면, 두려움과 슬픔 등 정신 건강에 해로운 것들이 서둘러 그곳을 채운다. 그래서 2단계가 중요하다. 위대함을 가로막는 가장 일반적인 장애물을 이겨내는 방법을 알려줄 것이다. 당신을 무너뜨리는 두려움을 모두 자세히 다룰 것이다. 실패에 대한 두려움, 성공에 대한 두려움, 타인의 시선에 대한 두려움. 그리고 마지막으로 자신을 어떻게 생각할지에 대한 두려움. 이 두려움들은 제대로 맞서

> 내가 누구인지 알고 주변 사람들과 세상을 더 낫게 만들기 위해 나만이 할 수 있는 일을 알아내면 된다.

지 않고 그냥 내버려 두면 당신을 자기 의심, 자신이 부족한 존재라는 믿음으로 향하게 한다. 두려움을 극복하고 바꾸는 유일한 방법은 정면으로 마주 보는 것이다. 그 방법을 알려주고 실생활에서 활용할 수 있는 두려움 바꾸기 도구 키트를 제공할 것이다.

3단계에서는 그레이트 마인드셋을 키우는 방법을 본격적으로 배운다. 이 마인드셋의 핵심에는 "나는 지금 이대로 충분한 사람이다!"라는 흔들림 없는 믿음이 자리한다. 당신이 목표에 도달했거나, 완벽해졌거나, 잠재력을 남김없이 발휘했다는 뜻이 아니다. 이대로도 충분하다는 것은 당신이 현재 진행 중이라는 뜻이다. 계속 앞으로 나아가고 노력하고 실패하고 배우고 성장하고 있는 것이다. 다른 사람들도 도와주면서.

그레이트 마인드셋은 과거의 고통과 트라우마를 치유하는 여정을 시작하면 처음 그 모습을 드러낸다. 치유를 시작하지 않으면 이유도 방법도 모른 채 과거의 고통에 휘둘릴 때가 많은 자신을 발견한다. 과거가 현재의 행동에 영향을 미치는 원리를 심리학과 뇌과학의 측면에서 탐구하고 내면의 비판자보다 내면의 코치에 귀기울이는 쪽을 선택하는 방법도 알아보자.

과거를 치유하는 여정을 시작해야만 그레이트 마인드셋의 네가지 핵심 요소를 제대로 평가할 수 있다. 나는 이 네 가지 요소를 움직이는 마인드셋 사이클(Mindset-in-Motion Cycle)이라고 부른다.

1. **정체성**: 사람은 누구나 자신의 인생이라는 모험의 영웅이지만, 영웅은 도전을 마주하고 극복해야만 탄생한다.

2. **생각**: 당신의 생각이 당신의 현실을 만든다. 특히 머릿속의 이야기가 그렇다. 앞으로 최신 뇌 과학의 도움을 받아 머릿속에서 일어나는 일을 자세히 이해해볼 것이다.

3. **감정**: 감정은 생각과 몸과 밀접하게 이어져 있다. 역시나 최신 뇌 과학과 심리학이 중요한 통찰을 제공한다. 폴 콘티(Paul Conti)는 훌륭한 책『트라우마는 어떻게 삶을 파고드는가(Trauma: The Invisible Epidemic)』에서 "트라우마는 우리의 감정을 변화시키고, 변화된 감정은 우리의 결정을 좌우하므로" 반드시 시간을 투자해서 과거의 고통을 치유해야 한다고 말한다.[2]

4. **행동**: 마인드셋은 행동을 통해 물리적으로 표현된다. 행동을 통해 내면의 사고방식에 생명을 불어 넣는다. 그레이트 마인드셋을 고취하는 습관과 루틴의 역할을 살펴볼 것이다.

마지막으로 4단계에서는 위대함을 위한 게임 플랜이 필요하다. 다음의 일곱 가지 행동은 나 자신의 경험과 내가 운 좋게 만난 수많은 전문가의 지식에서 탄생한 확실한 계획을 제공할 것이다.

1. **용기 있는 질문을 하라**: 스스로 용기 있는 질문을 던지는 순간 불가능한 것이 가능해지기 시작한다.

2. **자신에게 허락하라**: 일단 문이 열리면 매일 일어나 그 문으로 들어갈 수 있도록 자신에게 허락해야 한다.

3. **도전을 받아들여라**: 두려움이 사라질 때까지 두려움에 뛰어들어야만 두려움을 없앨 수 있다. 30일, 60일, 90일의 도전으로 가능하게 하는 방법을 알려주겠다.

4. **위대함의 목표를 정의하라**: 힘을 실어주되 압도하지는 않는 목표 설정과 성취를 위한 나만의 확실한 프로세스를 공유할 것이다.

5. **도움을 받아라**: 혼자서는 목적지로 갈 수 없다. 길을 잃지 않으려면 습관과 루틴 같은 내적인 도움뿐만 아니라 동료, 코치 등의 외적인 지원도 필요하다.

6. **일을 끝내라**: 이제 행동할 시간이다. 목표를 이루기 위한 행동을 무슨 일이 있어도 실천하고 일을 완수하는 팁을 제공하겠다.

7. **축하하라**: 결과가 어떻든 지금 이대로 충분하다는 사실을 받아들이고 휴식을 취하고 진정한 내가 되어야 한다.

그래도 위대함에 도전하겠는가?

앞으로 지난 10년 동안 스승이 되어준 많은 전문가에게서 배운 것과 나 자신의 통찰을 당신과 나눌 것이다. 나는 모든 답을 가지고 있지 않다. 세상에 그런 사람은 없다. 하지만 함께라면 더 많은 것, 더 큰 것, 바라건대 위대함도 이룰 수 있다.

내가 다 이루었다는 말은 아니다. 전혀 그렇지 않다. 여정은 절대로 끝나지 않는다. 하지만… 나는 이대로 충분하다. 나는 나 자신을 사랑하고 받아들이는 법을 배웠고, 매일 배우고 성장하고 있다. 나는 의미 있는 사명을 실천하고 깊은 성취감과 의미를 느끼게 해주는 길을 찾았다.

위대함을 추구하는 과정에서 몇 번이나 휘청거리고 넘어지기도 할 것이다. 당신은 그 위험을 감수할 마음이 있는가? 오래전에 당신은 그랬다. 태어나 처음 걷는 법을 배울 때 말이다. 그때 당신은 넘어졌다, 수없이. 하지만 그때마다 일어나 다시 도전했다. 몇 번이고 다시 일어나 도전해서 결국 해내고야 말았다. 이제는 전혀 의식하지 않고 걸을 수 있다. 지금 당신에게 필요한 것은 바로 그런 태도다. 실패가 성공으로 가는 유일한 길이라는 사실을 기억하면서 도전과 실패, 배움에 편안해질 필요가 있다.

경기장으로 나가지 않고 관중석에 앉는 쪽을 선택한 사람들의 견해와 비판자들의 말에 귀 기울이지 마라(그중에서 가장 목소리가 큰 내면의 비판자도 무시하라). 내가 위대함의 여정에서 배운 게 하나 있다면 비판은 무슨 일이 있어도 일어난다는 것이다. 그것은 인생의 입장

자신만의 고유한 재능과 선물을 발견하고 그 재능을 펼치기 위해 전력을 다할 준비가 되었는가?

료나 마찬가지다. 하지만 비판이 당신의 이야기를 결정하게 내버려 두어서는 안 된다.

두려움을 극복하고 인생의 가능성에 대한 비전을 키우도록 도와줄 코치를 찾아 귀 기울여야 한다. 과거를 치유하고 앞으로 나아갈 수 있도록 전문가나 치료사의 도움을 받아야 할 수도 있다. 나는 당신에게 필요한 도움이 무엇인지 구체적으로 알지는 못하지만, 리더십 전문가 존 C. 맥스웰(John C. Maxwell)의 말이 맞는다는 것은 안다.

"하나는 위대함을 이루기에는 너무 작은 숫자다."[3]

그리고 위대함을 원한다면 자신의 모든 것을 다 바치고 용기 있는 행동을 하되 결과에 너무 집착하지 말아야 한다. 결과는 기대와 다를 수도 있다. 기대보다 좋을 수도 있고 단순히 생각한 것과 다를 수도 있다. 다 괜찮다. 언젠가 스스로 자랑스러워할 것이라는 믿음으로 의미 있는 사명을 향해 나아간다면 결과는 저절로 나올 테니까.

내가 묻고 싶은 것은 이것이다. 자신이 아닌 다른 사람의 의견은 중요하지 않으므로 무슨 일이 있어도 솔직하게 답해야 한다. 당신은 자신만의 고유한 재능과 선물을 발견하고, 그 재능을 펼치기 위해 전력을 다하고, 그 과정에서 주변 사람들에게 최대한 영향력을 발휘할 준비가 되었는가?

대답이 예스라면 당신은 그레이트 마인드셋을 배워 인생 이야기를 다시 쓸 수 있다. 내가 위대함을 쫓는 것이 아니라 위대함이 나를 쫓아올 것이다.

Chapter 2
위대함을 선택하라

2007년 9월 13일, 미 해군 특수부대원(Navy SEAL, 네이비실) 제이슨 레드먼(Jason Redman) 중위는 이라크 안바르(Anbar)에 있었다. 이라크 파병 임무가 거의 막바지에 이른 시점이었다. 그는 거의 매일 밤 전우들과 함께 목숨을 건 전투에 참여했다. 15년 경력 중 가장 치열한 파병이었다. 이제 일주일만 지나면 아내와 어린 세 자녀가 있는 집으로 돌아가서 함께 핼러윈 축제를 즐길 수 있을 것이다.

그날 밤 정보국에서는 드디어 알카에다 최고 지도자가 안바르에서 포착된 것 같다는 소식을 전해왔다. 항복하느니 차라리 자살 폭탄 테러를 선택하는 것으로 알려진 호위대가 지도자와 함께 있었다. 제이슨의 네이비실 동료도 그들 때문에 목숨을 잃었다. 제이슨은 그날 밤 임무를 앞두고 장비를 챙기면서 다가올 교전에서 신속하게 움직여야 한다는 생각에 방탄복의 측면 방탄판을 제외했다. 추가적인 무게 때문에 발목 잡히는 것을 원하지 않았다. 하지만 왠지 모르게 신경이 쓰여서 다시 방탄판을 장착했다. 그는 준비를 마치고 고민 없이 헬리콥터를 타고 적진 깊숙이 들어갔다.

하지만 대원들이 알카에다 지도자가 숨어 있는 것으로 생각되는 가옥에 들어가 보니 그곳에는 아무도 없었고, 무기와 폭탄 재료만 남아 있었다. 제이슨이 팀원들과 현관에 앉아 폭발물이 파괴되기를 기다리고 있을 때, 약 140미터 떨어진 곳에서 도망치는 5명의 알카에다 조직원이 목격되었다. 그리고 울창한 초목 사이에 숨어 있다는 소식이 전해졌다. 9명으로 이루어진 제이슨의 팀은 그들을 추적해 정보를 알아내는 임무를 맡았다.

그들은 항공 감시와 함께 어둠 속에서 앞으로 나아갔다. 무기도 탐지되지 않았고, 적들이 무엇을 하고 있는지도 보이지 않았다. 빽빽한 덤불을 헤쳐나가는데 제이슨의 '직감'이 뭔가 이상하다고 경고했다. 그는 스트레스 탓이겠거니 생각하고 훈련받은 대로 계속 앞으로 나아갔다.

바로 그때 일이 벌어졌다. 팀의 의무병이 알카에다 조직원 중 한 명을 발견했다. 어둠 속에서 그를 밟는 바람에 발견한 것이었다. 땅에서 그림자 같은 형체가 구르며 의무병을 향해 손을 뻗었다. 의무병은 즉시 총을 쏘았고 그 과정에서 그 역시 총에 맞았다.

당시에는 몰랐지만 그들이 추적한 5명의 남자는 자살 테러 임무를 부여받은 알카에다 지도자의 호위대 15명 중에서 마지막으로 남은 이들이었고, 그들은 그 들판에 매복선을 설치한 것이었다. 엎친 데 덮친 격으로 의무병은 팀의 후방을 맡고 있었다. 즉 제이슨과 팀원들은 이미 말벌 둥지의 한가운데에 와 있었다.

그들이 의무병을 들판에 놓인 커다란 존디어 트랙터 타이어로 끌고 가는 동안, 다른 팀원들도 총에 맞았다. 제이슨은 15미터도 떨어지지 않은 앞쪽에서 탄띠 송탄식 기관총 두 개에서 거대한 총알이 발사되는 것을 보았다. 총알이 초음속으로 주변 공기를 관통했고 반딧불 같은 예광탄의 불빛이 주변을 밝게 비추었다.

곧바로 제이슨은 방탄복에 총알이 한가득 '박음질'된 상태가 되었다. 오른쪽 팔꿈치에 두 발을 맞고 넘어졌는데 400킬로그램에 육박하는 고릴라에게 야구 방망이로 가격당한 느낌이었다. 그다음에는 번개가 그의 팔에 내리치고 뒤통수를 때렸다. 재빨리 왼손을 뻗었지만 아무것도 없었다. 아무래도 팔에 총을 맞은 것 같았다. 그는 사격을 계속하면서 팀원들에게 큰 소리로 지시를 내렸다. 당연히 적의 기관총 두 대가 그에게로 집중되었다.

총알이 헬멧에 박히며 총을 떨어뜨렸다. 머리의 야간투시 장치도 산산조각이 났다. 총알 하나가 제이슨의 오른쪽 귀 바로 앞에 박혀 얼굴을 관통해 코 오른쪽으로 빠져나왔다. 그 힘은 그의 아래턱까지 산산조각 내고 오른쪽 눈 주위의 뼈를 부러뜨리고 코를 날리고 그를 기절시켰다.

정신이 들었을 때 그는 상황을 파악하려고 애썼다. 팔 한쪽이 없어졌다. 왼손으로 얼굴이 있던 곳을 더듬었다. 얼굴이 없어졌다. 그때 예광탄이 바로 위에서 지나갔다. 움직이면 안 돼.

피를 멈춰야 하는데 지혈대에 손이 닿지 않아 팀에 도움을 요청했다. 그때 살아 있다는 것을 처음 깨달았다. 그가 베이스에 빼놓고 올 뻔했던 방탄복의 측면 방탄판에도 총알이 박혔다. 그 충격은 고통스러웠지만 총알이 신장을 강타하고 척추를 파괴하는 것은 피할 수 있었다.

어떻게 가능했는지 모르지만 팀의 리더가 제이슨을 타이어로 끌고 가서 숨겼다. 팀은 근접 공습을 요청했다. 흐릿한 기억 속에서 헬리콥터 수송기와 의료진이 그의 생명을 구하기 위해 필사적으로 애쓸 때 제이슨의 혈액 손실량은 40퍼센트에 이르렀다.

그는 메릴랜드의 베데즈다 해군 병원(Bethesda Naval Hospital)으로 수송되었다. 의사들은 가능한 재건 옵션을 찾기 위해 CAT 스캔을 하고 3D 두개골 모델을 만들었다. 당시 그는 도끼로 얼굴을 공격당한 듯한 모습이었다. 오른팔은 아직 붙어 있었지만 의사들은 절단해야 할 필요성을 논의했다.

제이슨은 아직 현실이 실감 나지 않았다. 그해 10월, 버진 아일랜드에서 열릴 여동생의 결혼식에 참석할 계획이었다. 그는 간호사에게 메모를 써서 결혼식에 참석할 수 있는 상태가 될 수 있도록 산산조각이 난 몸을 다시 꿰맞추기까지 얼마나 걸릴지 물었다. 그녀는 질문 자체가 믿어지지 않는다는 표정으로 '원래 상태로 맞추려면 몇 년이 걸릴 것'이라고 말했다.

어느 날 밤 그가 생각과 씨름하는 것 외에는 할 일이 없는 상태로 병실에 누워 있을 때 사람들의 목소리가 들렸다. 누군가 병실로 들어와 그가 잠든 줄 알고 병원을 방문하는 것 자체가 얼마나 힘든 일인지 말하고 있었다. 그들은 몸이 망가진 군인들이 다시는 예전으로 돌아갈 수 없다는 것이 얼마나 끔찍한 일인지를 나직한 목소리로 이야기했다. 제이슨은 그것이 자신에 대한 이야기라는 것을 깨달았다.

적이 이길 때

그 순간 제이슨 레드먼이 그냥 포기하고 위대하지 않은 삶에 만족하며 살아가도 뭐라고 할 사람은 아무도 없었을 것이다. 앞으로 알게 되겠지만 제이슨은 의도적인 선택을 했다.

위대함이 없는 삶을 살아가는 사람들이 많은 이유는 그들이 의도적이 아니라 자동적인 태도로 살아가기 때문이다. 그들은 한계가 없는 풍요로움의 마인드셋을 포용하지 않고 과거의 두려움과 불안, 고통이 한계로 작용하도록 내버려 둔다. 그렇다고 그들이 힘든 일을 아예 겪지 않는다는 말은 아니다. 물론 그렇지 않다. 시련은 모두에게 저마다 다양한 형태로 찾아온다. 하지만 시련이 닥쳤을 때 도망칠 필요는 없다. 시련을 받아들이고 두려움에 맞서는 쪽을 선택할 수 있다. 나아가 그 여정을 즐기는 것까지!

두려움과 불확실함의 어둠 속에서 사는 사람들에게는 내가 '의미 있는 사명(Meaningful mission)'이라고 부르는 것이 없다. 이것은 삶에 더 큰 의미를 부여하는 근본적인 목적이다. 이것이 없으면 자유나 평화를 느끼지 못한다. 자신도 모르는 사이 두려움이 의사결정을 통제하고 가능한 선택지를 제한한다. 결과적으로 할 수 있는 것이 없는 것처럼 느껴진다. 그래서 길을 잃은 것 같고, 자신과 다른 사람들에게 화가 난다.

내면의 불확실함은 엄청난 불안을 일으킨다. 불안은 신체적인 반응이나 공황 발작을 일으킬 위험까지 야기한다. 요즘 시대에는 불안감이 점점 더 수면 위로 올라오고 있다. 불안증은 성인 4,000만 명이 고통받고 있을 정도로 미국에서 가장 흔한 정신 질환이다.[4] 클리블랜드 클리닉(Cleveland Clinic)에 따르면 매년 최대 3,000만 명의 미국인이 일종의 공황 발작을 경험한다.[5] 게다가 불안으로 가장 고생하는 이들은 인생의 전성기라고 할 수 있는 나이대에 놓인 사람들이다. 미국의 국립 정신건강연구소(National Institute of Mental Health)에 따르면 청소년의 31퍼센트 이상이 불안 장애를 경험하고 그 뒤를 이어 18~44세는 약 22퍼센트, 45~59세가 약 20퍼센트에 이른다고 한다.[6] 그 누구도 예외가 될 수 없다.

불안감이 증가하는 이유는 여러 가지가 있겠지만 핵심은 불확실함이 커지고 있다는 것이다. 웬디 스즈키(Wendy Suzuki) 박사도 내 팟캐스트에서 불확실함이 불안감의 가장 핵심적인 동인이라고 말했다.[7]

당신은 삶에 불만족을 느낀 적이 있는가? 커리어나 사업 경험? 연인이나 배우자, 가족 또는 친구들과의 관계에서? 무엇보다도 자신에게서?

삶에 대해 전반적으로 '언짢은 기분'을 느끼는 것은 드물기보다 오히려 흔한 일일지도 모른다. 미국 성인들의 행복도가 크게 줄어든 이유도 그 때문일 것이다. 40년 이상(1973~2016년)에 걸친 일반적인 사회 연구에 따르면 특히 지난 20년 동안 사람들의 행복도가 크게 줄었다.[8]

어떤 사람들은 스트레스 해소를 위해 운동도 하지 않고 과식을 하는 일시적인 대처법에 의존한다. 국립보건원(National Institute of Health)에 따르면 성인 3명 중 1명이 과체중, 성인 5명 중 2명이 비만, 성인 11명 중 1명이 고도비만인데,[9] 이것은 그리 놀라운 일이 아닐지 모른다. 안타깝게도 일시적인 대처법은 해결책으로 이어지는 것이 아니라 문제를 악화시키는 파괴적인 행동일 뿐이다. 앞으로 근본적인 원인을 알아보고 나의 성장과 풍요, 위대함을 위해 건강한 해결책을 찾아볼 것이다.

어떤 사람들은 단기적으로 과소비하거나, 삶의 충만함을 느끼게 해줄 것이라는 희망으로 마법 같은 '물건'을 사느라 경제적으로 현명하지 못한 선택을 한다. 효과가 없으면 또 다른 물건을 사는 것을 계속 반복한다. 이 패턴은 한 달 벌어 한 달 사는 사람들에게 특히 파괴적이다. 빚의 수렁에 빠지면 삶의 다른 부분까지 전부 힘들어지고, 그러잖아도 감당하기 힘든 스트레스가 몇 배나 더 커진다.

부채의 증가도 이러한 추세를 잘 보여준다. 미국 주택도시개발부(U.S. Department of Housing and Urban Development)에 따르면 2021년 미국 가구의 중위 소득(모든 가구를 소득 순서대로 세웠을 때 정확히 중간을 차지하는 가구의 소득)은 7만 9,900달러였다.[10] 2000년에 비해 거의 3만 5,000달러가 증가한 것이다. 하지만 현재 미국 가정의 평균 부채는 14만 5,000달러이고 같은 기간 동안 9만 4,000달러 이상 늘어났다! 부채가 무조건 나쁘다는 말은 아니지만 이 정도로 심하게 부담이 늘어나면 스트레스만 증가시킬 뿐이다. 소비가 기분을 좋게 하기는커녕 오히려 문제를 더 악화시킨다.

어떤 사람들은 기분을 개선하고 삶의 명확함을 찾기 위해 바쁘게 지내려고 한다. 많은 일

지금 어디에 있는지 모르면 삶의 방향을 바꿀 수 없다.

을 하면서 바쁘게 지내면 스스로 가치 있는 사람이 되고, 진정으로 변화를 만들어가는 듯한 기분이 들 것이라고 착각한다. 하지만 일을 더 많이 끝내기는커녕 당장 할 일을 할 시간조차 부족한 것처럼

느껴진다. 시간이 지날수록 감당할 수 없는 압박감이 찾아온다. 마치 가슴에 돌덩이가 얹힌 것처럼 답답해서 숨 쉬는 것도, 생각하는 것도 힘들어진다.

기진맥진한 기분을 느낀다. 기운이 하나도 없다. 할 일을 따라잡지 못한다. 휴식도, 수면도, 인간관계도, 운동도 다 뒤처진다. 친구, 가족, 동료, 사회의 기대에 부응하지 못한다. 너무 많은 책임 속에서 허우적거린다. 그러다가 신체적인 고통이 시작된다. 두통과 편두통, 목이 조이는 느낌, 가슴 두근거림, 배도 아프고 허리도 아프다. 수많은 증상이 나타날 수 있다. 뭔가가 잘못되었다고 몸이 경보를 울린다.

이렇게 내리막길이 심해질수록 고립감과 혼자라는 생각이 들기 시작한다. 그 누구도 내 심정을 이해하지 못하는 것 같다. 그렇다고 누군가에게 털어놓을 수도 없다. 나만 빼고 다들 잘 사는 것 같으니까. 정말로 그런 것만 같아서 비통함이 슬금슬금 다가오기 시작한다. '왜 나만 불행한 거야? 왜 나만 힘든 거야? 마음도 정신도 인간관계도 경제적으로도(모든 측면에서). 왜 세상도, 세상 사람들도 날 괴롭히지 못해서 안달인데?' 미국인의 거의 20퍼센트가 정신 건강 문제[11]를 경험한 적이 있다는 것도 결코 우연이 아닐 것이다 (심지어 코로나 전의 수치다!).

솔직히 말할까? 방금 극심한 고통과 불안을 마치 남의 일인 것

42

처럼, 나와 상관없는 사람들이 느끼고 경험하는 두려움인 것처럼 삼인칭 시점으로 이야기했지만, 나도 살면서 전부 다 여러 번 경험한 일이다. 당신도 그럴지 모른다. 이미 내가 겪은 어려움을 조금 이야기했지만 앞으로 더 자세히 이야기할 것이다. 방금 말한 것을 자기 일이라고 생각하고 다시 한번 읽어주기 바란다. 나의 경험이고, 나의 느낌이고, 나의 두려움이다. 위대함을 추구하는 목표에 정말로 진지하게 임하고 싶다면 모든 주어를 이렇게 나로 바꿔야 한다. 나는 에너지가 고갈되는 것을 느낀다. 나는 압도당한다. 나는 스스로 충분하지 않은 존재일까 봐 두렵다. 나는 매일 그것의 고통스러운 결과를 느낀다.

당신의 상황을 더 골치 아프게 만들려는 것이 아니다. 자신에게 솔직해지라고 도전장을 던지는 것

위대함을 위한 투쟁은 우리를 인간으로 만든다.

이다. 자신이 지금 어디에 있는지 모르면 삶의 방향을 바꿀 수 없으니까. 지금의 상황과 위치를 먼저 제대로 파악하지 않으면 새로운 목적지에 도달하는 것은 불가능하다. 가장 높은 산을 오르고 싶다면 중간쯤 왔는지, 아직도 산 아래 가장 얕은 계곡의 진흙탕에 빠져 있는지, 멀리 떨어진 알 수 없는 곳에 와 있는지 알아야 도움이 된다.

만약 이 이야기가 조금이라도 익숙하게 들린다면 당신만 그런 것이 아니다. 절대로! 당신은 지극히 정상이다. 더 고통스러운 과

거, 더 높은 장벽, 더 깊은 편견을 마주해야만 하는 사람들의 시련이나 현실을 하찮게 여길 생각은 추호도 없다. 하지만 나는 전 세계의 전문가들을 인터뷰하고, 수많은 사람의 통찰을 연구하고, 더 나은 삶을 살기 위해 노력하는 사람들과 접촉하면서 위대함을 위한 투쟁이 우리를 인간으로 만든다는 것을 배웠다. 투쟁은 살아 있다는 뜻이다.

하지만 그렇다고 꼭 고통을 받아야만 한다는 것은 아니다.

위대해질 수 있는 잠재력은 모두에게 있으므로 난관에 어떻게 대응하느냐가 중요하다. 위대함의 여정에서 두려움도 느끼고 시련도 마주할 것이다. 그럴 때 어떤 선택을 하느냐가 큰 차이를 만든다.

위대함의 적은 예측할 수 없는 분노의 폭발로 나타날 수도 있다. 내적인 현실에 대한 외부적인 표현은 무엇인지 모를 이유에 의해 촉발되어 갑자기 나타난다. 크기가 작을 때는 쉽게 떨쳐버릴 수 있지만, 횟수와 강도가 커진다. 보통은 해결되지 못한 과거의 트라우마나 고통 때문이다.

위대해질 수 있는 잠재력은 모두에게 있다.

나는 오렌지즙 비유를 좋아한다. 오렌지를 짜면 오렌지 안에 들어 있는 것이 것이 즙이라는 것을 알 수 있다. 마찬가지로 우리가 압력을 받으면 그 사람의 내면에 무엇이 있는지에 따라 밖으로 나오는 결과물도 달라진다. 내면에 평화와 사랑, 인내가 있으면 '시련이 닥칠 때' 밖으로 나오는 것은 바로 그것이다. 만약 당신의 내면에 분노, 원망, 수치심, 스트레스가 있고 고통을 처리하는 법을 배우지 못했다면 인생이 계획대로 되지 않을 때 그것이 밖으로 나올 것이다.

어떤 사람들은 감정을 내면에 꾹 가두는 법을 배웠다. 분노나 좌절감을 말로 표현하지 않게 된 것이다. 하지만 감정을 내면에 가두어 두면 다른 방식으로 표출될 뿐이다.

내면의 고통은 어떻게든 밖으로 나올 것이다.

예전에 내 안에는 두려움과 분노가 많았다. 삶이 나를 찌를 때마다 그것들이 밖으로 나왔다. 결코 보기 좋은 모습이 아니었다. 하지만 치유의 여정을 시작하자 평화와 만족이 있는 전혀 다른 곳으로 갈 수 있었다.

나쁘지 않음의 반대: 좋지 않음

누나네 집 소파에서 일어나 링크드인의 세계로 발을 내디딘 지 몇 년 후 나는 수백만 달러의 매출을 올리는 디지털 사업을 키웠다. 돈도 많이 벌고 사람들도 도와줄 수 있었다. 한동안은 그것으로 충분했다. 하지만 언제부터인가 링크드인 프로필을 활용하는 방법에 대해 이야기한다고 생각할 때마다 앞에서 말한 것처럼 분노가 폭발할 것 같은 기분이 들기 시작했다.

내가 무언가에 열정을 퍼부은 경험은 그때가 처음이 아니었다. 나는 다섯 살 때부터 야구와 사랑에 빠졌다. 고등학교 졸업반인 열일곱 살에 야구가 더 이상 나에게 맞지 않는다고 생각하게 되었을 때까지. 나는 팀의 에이스일 정도로 야구를 잘했다. 하지만 야구가 그렇게까지 좋지는 않았고, 내 삶의 방향과 미래를 생각할 때 그것이 나를 어디로 데려갈지 알 수 없었다. 그래서 야구를 그만두고 축구, 육상, 농구에 집중했다. 그 선택으로 기술을 가다듬은 덕분에 다음 단계인 대학에도 갔고, 축구와 10종 경기에서 올-아메리칸을 2회 달성할 수 있었다.

야구와 마찬가지로 사업은 내가 정말로 신나게 모든 열정을 쏟아부은 대상이었는데, 열정이 식고 말았다. 다른 길이 있는 것도 아닌데 어느새 사업에 모든 재능을 최대한 활용하지 않았다. 사업을 성공시켜서 기분이 좋았고 계좌에 돈이 많은 것은 더 좋았다. 하지만 변화를 주려고 한다는 내 말에 친구들은 모두 충격을 받았다. "무슨 생각을 하는 거야? 넌 돈도 많이 벌고 사람들도 도와주는 사업을 하고 있잖아. 도대체 왜 바꾸려고 해?"

하지만 나는 내 능력을 최대한 발휘할 수 있는 스위트 스폿 (sweet spot)에 놓여 있지 않다는 것을 확실히 알 수 있었다(다음 장에서 더 자세히 말해주겠다). 사명이 대부분 그러하듯 내 사명은 성장하고 있었다. 내가 시작한 일이 지금은 내 관심사가 아니라는 느낌이 들었다. 변화가 필요한 때라고.

사업체가 수백만 달러의 매출을 올리고 매년 계속해서 성장하고 있었지만, 파트너에게 그만두겠다고 말했다. 회사에 대한 비전이 파트너와 다르다는 사실을 실감한 지 한참 되었는데도 사업을 계속 유지하기 위해 그 사실을 외면한 채 새벽 3시까지 일하면서 나 자신을 죽여가고 있었다. 수익을 50 대 50으로 나누었지만 내가 하는 일이 3~4배는 더 많았다.

파트너는 주로 뒤쪽에서 업무를 처리했고 나는 콘텐츠 제작은 물론, 세일즈와 마케팅까지 담당했다. 내가 일에서 손을 떼자 모든 것이 느려졌다. 뒤로 물러나고 싶다고 했더니 파트너가 세일즈 업무를 분담하겠다고 나섰다. 내가 진행하던 웨비나의 진행을 그가 대신 맡았지만 매출을 전혀 올리지 못했다. 똑같은 제품, 똑같은 콘텐츠를 파는 데도 팔리지 않았다. 나는 방향을 바꿀 때가 되었다는 것을 깨달았다.

다시 한번 솔직하고 투명하게 말하자면 그때 나와 파트너는 상황에 대해 건설적인 방식으로 소통할 성숙함이나 기술이 없었다. 그도 나에게 답답함과 좌절감을 느꼈을 것이다. 나 자신을 위해 변명을 좀 하자면 그때 나는 어리고 이기적이었다. 둘 다 서로에 대한 원망이 커져 몇 달 동안 거의 말도 하지 않았다.

나는 나만의 의미 있는 사명으로 향하는 길에 들어서고, 과거를 치유하려는 노력을 시작한 후에야 근본적으로 다른 관점으로 그를 바라볼 수 있었다.

다시 파트너에게 다가갔을 때는 감사와 평온함이 나와 함께였다. 그런 내 모습에 그는 충격을 받았다. "무슨 일이 있었던 거야?" 나는 그저 그에게 함께 쌓아온 모든 것에 감사한다고 말했다. 좌절이 아니라 감사의 태도로 그를 바라보았다. 우리가 만든 프로그램은 여전히 상당한 수익을 내고 있었다. 나는 그에게 수백만 달러에 내 지분을 팔았고, 어떻게 하면 의미 있는 사명을 다음 단계로 진전시킬 수 있는지 알아내는 데 전념하기 시작했다.

지금 이 자리에 안주한다면?

제이슨 레드먼은 병실에서 우연히 들은 부정적인 대화를 생각할수록 화가 났다. 그는 일어나 멀쩡한 손으로 아내에게 편지를 썼다. 두 번 다시는 병실에 들어오는 사람들이 그를 불쌍하게 여기는 일이 없게 할 것이라는 내용이었다. 그는 아내에게 병실 문에 다음의 내용이 적힌 안내문을 붙여달라고 부탁했다.

알립니다.

이 병실에 들어오는 모든 분께

제가 다친 것을 슬퍼하거나 안타까워하는 마음으로 이 병실에 들어오시려거든 그냥 가주세요. 저는 제가 사랑하는 일을, 제가 사랑하는 사람들을 위해, 사랑하는 조국의 자유를 수호하다가 다친 것입니다. 저는 매우 강하며 반드시 완전히 회복할 것입니다. 완전한 회복이 무엇이냐고요? 그것은 제 몸이 가진 절대적인 최고 수준의 회복입니다. 저는 정신력과 끈기로 거기에서 20퍼센트 더 밀어붙일 겁니다. 여러분이 들어오려는 이 병실은 즐겁고 낙관적이고 치열한 곳이며, 빠른 회복이 이루어지는 곳입니다. 만약 그런 분위기에 준비가 되어 있지 않다면 다른 곳으로 가주세요.

관계자 일동[12]

제이슨은 긍정적인 마인드셋을 받아들이기로 선택하면서 느리고 고통스러운 치유 과정을 시작했다. 한편 그가 병실 문에 붙인 선언문은 입소문을 타고 유명해졌다. 조지 W. 부시 대통령은 그를 백악관으로 초대했고, 미셸 오바마는 두 편의 저술에서 그 안내문을 언급했다. 로버트 게이츠(Robert Gates)의 저서에서도 다루어졌다. 더 중요한 사실은 압도적인 난관에 직면한 수백만 명에게 긍정적인 마인드셋을 받아들이도록 희망을 불어넣어 주었다는 것이다.

부시 대통령의 서명이 담긴 그 안내문은 현재 베데스다의 상이군인 병동 복도에 걸려 더 많은 사람에게 영감을 주고 있다. 제이슨은 계속해서 그만의 의미 있는 사명을 추구하고 있다.

제이슨은 이렇게 말했다. "우리는 회복력을 길러야 합니다. 아무도 나를 구하러 오지 않을 것이고, 오로지 나를 구할 사람은 나 자신밖에 없을 수도 있다는 사실을 알아야 합니다. 모든 것은 나에게서 시작합니다. 스스로 자리에서 일어나 앞으로 나아가기 시작해야 합니다. 앞으로 나아가기로 선택하는 순간, 어느 정도 회복력이 따라옵니다."[13]

위대함은 결코 우연히 일어나지 않는다.

다시 말해서 위대함은 결코 우연히 일어나지 않는다. 어쩌다 우연히 위대함과 마주칠 일은 절대로 없다. 캐나다의 심리학 교수 조던 피터슨(Jordan Peterson)은 부모들에게 아이들의 삶을 너무 쉽게 만들면 회복력을 기를 수 없다고 경고한다. 도전적인 일이 없으면 아이들의 성장에 방해가 된다.[14]

만약 당신이 긍정적인 마인드셋을 받아들이지 않거나, 위대함을 추구하지 않기로 한다면 어떻게 될까? 그러면 당신의 인생은 어떻게 될까? 다양한 결과가 나올 수 있겠지만 결국 고통과 슬픔, 외로움, 피해자라는 생각이 계속 맴돌 것이다. 겉으로 보기에는 멋진 삶을 사는 것처럼 보이지만(가족, 자녀, 자동차, 보트, 여행 등이 있는 당신이 생각하는 성공적인 삶), 실제로는 진정 의미 있는 삶이 당신을 그냥 스쳐 지나갈 것이다.

우주로 나가 지구 궤도를 돈 최초의 미국인 중 한 명인 존 글렌(John Glenn)은 몇 차례나 상원의원을 지냈고, 2012

계속 갇힌 채로 사는 쪽을 선택한다면 자신의 가장 큰 잠재력을 발견하지 못할 것이다.

년 버락 오바마 대통령에게 대통령 자유훈장을 받았다. 77세의 나이로 우주에 간 최고령 우주인인 그는 이렇게 말했다.

"내가 지구에서 사는 동안 배운 것이 하나 있다면 가장 행복하고 가장 큰 성취감을 느끼는 사람들은 단순히 자신의 이익이 아니라 더 크고 심오한 무언가에 헌신하는 사람들이라는 것입니다."[15]

자신에게 맞는 길이라고 생각해서 선택했지만 어쩌면 당신의 길이 아닐 수도 있다. 한동안은 맞는 길이었을지도 모르지만 어느새 당신의 이야기가 성장해 더 이상 그 길이 맞지 않는 것처럼 느껴질지도 모른다. 그 길에 갇힌 채로 남들이 원하는 일을 하면서 사는 쪽을 선택한다면 자신의 가장 큰 잠재력을 발견하지 못할 것이다. 내가 세상에 이바지할 수 있는 가장 중요한 방법을.

그러다가 상황이 더 나빠지면 제이슨처럼 시련에 맞서지 않고 그저 좌절하고 비통해하고 화만 낼지 모른다. 도전에 마주했을 때 자기 이야기의 주인공이 아니라 악당이 되는 쪽을 선택하는 사람들이 많다. 그들은 다른 사람들에게 상처를 주기 시작한다. 물론 처음부터 작정하고 그렇게 변하는 사람은 없지만 누구에게나 충분히 생길 수 있는 일이다.

나는 당신이 훨씬 더 좋은 길을, 위대한 길을 선택하기를 바란다. 계속 이 책을 읽고 있다면 분명 당신도 같은 것을 원할 것이다. 본격적으로 의미 있는 사명을 찾는 단계로 나아가기 전에 지금 당신이 어디에 있는지부터 함께 알아보자.

Tip. 위대함 수행 평가

위대함에 도달하려면 삶의 세 가지 영역에 집중해야만 가능하다. 나는 그것을 스리 플레이어(Three Players)라고 부르는데 일, 관계, 건강이다. 이 중에서 한두 가지만 신경 쓰기가 쉬운데 세 명의 선수를 모두 성장시키는 것이 중요하다.

나는 위대함 코칭(Greatness Coaching) 프로그램의 하나로 사람들이 이 세 가지 방면에서 얼마나 잘 살아가고 있는지 평가할 수 있도록 도와주고 있다. 매우 단순한 평가이지만 당신의 장단점을 이해하도록 도와주고 위대함으로 다가가기 위해 개선해야 할 부분은 무엇인지 알려줄 것이다.

다음은 내가 위대함 코칭에서 사용하는 테스트를 요약한 버전이다(54쪽).

각 문항을 1~10점으로 평가한다.
(1="전혀 동의하지 않는다." 10="강력하게 동의한다.")
다음의 내용이 지금 나의 모습과 얼마나 정확하게 일치하는가?

일과 비즈니스

1. 나는 내가 좋아하고 직업으로 삼고 싶은 일을 하고 있다. ☐

2. 나는 내 능력을 바탕으로 내가 원하는 소득을 얻고 있다. ☐

3. 내 사업이나 직업은 다른 사람들에게 긍정적인 영향을 준다. ☐

4. 나는 비즈니스의 목표 달성을 향해 꾸준히 측정할 수 있는 진전을
   이루고 있다. ☐

5. 나는 내 커리어와 경제적인 성장을 위해 앞으로 3년간의 계획을
   세웠다. ☐

(1-5의 점수 합치기) 일과 비즈니스 총점: _____

(총점을 5로 나눈다.) 일 성적: _____

관계

1. 나의 가족/파트너 관계는 건강하고 만족스러우며 내가 원하는
   모습이다. ☐

2. 나는 정기적으로 사교활동(모임, 직장 술자리 등)에 참여하고 있다. ☐

3. 나는 가족, 파트너, 친구, 동료와의 관계에 시간과 에너지를
   투자한다. ☐

4. 나는 주제가 불편하거나 어려울 때도 솔직하게 소통하려고 한다. ☐

5. 나는 인간관계 발전을 위해 앞으로 3년간의 계획을 세웠다. ☐

(1-5의 점수 합치기) 관계 총점: _____

(총점을 5로 나눈다.) 관계 성적: _____

건강

1. 나는 신체적으로 건강하고 규칙적으로 운동한다. ☐

2. 나는 평소 건강하고 영양가 풍부한 식단을 추구한다. ☐

3. 나는 잠을 잘 자고 숙면을 우선순위로 삼는다. ☐

4. 나는 평소 자신을 돌보고 정신 건강을 위해 많은 관심을 기울인다. ☐

5. 나는 건강을 개선하기 위해 앞으로 3년간의 계획을 세웠다. ☐

(1-5의 점수 합치기) 건강 총점: _____

(총점을 5로 나눈다.) 관계 성적: _____

당신의 성적

(일 + 관계 + 건강 성적을 합쳐서 3으로 나눈다.) 최종 성적: _____

(총점을 5로 나눈다.) 관계 성적: _____

재건 중	가속 중	승리 중	플레이오프 진출	챔피언 수준
2.0~4.4	4.5~5.9	6.0~7.4	7.5-8.9	9.0-10.0

The
Greatness
Mindset

Part 2

1단계 :
위대함의 적

실패는 참 재미있는 녀석이다. 실패가 없으면 우리는 결코 새로운 시도를 하지 않을 것이다. 실패가 없으면 더 나은 방법을 찾으려고 하지 않을 것이다. 실패가 없으면 우리는 더 나아지거나 더 강해질 수 없다. 실패를 숨기거나 못 본 체하거나 낭비하면 안 된다. 실패는 우리 삶의 필수적인 부분이다.

Chapter 3

당신은 의미 있는
사명을 놓치고 있다

7달러, 인생이 바닥을 친 순간 그의 주머니에 든 들어 있는 돈은 고작 7달러뿐이었다. 그는 수년 동안 모든 시간과 노력, 에너지를 꿈에 바쳤다. 그리드아이언(gridiron, 풋볼 경기장을 가리키는 말-역주)에서 위대함을 추구해 NFL에 진출하는 것이 그의 꿈이었다. 꿈을 이뤄줄 재료도 충분했다. 그는 열정으로 치열하게 운동했고 대학에서 장학금 입학 제의도 받았다. 신장은 약 196센티미터, 몸무게는 132킬로그램이었다.

하지만 재능과 욕망만으로 충분하지 않을 때도 있다.

그는 미래에 NFL 명예의 전당에 오를 선수들과 함께 뛰며 4년 내내 그럭저럭 성공을 거두었다. 하지만 대학 4학년 때 어깨를 다치면서 우울하기 짝이 없는 한 해를 보냈다.

NFL 드래프트가 열렸지만 그는 지명되지 않았다. 하지만 풋볼에 대한 꿈은 여전히 살아 있었기에 캐나다 풋볼 리그팀과 주당 250달러(우연히 내가 NFL 진출의 꿈을 키우며 아레나 풋볼 리그에서 뛸 때 받았던 것과 똑같은 액수다)를 받기로 계약했다. 그는 매일 집중과 열정, 최선을 다하겠다는 의지로 출근했지만 팀의 수비수 벤치는 이미 북적거렸다.

어느 날 코치가 전화를 걸어 플레이북을 제출하라고 했다. "너의 노력과 의지는 인정하지만 유감스럽게도 올해는 컨디션이 별로 좋지 않은 것 같아. 유감스럽지만 너를 팀에서 뺄 수밖에 없네." 그렇게 풋볼에 대한 그의 꿈은 끝난 것처럼 보였다.

그는 모르는 사람의 차를 얻어타고 공항으로 가서 머나먼 플로리다 남부의 집으로 돌아가는 비행기를 탔다. 마이애미에 도착해서는 단 하나 확실하게 아는 일을 했다. 탬파에 사는 부모님께 전화해 공항으로 데리러 오고 집에서 지내게 해달라고 부탁하는 것.

아버지의 작은 빨간색 픽업트럭을 타고 에버글레이즈 습지(Everglades, 플로리다주 남부의 대습지대)를 지나며 그는 앞으로 어떻게 해야 할지 막막하기만 했다. 백만장자 운동선수를 꿈꾸었지만 다시 부모님의 집으로 돌아가게 된 스물네 살의 남자. 그는 자기 삶에 어떤 목적이 남아 있을지 생각하며 지갑을 꺼내 돈이 얼마나 있는지 보았다. 5달러짜리 지폐 하나, 1달러짜리 지폐 하나, 동전 몇 개.

그동안의 삶이 순탄치 않았기에 지금 상황이 더욱더 고통스러웠다. 그는 어렸을 때 이사를 자주 다녔고 13개가 넘는 주에서 살았다. 십 대 때는 부모가 별거하는 동안 하와이에서 어머니와 살았고, 월세가 밀려 쫓겨나 차에서 생활한 적도 있었다. 밤마다 "이제 어떻게 하지?"라며 울던 어머니의 모습이 기억에 선명했다.

그는 어머니에게 조금이나마 보탬이 되기 위해 하와이 관광객들을 상대로 도둑질을 하기 시작했다. 그 때문에 여덟 번이나 경찰에 붙잡혔다. 그는 대학에 가서 위대한 NFL 선수가 되는 꿈을 향해 나아간다면 마침내 상황이 바뀔 것이라고 생각했다. 그런데 지금 그는 수중에 남은 7달러를 쳐다보고 있었다. 머릿속에서 어머니의 목소리가 울려 퍼졌다. '이제 어떻게 하지?'

그 후 몇 주 동안 그는 침대에 널브러져 TV에서 O. J. 심슨의 재판을 보다가 '다용도 청소 세제 409로 집 안 구석구석의 묵은 때를 벗기는'[16] 일을 반복했다. 그렇게 2주가 지났을 때 그는 무언가를 깨달았다.

나에게 다른 길이 있다는 것을 깨달았다. 전 세계가 내 이름을 알게 될 것이다. 방법도 모르고, 언제 그렇게 될지도 몰랐다. 하지만 이 작은 아파트에 처박혀 찌든 때나 벗겨내면서 우울해하는 것이 내 삶의 전부가 아니라는 것만은 확실했다.[17]

그는 자신에게 의미 있는 사명이 있다는 것을 알고 있었다. 찾기만 하면 된다고. 소파에 널브러져서는 절대로 찾지 못할 터였다. 그는 건장한 신체 조건을 이용해 프로레슬러가 되기로 결심했다. 그래서 체육관으로 향했고 중대한 임무를 맡은 사람처럼 운동에 열중하기 시작했다.

그는 한때 유명한 레슬링 선수였던 아버지에게 훈련을 도와달라고 부탁했고, 예전에 풋볼로 향했던 인내와 끈기를 새로운 사명에 쏟아부었다. 반드시 위대해져서 어떤 식으로든 세상에 큰 영향력을 발휘하는 것. 비록 성공이 한꺼번에 이루어지지는 않았지만 열매는 맺었다. 그는 아버지와 할아버지의 이름을 조합한 로키 마이비아(Rocky Maivia)라는 이름으로 레슬링을 시작했지만 관중에게 야유를 받았다. 그래서 블루 치퍼(Blue Chipper)로 이름을 바꿨지만 역시나 반응은 부정적이었다. 하지만 그는 운동 기술은 물론이고 쇼 비즈니스 기술을 익혔고, 결국 새로운 페르소나를 만들어 신기록을 세우게 된다.

그는 머리부터 발끝까지 검은색으로 입고 사람들이 열정적으로 미워하는 인기 악당이 되었다. 그러자 대중은 그를 사랑했다. 그는 7년 동안 한 해도 빠뜨리지 않고 세계 타이틀을 거머쥐며 레슬링계를 지배했다. 그는 마침내 사명을 완수했다. 하지만 거기에서 끝이 아니었다.

그가 전성기를 누린 7년 동안 레슬링에 열광한 사람이 아니더라도 이 강한 의지의 청년을 알 것이다. 레슬러 더 락(The Rock), 본명 드웨인 존슨(Dwayne Johnson). 뛰어난 쇼맨십 덕분에 그의 사명은 할리우드 진출이라는 더 큰 목표로 바뀌었다.

적의 본질

드웨인 존슨은 고군분투했지만 자신의 의미 있는 사명이 무엇인지 명확하게 알지 못했을 때 좀처럼 앞으로 나아가지 못했다. 하지만 위대함의 적을 정정당당하게 마주한 후에는 날개라도 단 듯 위대함으로 나아가는 엄청난 추진력이 생겼다. 게다가 거기에서 끝이 아니었다.

앞으로 나아갈 길이 명확하지 않으면 절대로 앞으로 나아갈 수 없다.

의미 있는 사명이 없는 상태를 왜 적이라고 표현하느냐고? 간단하다. 앞으로 나아갈 길이 명확하지 않으면 절대로 앞으로 나아갈 수 없다. 당연하지 않은가? 사람들 대부분은 알 수 없는 것을 마주했을 때 그냥 가만히 있는 것이 더 안전하다고 생각한다. 야망과 모험심이 큰 사람이라면 그래도 앞으로 나아가려고 하겠지만, 눈앞에 반짝이는 것만 쫓아가려고 하면 초점도 없고 혼란스러울 수 있다. 정신없이 분주한데 계속 시작점에서 맴도는 기분일 것이다. 그렇게 노력했는데 아무런 진전이 없다면 좌절감이 클 수밖에 없다. 많은 사람이 그 시점에서 희망을 잃기 시작하고, 고통을 잊게 해주는 방법에 의존하게 된다. 그렇게 되어서는 안 된다.

위대함의 적과 똑바로 마주하지 않으면 매일 그런 기분을 느껴야 한다. 위대함의 적은 구석에 그림자처럼 숨어 있어서 눈에 잘 띄지 않지만, 인생이 끝나는 순간까지도 전혀 깨닫지 못할 정도로 교묘하게 우리의 이야기를 지배하는 강력한 힘을 가졌다.

NFL 최고 에이전시의 최초 여성 에이전트 니콜 린(Nicole Lynn)은 내가 진행하는 팟캐스트에 출연해 이런 말을 했다. "목적이 인생의 가장 중요한 사명이 되어야 합니다. 삶의 목적으로 가는 길을 걷지 않으면 그저 일만 하다가 죽는 거예요. 목적과 소명이 무엇인지 반드시 알아내야 합니다."[18]

보통 구루데브(Gurudev)라고 불리는 스리 스리 라비 샹카르(Sri Sri Ravi Shankar)는 인도의 요가 구루이자 인도주의자, 영적 스승, 평화대사이다. 지난 40년 동안 수백만 명에게 마음의 평화와 삶의 충족감을 찾도록 도와준 아트오브리빙 재단(삶의 기술 재단, Art of Living Foundation)의 설립자이다. 만약 의미 있는 사명을 찾지 못하면 어떻게 되느냐는 내 질문에 그는 이렇게 답했다.

그러면 그냥 판에 박힌 삶을 살아갑니다. 지성이 잠들어버린 지루한 삶이지요. 삶의 목적을 찾을 필요가 없어집니다. 왜냐하면 그저 존재하기 때문이죠. 하지만 좀 더 성숙해지면 이런 생각이 들기 시작합니다. 내 삶의 목적은 무엇인가? 성숙한 지성의 표시죠. 일단 삶 자체에 탐구 정신을 갖게 되면 영적인 여행이 시작됩니다.[19]

솔직하게 말해서 명확한 사명이 없으면 모든 인간에게 자리하는 커다란 두려움이 불에 기름을 끼얹은 것처럼 더욱더 거세진다. '내가 부족한 인간이어서 목표를 이루지 못하면 어쩌지? 성공에 필요한 것을 내가 가지고 있지 않다면? 내가 문제라면?' 자신이 어디로 가는지, 왜 가는지 모르면 당연히 자신에 대한 의심이 커질 것이다. 하지만 명확함이 있으면 두려움을 자신감으로 바꾸고 끊임없이 괴롭히는 자기 의심을 이겨내는 방법을 배울 수 있다.

의미 있는 사명이 무엇인지 정확하게 알면 타성에 젖은 목적 없는 방황을 '성공'이라고 생각하고 싶은 유혹을 끝낼 수 있다. 정처 없이 방황하는 기분이 어떤지 나는 누구보다 잘 안다. 누나네 집 소파에서 신세 지던 때, 새벽마다 TV에서 보았던 '지금 당장 부자 되는 법'을 알려주겠다는 광고들이 아직도 머릿속에서 맴돈다. 성공을 거두었지만 진정으로 하고 싶은 일이 아니거나 전혀 행복하지 않은 기분이 어떤지도 나는 잘 안다.

로스앤젤레스의 혼잡한 도로에 갇혀 있을 때, 내 의미 있는 사명을 발견하면서부터 모든 것이 바뀌었다.

학교로 돌아가다

어느 더운 여름날, 꽉 막힌 405번 고속도로에 갇혀 있었다. 8월의 그날은 시원찮은 에어컨이 평소보다 더 강력하게 느껴질 정도로 무더웠다. 두 시간 동안 3킬로미터를 움직일까 말까였으니 핸들을 손가락으로 두드리면서 생각에 빠질 시간이 충분했다. 내가 탄 차는 시간이 멈춰버린 듯한 클래식 자동차였다. 가죽 시트, 작동하지 않는 라디오, CD 플레이어가 장착된 1997년식 캐딜락 엘도라도 2도어. 멘토로부터 4,000달러에 산 차였다. 꼭 할아버지가 몰고 다니던 차 같았지만, 어떤 목적지로든 나를 데려다주었다.

로스앤젤레스로 이사한 지 몇 달 되지 않아서 아직은 그곳이 집처럼 느껴지지 않았다. 사업체는 몇백만 달러를 받고 파트너에게 팔았다. 모든 게 아름답게 끝나지는 않았지만 어쨌든 마무리가 되었다. 어디든 새로운 곳으로 갈 수 있는 자유가 생겼지만 어디로 가야 할지 몰랐다.

'뭐가 나와도 나오겠지'라고 생각하면서 계속 앞으로 나아갔지만 좌절감이 너무나 컸다. 생각해보라. 혈기 왕성한 젊은 나이에 큰돈을 손에 넣었지만 공허감뿐이었다. 옆에 있던 사람들도 거의 떨어져 나갔다. 삶의 목적이 없으니 건강도 나빠지기 시작했고, 정신 건강도 함께 하락했다. 인생이 내려앉는 기분이었다.

그날 차에 앉아 오락가락하는 라디오를 들으며 나에게 물었다.

'왜 기분이 좋지 않을까? 왜 성취감이 느껴지지 않을까? 지난 몇 년 동안 진취적으로 살아왔는데도 왜 만족스럽지 않지? 목표를 향해 열심히 달리고 이루어냈는데도 내 안에서 충족감이 느껴지지 않았다. 도대체 왜?

내가 사람들을 인터뷰하고 질문하고 배우는 것을 좋아한다는 것은 이미 알고 있었다. 하지만 그것으로 먹고사는 방법은 알지 못했다. 그런데 갑자기 이런 생각이 들었다. '나는 지금 갇혀 있고, 이 도로에도 온통 갇힌 사람들뿐이구나. 경적을 울리고 소리 지르는 것으로 봐서는 다들 답답하고 좌절감을 느끼는 게 분명하다.' 막힌 도로 때문만은 아니다. 저들도 나처럼 삶에 깊은 좌절감을 느끼고 있다. 저런 사람들, 나 같은 사람들이 수백만 명, 아니, 수십억 명일 것이라는 생각이 들었다. 그런 사람들 앞에 서서 도움을 주고 나 역시 도움을 얻으면 어떨까? 그 일로 밥벌이까지 할 수 있다면?

바퀴가 돌아가기 시작했다. 정체된 도로의 차바퀴가 아니라 내 마음의 바퀴였다. 그때 나는 팟캐스트에 대해 들어본 적은 있었지만 팟캐스트가 요즘처럼 인기 있지는 않았다. 대화 도중에 팟캐스트 이야기가 나오면 그게 뭔지 모르는 사람이 대부분이어서 설명해주어야만 했다. 언급되는 일 자체가 드물었다. 내가 아는 사람 중에 팟캐스트에 관심 있는 사람들도 있었지만 아직 수익을 올리지는 못하고 있었다. 그런데 내가 할 수 있을 거라는 생각이 들었다. 개인적인 목적을 위해서나 배움을 얻기 위해서였지만, 나는 이미 다양한 사람들을 인터뷰하고 있었다. 좋아하는 인터뷰도 하고 그것을 기록해 전 세계 사람들에게 공유하고 도움을 줄 수 있다면 어떨까? 흠.

여전히 뚫릴 기미가 없는 도로에서 곧바로 팟캐스트에 관심이 많은 친구에게 전화를 걸었다. 데렉 핼펀(Derek Halpern)과 팻 플린(Pat Flynn) 모두 "팟캐스트는 내 가장 큰 관심사야", "팟캐스트는 관객을 참여시키는 최고의 도구야"라고 말하며 도전해보라고 격려해주었다.

차가 3미터도 움직이지 않아 이번에는 친구 제임스 웨드모어(James Wedmore)의 의견을 들으려고 전화했다. 그 역시 긍정적인 반응이었고, 우리는 팟캐스트의 이름을 뭐라고 지을지 함께 아이디어를 짜기 시작했다.

학창 시절에 많은 상처를 받았던 나는 제임스에게 "인생에서 내가 알아야 하는 것들을 학교에서 가르쳐주었으면 얼마나 좋았을까"라고 말했다. 학교에 다니는 동안 나는 느리고 멍청하고 부족한 사람이라는 것을 끊임없이 느껴야만 했다. 나에게 힘을 실어주는 학교가 있었으면 좋겠다고 생각했다. 두려움과 실패, 불안을 극복하는 방법을 알려주는 학교. 재정을 관리하고 사람들과 만족스러운 관계를 맺고 정신 건강을 지키는 방법을 알려주는 학교. 영양가 있는 식단을 추구하고 건강해지는 방법을 가르쳐주는 학교.

당시 그런 부분들이 내 인생에서 무너지고 있는 것처럼 느껴졌다. 그래서 단순히 목표를 이루고 성공하는 법을 알려주는 것이 아니라 정말로 의미 있는 것들을 알려주는 학교가 있었으면 좋겠다는 생각이 간절했다. 나는 그저 위대한 삶을 살고 싶을 뿐이었다.

그 방법을… 위대해지는 방법을… 가르쳐주는… 학교가 있다면…. 그래, 위대함 학교(School of Greatness)!

빙고!

그렇게 팟캐스트 이름이 떠올랐다. 정체된 도로에 갇혀 꼼짝할 수 없던 순간에 팟캐스트를 시작하자는 아이디어가 떠올랐다. 나를 이곳에서 꺼내주고, 주변 사람들과 수백만 명이 의미 있고 만족스러운 삶을 살 수 있도록 도와주는 팟캐스트를 만들 것이다.

의미와 사명

토니 로빈스(Tony Robbins)는 내가 팟캐스트에서 여러 번 인터뷰했는데 그와의 대화는 강렬한 인상으로 남아 있다. 그는 사람들이 미래를 위한 거대한 비전을 세우지 못하는 이유에 대해 "무엇을 왜 하고 싶은지가 아니라, 어떻게 해야 하는지에 집중하기 때문"이라고 말한다. 자신만의 이유를 확실하게 알면 방법은 저절로 해결된다.[20]

그 누구도 시작점에서는 사명이 어떤 식으로 완수될지 알 수 없다. 우리의 관점은 이 순간에만 해당하기 때문이다. 미래의 경험이 아니라 과거의 경험으로 만들어진 것이다. 우리가 앞으로 나아가는 순간, 관점이 바뀌기 시작한다. 전혀 상상도 하지 못했던 기회의 문이 갑자기 열리고, 존재 자체도 몰랐던 인맥이 갑자기 생긴다. 숨겨져 있던 비밀을 발견한 덕분에 예전에는 불가능했던 자원을 갑자기 이용할 수 있게 된다. 이 모든 것은 의미 있는 사명이 무엇인지 찾는 것에서 시작한다.

당신이 이미 떠올리고 있을지도 모르는 기본적인 질문 두 가지가 있다. '무엇이 사명을 의미 있게 만드는가?' 더 기본적인 질문은 이것이다. '왜 사명인가?'

사명에 의미가 있으려면 무엇보다 개인적이어야 한다. 가슴에 울림을 주어야 한다. 타인이 나에게 완수를 원하는 사명이어서는 안 된다. 사명은 자신의 의지와 상관없이 강요되거나 실수로 나에게 떨어진 것이 아니다. 나에게 중요한 방향을 의식적으로 받아들여야 한다. 바로 이 부분이 핵심이다. 의미 있는 사명은 나만이 선택할 수 있다. 절대로 다른 사람이 대신 선택해줄 수 없다.

의미 있는 사명을 찾기 위한 첫 번째 단계는 자신에게 솔직해지는 것이다. 만약 그날 내가 꽉 막힌 도로에서 내 상황과 나 자신에게 정직하지 않았더라면 절대로 친구들에게 도움을 요청하지 않았을 것이다. 뭔가를 찾으려고 하지 않았을 것이다. 계속 인생의 도로에 갇힌 채 구해줄 누군가가 나타나기를 기다렸을지도 모른다.

의미 있는 사명은 다른 사람이 대신 선택해줄 수 없다.

나 자신을 솔직하게 바라본 순간 중요한 질문을 하기 시작했다. '내가 정말 원하는 것은 무엇인가?' 내가 그것을 사명이라고 부르는 이유가 여기에 있다. 사명은 단순한 외출이나 여행보다 중요한 무언가가 필요한 일이다. 휴가가 아니다. 사명은 깊은 곳에 있는 영혼을 불러내어 더 큰 무언가를 시도하도록 우리를 움직인다.

사명에는 마치 영웅의 모험처럼, 무슨 일이 있어도 시련을 헤치고 해내게 만드는 절대적인 집중력과 목적, 소명이 따른다. 슈퍼마켓이나 치과, 놀이공원에 가는 것을 사명이라고 표현하지 않는 이유다. 사명의 정의는 더 거대하다. 사명은 시간이 걸린다. 완수하려면 결단력과 끈기가 필요하다. 사명은 추구하는 이들을 더 나은 사람으로 만든다. 그리고 사명의 목적지는 당신이 예전에 성취한 그 어떤 것보다 더 웅장하고 더 위대한 법이다. 전에 해본 적 있고 쉽게 다시 할 수 있다면 사명이라고 할 수 없다.

지금 내가 어디에 있고 어떤 삶을 원하는지 나 자신에게 솔직해지자, 의미 있는 사명이 윤곽을 드러내기 시작했다. 이제 내 사명은 분명하다.

매주 1억 명이 삶의 질을 개선하고 앞을 가로막는 장애물을 극복하도록 도와주는 것

사명에 구체적인 숫자를 부여한 덕분에 목표에 도달하기 위한 행동을 수량화하고 진행 과정을 평가할 수

사명은 깊은 곳에 있는 우리의 영혼을 불러내고 더 큰 무언가를 시도하도록 우리를 움직인다.

있었다. 이 목표에 도달하면 나는 전체적인 사명과 그다음 인생 단계를 다시 평가할 것이다. 이것이 핵심이다. 내 사명은 팟캐스터, 작가, TV 프로그램 진행자 같은 것이 아니다. 팟캐스트 같은 플랫폼은 사명을 수행하기 위한 수단일 뿐이다.

지금 의미 있는 사명이 명확하더라도 앞으로 계속 그렇지는 않을 것이다. 사명이 계속 의미가 있으려면 우리가 시간의 흐름에 따라 성장하고 변화하는 동안 사명 역시 변화해야 한다.

나는 오랫동안 야구를 좋아했지만 언젠가부터 좋아하지 않게 되었다. 링크드인 사업은 나에게 성취감을 주었지만 거기에도 끝이 있었다. 괜찮다. 지금 내가 사람들을 돕는 수단은 「위대함 학교」라는 팟캐스트를 통해서이다. 여러 플랫폼을 사용해 이 팟캐스트와 비슷한 미디어 콘텐츠를 포장하고 배포한다. 하지만 언젠가 기술의 변화가 일어나거나, 새로운 기회가 찾아와서 내 사명의 세부적인 내용이 바뀔 수도 있다. 미래가 어떻게 될지는 모르지만 이것

만은 확실하다. 나의 의미 있는 사명은 성장을 거듭하면서 계속해서 사람들이 삶의 질을 개선하고 그들을 가로막는 장애물을 극복하도록 도와줄 것이다.

펜실베이니아 대학 와튼 스쿨 교수이자 행동과학자인 케이티 밀크먼(Katy Milkman)은 목적이나 사명을 분명하게 파악하여 북극성으로 삼을 수 있다는 것이 위대함의 본질이라고 설명한다. 우리에게 분명한 북극성이 있고 모든 측면에서 그 북극성을 지지하고 '그것을 향해 나아가는' 삶을 추구할 때 위대함과 함께하는 것이라고 말한다. 그렇기에 자신의 사명을 분명히 알면 그것을 중심으로 삶의 구조를 만들 수 있으므로 어떤 수단을 선택하든 의도적인 삶을 살 수 있다.[21]

사명이 계속 의미가 있으려면 우리가 시간의 흐름에 따라 성장하고 변화하는 동안 사명 역시 변화해야 한다.

다시 말해서 사명의 수단은 변할 수 있다. 하지만 수단이 어떻게 변화하든 당신의 열정과 강점은 언제나 항상 당신이 스위트 스폿에서 세상에 중대한 영향을 미치도록 이끈다.

지금 놓인 삶의 단계에서 어떤 수단에 가장 끌리는지 생각해보는 것이 중요하다. 예를 들어, 사람들을 만나고 사람들에게 서비스를 제공하는 일에 열정이 있다고 우버 택시 운전기사가 되어야 한다는 뜻은 아니다. 물론 그 일이 당신에게 큰 에너지를 줄 수도 있다. 그 사실을 분명하게 알고 있으니 얼마나 멋진가! 당신이 사람들을 위해 일할 수 있는 수단 중에서 선택할 수 있는 것은 말 그대로 백만 가지도 넘는다. 의미 있는 사명을 분명히 알기 위해서 한 걸음씩 내디디고 자신에게 잘 맞는 수단을 실천하는 것이 핵심이다.

한 가지만 솔직히 말하겠다. 돈은 당신의 관점을 흐릴 수 있다. 지그 지글러(Zig Ziglar)는 이렇게 말했다.

> 당신의 열정과 강점은 언제나 항상 당신이 스위트 스폿에서 세상에 중대한 영향을 미치도록 이끈다.

"돈은 인생에서 가장 중요한 것은 아니지만 '있어야 한다'는 척도로 보자면 돈은 산소에 가깝습니다."[22] 나는 돈이 한 푼도 없을 때도 있었고, 조금 있을 때도 있었고, 결국 돈을 많이 벌었지만 모든 조건이 똑같다면 돈이 없는 것보다 있는 것이 더 낫다. 하지만 돈이 많다고 이겨내야 할 도전과 압박이 없다는 뜻은 아니다.

분명 돈으로 많은 것을 살 수 있고 다양한 선택과 자유도 가져다주지만 충족감을 살 수는 없다. 의미 있는 사명을 찾을 때는 돈과 자신을 따로 떼어놓아야 한다. 스스로에게 물어보라. '만약 돈이 문제가 되지 않는다면 나는 무엇을 할 것인가? 무엇이 매일 나에게 활력을 줄까?' 당신의 사명을 이끄는 선택들이 그저 돈에 대한 욕망으로 움직이지 않도록 주의해야 한다. 그런 사명은 지속할 수 없기 때문이다.

의미 있는 사명은 한번 선택하면 끝나는 것이 아니다. 사명은 삶의 여정에서 이루어지는 끊임없는 평가다. 나는 오디오 전용 팟 캐스트로 시작했다. 이제는 훌륭한 팀 덕분에 비디오도 만들고 있으며, 계속 확장 중인 소셜 미디어와 인기 유튜브 채널을 갖게 되었다. 사명을 이루기 위해 다양한 언어로 뻗어나가고 있으며, 다른 유형의 수단도 탐구하고 있다.

사명은 단단하게 붙잡고, 수단은 느슨하게 잡아라. 어떻게(how) 때문에 왜(why)에 집중하지 못하는 일이 있어서는 안 된다.

스위트 스폿을 찾아라

지금 하는 일이 당신의 시간과 재능을 가장 잘 활용하는 방법인가? 자신의 스위트 스폿을 알면 이 질문에 대답할 수 있다.

스위트 스폿을 찾으려면 다음 세 가지 요소에 대해 생각해봐야 한다.

열정

의미 있는 사명은 당신의 마음이 향하는 곳에서 시작된다. 더락은 풋볼을 사랑했고, 신체적인 조건을 활용해 계속 몸을 쓰는 방법을 찾았으며, 레슬링의 쇼맨십 요소를 사랑하게 되었다. 나는 질문, 인터뷰, 배우는 것을 좋아했다.

자신에게 다음의 질문을 하고 가슴이 하는 말에 귀 기울여보자.

- 무엇이 나를 빛나게 하는가?
- 무엇이 나를 침대에서 당장 일어나게 하는가?
- 돈이 문제가 되지 않는다면, 내가 좋아하는 일은 무엇인가?
- 돈을 받지 않는다고 해도 매일 할 수 있을 것 같은 일은 무엇인가?
- 나의 열정을 자극하는 대의와 경험은 무엇인가?

강점

열정만으로는 충분하지 않다. 무언가를 정말 좋아하지만 남보다 탁월하게 잘하지는 못할 수도 있다. 그렇다면 당신의 인생에서 큰 부분을 차지할 취미를 발견한 것이지, 스위트 스폿은 아니다. 나는 살사 댄스를 좋아한다. 단순한 열정이 아니고 내 삶의 표현이다. 최고의 살사 댄스 클럽을 찾아 뉴욕, 마이애미, 로스앤젤레스, 샌프란시스코, 밴쿠버, 멕시코시티, 부에노스아이레스, 런던, 파리, 방콕, 시드니 등 전 세계를 다녔다. 결혼식에 참석할 때마다 살사 음악을 틀어달라고 부탁하고, 레스토랑에서 살사 음악이 나오면 일어나 춤을 추기 시작한다. 좀 유난스러울 정도이지만 살사 댄스가 너무 좋다! 살사 댄스로 돈을 벌고 사명 일부로 만들려고 할수도 있겠지만 일생의 사명으로 만들 정도는 아닌 듯하다(적어도 지금의 인생 단계에서는 그렇다). 그래서 지금은 열정으로 남겨두고 있다.

당신의 고유한 강점은 자연스럽게 당신의 뇌 회로에 새겨져 있고 어떤 상황에서 이점을 준다. 원래부터 모든 것을 잘하도록 만들어진 사람은 없다. 그래서 사람은 서로가 필요하다. 당신의 강점은 필요한 상황에서 당신에게 힘을 준다. 그 힘을 최대한 활용하기 위한 기술을 연마할 수 있다. 예를 들어, 나는 사람들에게 질문하고 배움을 얻는 것을 좋아한다. 그것은 나의 타고난 강점이다. 하지만 장점을 뒷받침하는 기술을 연마하기 위해 인터뷰 과정을 배우는 학생이 되었다. 나는 장점과 기술을 합쳐 나만의 스위트 스폿에서 강점으로 발휘할 수 있다.

문제

문제로부터 도망치면서 살아가는 사람들이 많다. 하지만 자신의 스위트 스폿에서 의미 있는 사명을 추구한다는 것은 해결해야 할 문제를 적극적으로 찾는다는 뜻이다. 도전에서 도망치고 자신을 제한하는 것이 아니라, 도전을 향해 용감하게 달려가 세상에서 바운더리를 넓힌다.

간단히 말해서 당신은 자기 이야기의 주인공이 될 수 있다. 『되는 사람(Hero on a Mission)』의 저자 도널드 밀러(Donald Miller)는 이렇게 설명한다. "모든 좋은 이야기에는 문제와 그것을 기꺼이 해결할 히어로가 필요하다. 문제와 히어로가 없으면 이야기도 없다. 해결해야 할 문제를 발견했을 때 의미 있는 사명을 발견한다."[23]

예를 들어, 위대함 아카데미(Greatness Academy) 커뮤니티의 회원인 켈리 심슨(Kelly Simpson)은 전직 군인 출신의 부동산 중개인이다. 그녀는 부동산 중개인에 대한 폭력 사건이 자주 발생한다는 심각한 문제를 발견했다. 중개인들이 사전에 자신을 지키고 방어할 수 있도록 적극적으로 준비하게 해주는 방법이 거의 없었다. 그래서 그녀는 국립부동산중개인 안전위원회(National Safety Council of Real Estate)를 설립하고 중개인들의 안전을 지키는 훈련과 자료를 개발했으며, 실용적인 안내서까지 썼다(『포식자에게 당하지 않는 방법(Not Today Predator)』). 그녀는 자신의 열정과 일치하는 문제를 발견했고 의미 있는 사명의 일부로 만들었다.

문제가 무엇이든 해결책을 찾으려는 마음이 당신을 움직여야 한다. 내가 구루데브와 함께 참여한 행사에서 젊은 여성이 그에게 지구 온난화를 해결하려면 어떻게 해야 하는지 물었다. 그의 대답은 문제의 핵심을 찔렀다. "당신은 변화를 만드는 것에 확실히 열정적인 것 같군요. 그러니 변화를 위한 행동을 반드시 실천할 것이라고 믿습니다. 열정은 행동으로 이어집니다. 열정이 없으면 행동이 지속할 수 없어요."

이렇게 문제 해결에 초점을 맞추는 것은 성취감과 행복감의 연료이기도 하다. 팟캐스트 「해피니스 랩(The Happiness Lab)」을 진행하는 예일 대학 로리 산토스(Laurie Santos) 교수는 이렇게 말했다. "행복이 자신을 돌본다는 것은 잘못된 생각입니다. 하지만 과학에 따르면 행복한 사람들은 타인 지향적입니다. 그들은 사람들에게 다가가 관계를 맺고 어떻게 하면 남들을 도울 수 있는지, 남들의 행복을 걱정하죠. 그런 것들이 행복한 삶을 가져다주는 듯합니다."[24]

구루데브는 지성의 수준에 대해 다음 세 가지로 이야기한다.[25]

1. 지성이 없는 사람들은 자신을 위한 즉각적인 즐거움을 찾는다.
2. 중간 수준의 지성을 갖춘 사람들은 의무감으로 일하고 규칙을 따르는 데 집중한다.
3. 최고 수준의 지성을 갖춘 사람들은 타인을 도와줌으로써 기쁨을 퍼뜨리고 싶어 한다.

매우 지적인 사람들은 단순한 의무감에서가 아니라 자신을 넘어서 배우자, 가족, 공동체의 문제 해결을 위해 도움을 주는 것에 관심을 기울인다. 이러한 지성 또는 인식의 묘미는 타고나는 것이 아니다. 누구나 선택하고 추구하고 키울 수 있다.

전 CIA 국장 존 브레넌(John Brennan)은 위대함을 "자신이 아닌 다른 사람들에게 유익한 무언가를 성취하고 인류에 이바지하는 것"[26]이라고 정의한다. 그는 대중적인 인지도가 아니라 세상의 문제를 해결하기 위해 도전하는 의지가 필요하다고 덧붙였다. 개인을 넘어서는 일에 영향력이 있어야 의미가 있을 수 있다.

분명하게 말하자면 스위트 스폿을 찾자마자 사명이 명확해지는 것은 아니다. 열정과 강점을 실행에 옮기는 과정에서 명확성이 드러나기도 한다. 사명을 분명하게 알아내는 데 5년이나 10년이 걸릴 수도 있고, 그 후에도 필요한 기술을 연마하기 위한 게임 플랜이 필요할 것이다.

『권력의 법칙(The 48 Laws of Power)』, 『유혹의 기술(The Art of Seduction)』, 『전쟁의 기술(The 33 Strategies of War)』, 『50번째 법칙(The 50th Law)』 같은 「뉴욕타임스」 베스트셀러를 쓴 작가 로버트 그린(Robert Greene)은 처음부터 자신의 스위트 스폿을 알았던 것은 아니라고 말했다. 처음에 그는 신문기자가 되려고 했는데 재능은 있었지만 뭔지 모를 거부감을 느꼈다. 그래서 텔레비전과 영화의 각본을 쓰는 일을 차례로 해보았다. 괜찮았지만 스위트 스폿처럼 느껴지지 않았다. 10년 동안 이 분야에서 저 분야로 전전하던 그는 계속 연마 중인 기술을 이용해 특정 주제에 대한 자신의 열정을 추구하기로 결심하고 책을 썼다. 그리고 그의 책 『권력의 법칙』이 인기를 얻으리라고 생각한 사람은 거의 없었다. 하지만 이 글을 쓰는 지금, 그 책은 아마존에서만 서평이 3만 5,000개가 넘고 그가 세계에 미치는 영향력도 계속 커지고 있다.[27]

스위트 스폿과 의미 있는 사명을 찾는 데 시간이 걸려도 괜찮다. 정상이다. 찾을 때까지 절대로 멈추지 말고 계속 앞으로 나아가라.

Tip. 위대함을 위한 연습 과제

연습 1. 완벽한 하루 일정을 세워라

완벽한 하루 일정표(Perfect Day Itinerary, PDI)는 자신을 위해 실천하는 가장 강력한 연습법이 될 것이다. 그러므로 충분한 시간적 여유를 가지고 끝내야 한다. 나는 인생에 초점이 없는 기업가들에게 이 방법을 가르쳐주었는데, 대부분 인생이 달라졌다고 했다. 전혀 놀랍지 않은 일이다. 내가 지금의 멋진 삶을 살게 해준 것도 바로 이 연습법 덕분이다.

1단계: 완벽한 하루 계획하기

이 연습법에서 당신이 할 일은 비전을 이루기 위해 나아가는 길에서 완벽한 하루가 어떤 모습일지 그려보는 것이다. 우선 몇 가지 질문을 통해 전체적인 그림을 그려보자.

- 매일 하루가 어떤 모습이기를 바라는가?
- 매일 어떤 기분을 느끼고 싶은가? 매일 무엇을 창조하는가?
- 누구와 함께 있는가?
- 어떤 장소에 자신을 노출하는가? 어떤 열정을 충족하는가?

빈 종이를 꺼내거나 컴퓨터의 새 문서를 열어서 이 질문들의 답을 반 페이지 정도 분량으로 쓴다. 대략 쓰면 된다. 다음은 몇 년 전에 내가 이 연습법을 처음 실천했을 때 쓴 답이다.

나의 완벽한 하루

나의 완벽한 하루, 꿈꿔왔던 이상형의 여자 옆에서 일어난다. 미국 핸드볼 대표팀으로 2016년 올림픽에 출전하기 위해 준비 중이므로 근력 훈련과 운동 능력을 키우는 훈련을 하러 간다. 훈련이 끝난 후에는 메이저 방송국의 TV 프로그램을 구상한다. 기업가들이 열정을 따라 좋아하는 일을 하면서 돈도 벌 수 있는 일을 하도록 도와주는 프로젝트들을 추진하는 나의 팀원들을 지원한다.

물론 살아가는 모든 날이 똑같지는 않을 것이다. 무슨 일이 일어났는지에 따라 전날과 조금 다르게 보일 것이다. 다양성이 있어서 다행이다. 그렇지 않으면 삶은 지루하고 단조로워질 것이다.

2단계: 상세 계획 세우기

그다음으로 페이지의 나머지 절반에 완벽한 하루를 위한 계획을 상세하게 세운다. 이 상세 일정에는 당신의 의무와 욕구, 그 둘의 타이밍도 들어가야 한다. 나는 운동선수로 뛸 때 팀을 승리로 이끌기 위해 자세하게 하루 계획을 세웠을 때마다 성공적인 시즌을 보낼 수 있었다. 일정표에는 최종 목표를 달성하기 위해 실천해야 하는 모든 단계가 나열되어 있었다. 프로 스포츠팀들도 공동의 목표를 이루기 위해 이 방법을 사용한다. 이 연습의 요점은 당신이 비전을 달성할 수 있도록 돕는 것이다.

다음은 내가 첫 번째 책을 쓸 때 작성한 일일 상세 계획이다.

내일의 완벽한 하루

7:30 a.m. 기상, 명상, 발코니에서 보이는 풍경을 즐긴다.

8:00 a.m. 그린 주스나 스무디로 건강한 아침 식사

9:00 a.m. 크로스핏/킥복싱 또는 개인적인 기술 훈련

10:45 a.m. 팀원들과 오늘의 프로젝트 확인

11:00 a.m. 자기 전에 작성한 오늘 할 일 3가지 수행하기

12:00 p.m. 집에서 건강하게 점심 먹기 또는 영감을 주는 사람과
점심 식사

1:30 p.m. 할 일 목록의 3가지 과제 계속 수행하기, 인터뷰 녹음,
비디오 촬영 또는 팀원들과 작업

3:00 p.m. 유연성을 높이기 위한 물리 치료(주 2일)

5:00 p.m. 친구들과 농구, 등산, 바다 수영

7:30 p.m. 집이나 밖에서 친구들과 건강한 저녁 식사

9:00 p.m. 독서, 영화 감상, 지역의 영향력 있는 사람들과 행사 참여

11:00 p.m. 오늘 가장 감사한 일 목록 만들고 오늘 '완료한 일들의
목록' 작성, 내일 할 일 3가지 적기

11:30 p.m. 명상, 수면, 꿈꾸기, 신체 재충전

3단계: 미시적 목표 세우기

상세 계획에서 내일 할 일을 하나 또는 두 가지를 선택한다. 완벽한 하루를 만들기 위한 노력을 시작할 때 기존의 일과를 점검해 볼 필요는 없다. 대신 당신의 삶을 개선하고 희망을 느끼게 해줄 작고, 충분히 성취할 수 있는 목표를 세워야 한다.

미시적 목표를 한두 개 선택하여 달력에 써두거나 알람을 맞춰 둔다. 그리고 해내려고 노력한다. 내일 당신은 완벽한 하루에 한 발짝 더 가까워질 것이다.

완벽한 하루 일정표는 일과 삶에서 최고의 하루를 포함하도록 당신의 한 해(그리고 앞으로의 수많은 해)를 설정해주는 강력한 연습이 될 수 있다. 또한 당신의 비전을 확인하는 데 도움이 될 것이다. 만약 당신의 비전이 거시적으로나 미시적으로나 당신의 완벽한 하루와 맞지 않는다면 비전을 바꾸는 것을 고려해보라. 아니면 의미 있는 사명으로 다가가기 위해 매일 해야 할 일들에 대하여 좀 더 개방적이고 정직하고 창의적인 태도로 생각해보라.

연습 2. 나의 부고를 써라

얼마 전 내 팟캐스트에 도널드 밀러가 출연했다. 최근에『되는 사람』을 출간한 그는 자신의 부고를 직접 써보라고 했다. 그는 자신의 이야기와 목표를 이해하는 것이 지속적인 성장에 도움이 된다고 믿는다. 나도 같은 생각이다. 이 연습에서는 자신의 추도사를 쓰고 성장으로 나아가는 길을 직접 찾아볼 것이다. 도널드 밀러는 "영웅은 자신이 무엇을 원하는지 압니다"[28] 라고 말한다. 우리도 자신이 무엇을 원하는지 한번 알아보자.

1단계: 이야기 만들기

종이 한 장을 꺼내고 자신에게 솔직해질 준비를 한다. 이 내용은 오직 자신만 읽는다는 사실을 기억하라. 그러니 마음껏 야망을 품고 희망에 차도 된다. 다음 질문에 대해 적어도 30분 동안 생각해보고 답을 적기를 바란다.

- 얼마나 오래 살고 싶은가?
- 내가 죽기 전에 성취한 의미 있는 사명은 무엇인가?
- 사람들은 나의 유산이나 가장 뛰어난 업적이 무엇이라고 할까?
- 나를 사랑하는 사람들은 내 장례식에서 뭐라고 말할까?

2단계: 합치기

이제 목표를 합쳐서 추도사를 쓴다. 평소 글쓰기에 자신 없는 사람이라면 부담스럽게 느껴질 수도 있지만 견뎌야 한다. 앞에서 답한 질문들의 순서에 따라 추도사를 구성하면 된다.

대략 어떤 모습인지 다음 예시를 참고해보자.

90세의 리사 앤더슨은 애틀랜타 지역 사회에서 예술 교육을 후원해온 활동으로 잘 알려져 있었다. 그녀는 지역의 리더, 교회, 부동산 개발자, 학교 관계자들을 만나 어린이와 청소년, 성인 대상의 예술 프로그램 마련을 위한 모금 활동과 운영을 도왔다. 생전에 그녀는 이렇게 말했다. "예술에는 삶을 바꾸는 힘이 있다. 젊은이들에게 고통과 연약함, 혼란, 아름다움을 표현하는 방법을 가르치면 지역 사회가 더 나은 방향으로 변할 수 있다."

리사는 감상하든 창조하든 예술에 공공정책과 사회적 토론, 문화를 바꾸는 힘이 있다고 믿었다. 그녀는 사회·경제적 지위에 상관없이 누구나 예술의 힘을 받아들이도록 하는 일에 평생을 바쳤다. 그녀 덕분에 젊은 사람들의 삶이 더 좋은 쪽으로 바뀔 수 있었다. 그녀가 사랑한 것은 예술뿐만이 아니었다. 그녀는 사람들도 사랑했다. 그녀는 만나는 모든 사람의 성장과 성공을 돕는 일에 뜨겁게 헌신했다.

물론 예술은 리사에게 중요했지만, 이것만이 그녀의 가장 큰 업적은 아니라고 그녀의 딸들은 말한다. "우리는 사람들에게 사랑을 베풀고 환영해주고 소중하게 오랜 친구처럼 대해주던 어머니의 모습이 가장 그리울 거예요."

리사의 가족과 친구들은 그녀를 추모하기 위해 리사 앤더슨 예술 재단을 설립할 계획이다. 이 재단은 미국 전역의 가난한 지역 사회에서 예술 장학금과 교육이 더 많은 사람에게 다가갈 수 있도록 도

울 것이다. 유가족은 조문객들이 꽃 대신 재단에 기부의 손길을 더

해주기를 바라고 있다.

3단계: 받아들이기

앞으로의 성장을 위한 길을 내었으니 이제 당신을 그곳으로 데려다줄 모든 것을 열정적으로 받아들이기 시작해야 한다. 원하는 목적지를 알면 위대함으로 가는 길로 계속 나아가게 하는 것들은 받아들이고, 그렇지 않은 것들은 거절할 수 있다. 이미 알고 있는 장애물을 제거하는 것부터 시작하자.

당신은 자신이 원하는 성취를 가로막는 가장 큰 도전이나 장애물이 무엇인지 조금은 알고 있을 것이다. 두려움인가? 불안인가? 지금 하는 일이 싫어서? 훈련 부족 때문에? 추도사에 적은 당신의 유산을 다시 한번 보라. 구체적인 목표를 성취하지 못하도록 방해하는 것은 무엇인가? 이제 그 장벽들을 무너뜨리기 위한 구체적인 행동을 할 때이다.

당신이 살고 싶은 나이까지 앞으로 얼마나 남았는가? 90세라면 남은 세월이 몇 년인가? 50년? 60년? 20년? 스스로 예언한 유산을 위해 남은 시간 동안 이루어야 할 것들은 무엇인가?

이번 주에 가장 큰 장애물을 없애는 일을 한 가지 하라. 개인 트레이너가 되고 싶은데 어떤 자격증을 따야 할지 모르겠다면 이번 주에 30분을 투자해 검색해본다. 세상 사람들에게 한 달 식비를

100달러 이하로 줄이는 방법을 알려주고 싶다면 웹사이트 도메인을 미리 등록해놓는다. 앞에서 말했듯이 아무리 작아도 한 걸음씩 내디디는 것이 중요하다. 중요한 것은 목표에 도움이 되는 행동을 받아들이는 것이다.

연습 3. 스위트 스폿을 찾아라

내 소셜 미디어를 팔로우하거나, 팟캐스트를 듣거나, 내가 나오는 영상을 하나라도 본 적이 있는 사람이라면 위대해질 자격이 있다. 바로 당신 말이다. 만난 적은 없지만 나는 당신이 남들보다 잘하다는 일이 있다는 것을 알고 있다. 당신에게는 인생의 스위트 스폿이 있다. 당신의 위대함을 진정으로 빛내주는 재능이나 기술이 있다. 스위트 스폿을 찾아가는 과정을 차근차근 알려주겠다.

1단계: 열정 찾기

스위트 스폿 찾기는 자신의 열정을 이해하는 것부터 시작된다. 우리는 어릴 때는 무엇에 열정이 있는지 자연스럽게 알지만, 나이가 들수록 알기 힘들어진다. 책임과 의무에 가려져 자연스러운 열정이 보이지 않을 수도 있지만, 여전히 그 자리에 있다. 어린 시절과 십 대 시절, 혹은 성인 초기를 되돌아보면서 당신이 사랑했던 것들을 찾아보자.

- 여가에 무엇을 하는 것을 좋아했는가?
- 무슨 일을 하면서 살고 싶다고 꿈꾸었는가?

당장 실행할 수 없는 것처럼 보여도 잠시 시간을 내서 적어본다. 예전에 쿠키 레시피를 개발하고 가족을 위해 쿠키를 잔뜩 구워놓는 것을 좋아했을 수도 있다. 그런 것들을 적으면 된다!

다음으로 당신이 좋아하는 활동 일곱 가지를 적는다. 정말로 좋아하는 일이라면 무엇이든 좋다!

- 나를 기쁘거나 신나게 해주는 활동은 무엇인가? 영감을 주고 활력을 높여주는 일은 무엇인가?
- 너무 즐겁고 재미있어서 시간 가는 줄 모르고 하게 되고, 다음 기회가 간절히 기다려지는 일은 무엇인가?
- 돈을 받지 못해도 하고 싶은 즐거운 일은 무엇인가?
- 노년기에 접어들었다고 생각해보자. 노년기에 인생을 뒤돌아볼 때 더 많이 하지 않아 후회되는 일은 무엇일까?

자, 이제 지금까지 적은 답들을 비교해보자.

- 답변에서 공통으로 나타나는 주제는 무엇인가?

- 어떤 단어가 반복되는가? 어떤 활동이 계속 언급되고 있는가?
- 당신의 이야기에서 전체적으로 일관되게 엮인 실 가닥은 무엇인가?

공통으로 나타나는 단어에 동그라미를 치거나 목록 아래에 몇 문장으로 요약하여 패턴을 찾는다.

2단계: 자신의 강점 찾기

자신의 장점과 기술을 발견하는 것이 그다음이다. 앞에서 말한 것처럼 사람은 누구나 잘하는 것이 있다. 의도적인 탐색을 통하여 그것이 무엇인지 알아보자. 하지만 무언가에 열정이 있다고 그것을 할 줄 안다는 뜻은 아니다(그래도 괜찮다). 타고난 기술도 있고, 후천적으로 배우는 기술도 있다. 그 차이는 다음과 같다.

- 타고난 강점은 당신이 자신의 성격을 토대로 자연스럽게 잘하는 것이다.
- 학습된 기술은 인생 경험을 통해 배움으로써 잘하게 된 것이다.

당신은 분명 자신이 갖춘 장점과 기술에 대해 어느 정도 알고 있을 것이다. 나에게는 지극히 당연한 일이라 재능으로 인식하지 못한 숨겨진 재능과 위대함도 있을 것이다. 이제 내가 무엇을 잘하는지 생각해볼 시간이다.

타고난 기술과 학습된 기술에 대해 생각해보고 모두 적어보자.

3단계: 영웅 되기

자신의 열정, 타고난 장점, 후천적 기술에 대해 알아보았으니 이제 다른 사람들의 어떤 문제를 해결하도록 도와주고 싶은지 생각해보아야 한다. '집에서 쉽게 채소를 길러 먹는 방법을 가르쳐주고 싶은가? 사람들이 자기 의심에서 벗어나 원하는 풍요로운 삶을 살 수 있는 법을 가르쳐주고 싶은가? 아이들에게 마음 챙김으로 트라우마를 극복하는 방법을 가르쳐주고 싶은가?'

철학적인 관점으로 바라보면 답이 더 잘 보일 수 있다. 당신의 주변 세상과 공동체, 영향력의 범위에서 발견되는 문제가 무엇인가? 장담하건대, 당신의 열정과 힘, 학습된 기술, 사명이 교차하는 지점이 적어도 하나 이상은 있을 것이다. 문제와 겹치는 부분이 있는가?

잠시 시간을 내어 문제 해결의 사명에 대한 선언문을 써보자. 앞에서 배운 추도사 쓰기를 활용하면 된다. 예시를 한번 참고해보자.

나는 요리와 정원 가꾸기에 열정적이다. 어찌 된 일인지 레시피가 있든 없든 내가 만든 요리는 무조건 맛있었다. 최근 몇 년 동안 유튜브 영상과 요리 수업, 이탈리아 토스카나로 떠난 두 번의 요리 여행을 통해 요리를 더 잘하는 방법을 배웠다. 이제는 이 기술을 싱글맘과 대학생, 저소득층 가정에 가르쳐주고 싶다. 나는 모든 사람이 저렴한 재료와 직접 기른 재료로 맛있는 음식을 만드는 방법을 배울 권리가 있다고 생각한다.

The
Greatness
Mindset

Part 3

2단계:
위대함의 장벽

두려움을 진술하고 결핍이 아닌 풍요로움의 마음가짐을 선택하면 과도한 생각을 멈추고 행동으로 옮겨갈 수 있다. '할 수 없다'에서 '할 것이다'로, '어떻게 해야 하는지 모른다'에서 '어쨌든 했다'로 옮겨가야 한다. 결국, 그레이트 마인드셋은 삶의 잠재력을 받아들이고 의미 있는 사명을 전진시키는 것이다. 두려움을 정면으로 마주하고 훌륭한 연료로 바꾸면 가속도가 붙는다.

Chapter 4
두려움 #1: 실패

사라 블레이클리(Sara Blakely)는 불만이 많은 소비자였다. 그녀는 겉으로 비치지 않으면서 몸매가 예쁘게 보이는, 두껍지도 불편하지도 않은 속옷을 원했다. "사실 모든 것은 내 엉덩이에서 시작되었다. 흰 바지 안에 무슨 속옷을 입어야 할지 난감했다."[29]

그녀는 시중에 파는 컨트롤 톱 팬티스타킹(control top, 거들의 기능을 더한 팬티스타킹-역자)의 다리 부분을 가위로 잘라 샘플을 만들었다. 혁신적인 속옷 브랜드 스팽스(SPANX)의 아이디어는 이렇게 탄생했다. 스팽스 아이디어를 처음 떠올렸을 때 사라는 20대 후반이었다. 디즈니 월드에서 잠시 일했다가 방문 판매로 팩스를 파는 일을 7년 동안 하고 있었다. 사업 경력은 전혀 없었다. 투자할 자본도 많지 않았다. 양말 공장들과도 전혀 인연이 없었다.

그녀는 몇몇 사업가로부터 '사업은 전쟁'이니 단단히 마음의 준비를 하라는 말까지 들었다. 그녀는 전쟁터에 나가고 싶지 않았다. 그저 같은 여자들을 돕고 싶을 뿐이었다. 실패하기 딱 좋은 상황이었지만 사라는 아무도 모르는 비밀 무기를 가지고 있었다.

어렸을 때 가족들과 다 같이 둘러앉아 저녁을 먹을 때 아버지는 사라와 그녀의 오빠에게 이런 질문을 하곤 했다. "너희들 오늘 어떤 실패를 했니?" 아버지는 '숨겨진 선물', 즉 실패에서 얻은 교훈을 적어보라고 했다.

자녀 교육서에서 권장할 만한 대화 주제는 아니지만, 아버지의 질문 덕분에 사라는 실패를 소중하게 여기고 위험을 감수하는 능력을 기를 수 있었다. 아버지는 실패에 대한 이야기가 없으면 오히려 실망했다.

덕분에 사라는 실패를 다르게 정의하고 인생의 중요한 부분으로 받아들이는 법을 배웠다. "나에게

당신이 생각하는 위대함이란 무엇인가?

실패는 성과를 이루는 것이 아닌 노력하지 않는다는 뜻이 되었어요. 실패의 의미를 새롭게 정의하고 실패가 노력하지 않는다는 뜻임을 깨달으면 인생의 새로운 문이 활짝 열립니다."[30]

사라는 2년 동안 수십 개의 양말 제조업체로부터 '거절'당했고 기회조차 얻지 못했다. 특허 전문 변호사를 고용하는 비용이 너무

비싸서 서점에서 책을 찾아가며 특허 계약서 초안을 직접 작성했다. 도저히 혼자 힘으로 할 수 없는 일만 변호사의 도움을 받았다. 백화점들은 너무 위험 부담이 크다면서 그녀가 만든 제품을 판매하는 것을 거부했다. 그녀가 브랜드의 이름을 스팽스라고 지은 것은 -ks를 x로 바꾸면 상표 등록과 마케팅이 더 쉬웠기 때문이었다.

그녀는 포기하지 않았다. 제품에 대한 믿음이 있었기에 주변의 말에 신경 쓰지 않고 자신의 직감을 믿고 계속 앞으로 밀고 나갔다. 그녀의 믿음대로라면 스팽스를 론칭하지 않는 것이 곧 실패였다. 도전하지 않는 것이 실패였다.

20년의 세월이 흐른 2021년 10월, 사라가 키운 혁신적인 체형 보정 속옷 전문 기업의 가치는 12억 달러나 되었다.[31] 현재 시장에는 비슷한 제품을 파는 경쟁자들이 많이 생겼다. 실패에 대한 두려움은 그녀를 쓰러뜨리지 않았다. 도전하지 않을 때의 두려움이 더 컸다. 사라는 인스타그램에 자신의 인생 철학을 다음과 같이 요약했다.

꿈을 따라가기 위해서는 두 가지가 필요합니다. 바로 결단력과 도전에 대한 의지입니다! 사람들이 가장 두려워하는 두 가지는 실패에 대한 두려움과 굴욕에 대한 두려움이죠. 저는 다른 사람들의 시선에 얽매이지 않고 스스로 원하는 삶을 살 수 있도록 이 두 가지 두려움을 이겨내려고 끊임없이 노력합니다.

알고 보니 그것은 무척 재미있는 일이더군요. 도전했을 때 일어날 수 있는 최악의 상황은 뭘까요? 당신에게 위대한 이야기가 생긴다는 거예요. 그런데도 도전하지 않을 이유가 있나요?[32]

내가 팟캐스트에서 맨 마지막에 모든 게스트에게 물어보는 질문이 있다. 사라에게도 예외 없이 그 질문을 했다.

"당신이 생각하는 위대함이란 무엇인가요?"

"제가 생각하는 위대함은 두려움을 느끼면서도 도전하고 주어진 삶을 최대한 활용하는 거예요. 인생은 연극 리허설이 아니니까요."[33]

실패의 재미있는 점

실패는 참 재미있는 녀석이다.

물론 모든 실패를 껄껄 웃음이나 배꼽 빠질 듯한 박장대소로 받아들여야 한다는 뜻은 아니다. 그럴 수 있을 때도 있지만 대부분의 실패는 고통스럽고 당황스럽고 하나도 재미있지 않다. 실패를 일부러 찾아 나서는 사람은 없다.

실패는 참 재미있는 녀석이다. 실패는 우리가 꽤 잘하고 자주 하는 일인데도 우리는 실패를 떠올리고 싶어 하지 않고, 기억하고 싶어 하지 않으며, 심지어 실패했다는 사실조차 인정하지 않으려고 하니까 말이다.

하지만 실패가 없으면 앞으로 나아갈 수 없다. 실패가 없으면 우리는 결코 새로운 시도를 하지 않을 것이다. 실패가 없으면 더 나은 방법을 찾으려고 하지 않을 것이다. 실패가 없으면 우리는 더 나아지거나 더 강해질 수 없다. 실패를 숨기거나 못 본 체하거나 낭비하면 안 된다. 실패는 우리 삶의 필수적인 부분이다.

실패는 우리 삶의 필수적인 부분이다.

미국 작가 로버트 그린은 우리가 어떤 방법으로 실패를 피할지 선택하느냐에 따라서 불안이 두 가지로 작동할 수 있다고 설명한다.

첫째, 우리는 시도 자체를 하지 않음으로써 불안에 계속 발목을 붙잡히고 실패의 고통을 피하는 쪽을 선택할 수 있다. 이 관점에 따르면 내가 아무리 최선을 다해도 나보다 잘하는 사람이 있겠지만 시도조차 하지 않는다면 절대적으로 뒤처질 수밖에 없다.

둘째, 불안을 동기부여로 삼아 최선을 다함으로써 실패를 피하는 쪽을 선택할 수 있다. 사라의 이야기가 보여주듯이 실패에 대한 두려움은 제대로 이용하기만 하면 끈기와 임기응변 능력을 길러주고 혁신의 연료가 된다.[34]

의심 다이어그램

웬디 스즈키 박사는 저서 『좋은 불안(Good Anxiety)』에서 발표에 대한 두려움, 경제적 불안, 사회적 불안, 일반적인 불안을 포함하는 보편적인 불안에 관해 설명한다.[35] 이 불안들이 강박증 수준으로 이어지면 완전히 공포에 사로잡힐 수도 있다. 거기에 팬데믹이나 삶의 온갖 불확실성까지 우리를 불안하게 만드는 것이 널리고 널렸다.

나는 가끔 심신을 쇠약하게 만드는 자기 의심과 싸워야 했다. 그것은 마 **자기 의심은 꿈을 죽인다.** 음속 깊은 곳에 자리한, 스스로 부족한 사람이라는 믿음이었다. 나는 충분하지 않은 사람이었다. 똑똑하지 않고, 너무 어리고 관계도 충분하지 않았다. 재능도 부족했다. 다른 사람들마저도 내가 의미 있는 사명을 이루지 못할 것이라고 말했다. 이 모든 것은 나 자신의 두려움 때문이었다.

자기 의심은 꿈을 죽인다. 자신을 믿지 못하면 자신이 원하는 길을 가고, 의미 있는 사명을 위해 행동하기 어려워진다. '부족하다'라는 생각은 대개 세 가지 가장 큰 두려움에서 나온다. 내가 의심 다이어그램이라고 부르는 것으로 두려움에 대한 생각에 도움이 되기를 바란다.

의심 다이어그램

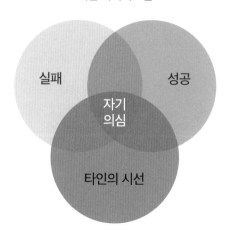

- 실패에 대한 두려움
- 성공에 대한 두려움
- 타인의 시선에 대한 두려움

사라 제이크스 로버츠(Sarah Jakes Roberts)는 저서 『여자는 진화한다(Woman Evolve)』에서 개인과 두려움의 관계에 대해 이야기한다.[36] 두려움은 마치 강압적인 파트너처럼 우리에게 계속 영향을 미치고 행동을 지시한다. 두려움은 우리가 어디를 가든 따라온다. 두려움은 실제로는 우리를 지치게 하고 조종하면서 안전하게 보호해주는 척한다. 그래서 사라는 우리가 두려움과 결별해야 한다고 주장한다. 우리가 결별해야 하는 첫 번째 두려움은 실패에 대한 두려움이다.

디폴트 모드

미국의 작가이자 자기 계발 분야의 강연자 댄 밀먼(Dan Millman)은 청중에게 "실패를 두려워한 적 있는 사람은 손들어 보세요"라는 말을 자주 한다. 그에 따르면 언제나 80퍼센트 이상이 손을 든다. 내가 관객들에게 같은 질문을 했을 때도 비슷한 반응이 나왔다. 누구나 실패에 대한 두려움을 느낀다. 하지만 그 두려움은 의미 있는 사명을 추구하는 것을 방해한다. 댄이 말했듯이 자기 의심은 삶의 목적을 방해한다. 댄은 자기 의심에서 벗어나는 가장 좋은 방법은 여정에서 마주칠 문제가 아니라 목적, 즉 의미 있는 사명에 집중하는 것임을 깨달았다.[37]

나도 그것이 진실임을 깨우쳤다. 나는 프로 운동선수로 뛸 때 실패가 성공을 향한 여정의 일부라고 배웠다. 공을 잡는 방법을 배울 때는 실패를 겪기 마련이다. 기회를 놓치면 다시 조정하면 된다. 실수하면 깨달음을 얻고 다른 방법을 시도한다. 나에게 실패는 연습의 일부분이었고, 실력을 가다듬어 목표를 향해 나아가는 방법을 배우는 과정이었다.

운동선수일 때는 실패가 목표 달성을 위해 감정적 · 정신적으로 꼭 필요한 단계라는 사실을 알았기에 실패가 두렵지 않았다. 앞에서 언급했듯이 우리는 어린 시절의 경험을 통해 그 사실을 잘 알고 있다. 걷는 법을 배우는 아이가 단번에 성공하리라고 생각하는 사람은 한 명도 없다. 당연하다. 모든 아이는 걸음마를 배우는 과정에서 수없이 비틀거리며 넘어진다. 하지만 아이가 절대로 걷지 못하리라고 말하는 사람은 없다. 오히려 일어나 다시 도전하도록 격려해준다. 다시 시도하지 않는 것만이 성공을 가로막는 유일한 방해물이기 때문이다. 하지만 우리는 나이가 들수록 실패에 대한 두려움이 비정상적일 정도로 커지게 내버려 둔다. 실패와 두려움은 인간이 느끼는 당연한 감정이다.

캐나다의 심리학 교수 조던 피터슨은 말한다. "두려워하지 않는 법을 배우기 전에는 항상 두려움을 느낍니다." 두려움은 인간의 기본 모드다. 실패를 두려워하는 것은 정상이라는 뜻이다. 하지만 두려움에서 도망치는 것은 답이 아니다. 두려움이 자신을 정의하도록 내버려두는 방법도 효과적이지 않다. 피터슨은 이렇게 말한다. "두려움의 대상에 노출될수록 그것을 덜 두려워하게 됩니다."[38]

믿기지 않을 수도 있지만 내가 가장 두려워하는 것 중 하나는 사람들 앞에서 말하는 것이었다. 토스트마스터즈에 들어가 매주 작은 규모의 청중에게 연설하기 시작하면서 편해졌다. 그리고 2만 명이나 되는 사람들에게 정기적으로 강연하면서 많은 돈을 받게 되었다. 하지만 아주 편해진 것은 아니었다, 절대로.

강연 일정이 잡힐 때마다 내가 무대에서 어떻게 보일지 두려웠다. 말실수할까 봐, 사람들의 비웃음에 창피하고 당황스러울까 봐 걱정스러웠다. 무대로 가는 길에 계단에서 넘어지거나 말을 더듬다가 머릿속이 완전히 하얘질까 봐 걱정스러웠다.

큰 행사를 앞두고 몇 시간 전에 코치 중 한 명인 크리스 리에게 두려움에 대해 털어놓았다. 그는 그 두려움이 전부 나에 관한 내용이라는 사실을 지적하면서(내가 어떻게 보일까, 내가 어떻게 느낄까, 내가 실수하지는 않을까) 머릿속에서 실행되고 있는 각본을 뒤집으라고 조언했다. '다른 사람들을 도와주고 싶다는 목적으로 초점이 향하면 어떨까? 나는 왜 강연하는가? 나를 위해서, 아니면 청중을 위해서?' 다른 사람들에게로 초점이 옮겨가자 내 안에서 변화가 일어나기 시작했다. 크리스는 내가 '그래서 그다음에는?'이라고 부르게 된 기법으로 나에게 질문을 던졌다.

할 말을 잊으면 어떡하지?
그래서 그다음에는?
당황스러울 거야.
그래서 그다음에는?
무대에서 뛰어내릴지도 몰라.
그래서 그다음에는?
아마 다들 비웃겠지?

그래서 그다음에는?

일주일 동안 집에만 처박혀 있을지도 몰라.

그래서 그다음에는?

결국에는 다시 일어나 계속 앞으로 나아가겠지.

나는 크리스가 하려는 말이 무엇인지 깨달았다. 최악의 상황이 닥쳐도 결국 나는 괜찮아질 것이고, 스팽스의 설립자 사라 블레이클리의 말처럼 재미있는 이야깃거리가 하나 생길 것이다. 그러니 불안은 모두 건너뛰고 처음부터 '다 괜찮을 거야'라는 마음으로 시작하면 어떨까?

그 깨달음 이후 큰 변화가 찾아왔다. 나는 티켓 거래 플랫폼 스텁허브(StubHub)의 회장 수킨더 싱 캐시디가 '선택 이후의 선택'[39]이라고 부르는 것의 힘을 깨달았다. 사람들을 도와주고 싶다는 목적에 집중하자 나에게 닥칠지 모르는 일들에 대한 두려움은 무의미해졌다.

실패는 무엇을 가르쳐주는가?

일반적으로 두려움에는 두 가지 유형이 있다. 첫 번째 유형은 위험한 것에 대한 건강한 두려움이다. 세상에는 정말로 우리가 두러워해야 할 것들이 있다. 실제로 우리에게 해를 끼칠 수 있는 것들이다. 그럴 때 투쟁-도피 본능은 우리를 지키는 데 큰 도움이 된다. 두 번째는 상처 입은 두려움인데, 감정적으로나 정신적, 신체적으로 우리를 가로막아 위대함으로 나아가는 결정을 방해한다. 이 두려움은 우리를 과거에서 살아가게 한다. 실질적인 위험 때문에 느끼는 두려움이 아니라 심리적인 두려움이다.

보통 실패에 대한 두려움은 현실적인 위험에 대한 두려움이 아니라 심리적인 두려움에 속한다. 뭔가에 실패하면 세상이 끝날 것만 같지만 대개 그런 일은 거의 드물다(쓸데없는 소리이긴 한데, 물론 스카이다이빙이나 원자핵융합, 화성 착륙 같은 것들이 실패하면 큰일이겠지만).

실패보다 더 나쁜 것이 있음을 기억해야 한다. 도전하지 않은 것에 대한 후회이다. 실패는 우리가 배우고 성장하

> **사람들을 도와주고 싶다는 목적에 집중하자 나에게 닥칠지 모르는 일들에 대한 두려움은 무의미해졌다.**

도록 도와줄 수 있다. 실패할 수도 있고 심지어 비난받을 수도 있다. 하지만 효과적이지 못한 방법을 깨우치는 기회로 받아들인다면 다음번에는 더 낫고, 어쩌면 더 위대한 결과를 만들어낼 수 있을 것이다. 예를 들어, 로버트 그린은 『권력의 법칙』이 큰 인기를 끈 후 획기적인 성공을 확신하고 새로운 책을 썼다. 그런데 1년 동안 공들여 쓴 원고를 출판사에 보냈지만 퇴짜맞고 말았다.

들도 있다. 오늘 순조로워도 내일은 엉망일 수 있다. 이러한 흐름은 그를 혼란스럽게 하고 의지를 꺾었다. 하지만 머지않아 그는 패턴을 발견했다. '획기적인 변화가 일어나는 날'은 반드시 '힘들고 엉망진창인 날' 바로 다음에 온다는 것을. 그 엉망진창인 날에 배움이 이루어진 것이었다.

실패한 후 실패에서 빠져나오려는 투쟁을 통해 우리는 새로운 관점을 얻고 더 강하고 현명해진다. 댄은 이런 패턴이 다른 삶의 기술에서도 똑같이 나타난다고 말한다. "점점 나빠지고, 아무런 진전도 없는 것 같고, 오히려 퇴보하는 것처럼 느껴질 때가 있지요. 하지만 그건 이 보 전진을 위한 일 보 후퇴일 뿐입니다."[42] 아무런 진전이 없는 것처럼 보여도 포기하지 않고 계속한다면 배움이 일어날 수 있다.

항상 잘할 수는 없다

2009년에 라이언 서핸트(Ryan Serhant)는 뉴욕시에서 일하는 신출내기 부동산 중개인이었다. 그가 초기에 만난 고객 중에 웨스트빌리지에 있는 아파트를 사려는 여성이 있었다. 만약 계약이 성사된다면 두둑한 중개수수료로 한동안 버틸 수 있을 거라는 생각에 잔뜩 기대에 부풀었다.

하지만 라이언은 뉴욕 출신이 아니고 GPS도 없었다. 고객을 차에 태우고 아파트를 보러 간 아침, 그는 한 번도 아니고 두 번이나 길을 잘못 들었다. 결국 그날 라이언은 고객으로부터 이 분야에서 일해서는 안 되는 최악의 부동산 중개인이라는 말을 들었다. 뼈아픈 사건이었다.

라이언은 큰 충격을 받았지만 실패에서 중요한 교훈을 얻었다. 어떤 분야에 얼마나 오래 몸담았든 언제나 새로운 도전과 난관에 부딪쳐 당황할 수 있다. 하지만 그렇다고 포기해서는 안 된다. 라이언은 자신이 일을 처리한 방식을 똑바로 돌아보고 준비가 부족했다는 점을 인정했다. 그 동네를 미리 조사했어야 했다. 일찍 일어나 미리 길을 익혀두어야 했다.

그때 그는 결심했다. 비록 뉴욕 출신도 아니고 인맥도 넓지 않은 데다 부동산 중개인처럼 보이지도 않았지만 앞으로 최고의 부동산 중개인이 되겠다고.

결심한 지 얼마 되지 않아 외국인 고객이 찾아왔다. 라이언은 자기 의심을 버리고 실패에서 얻은 교훈으로 중개인의 역할을 성공적으로 수행했다. 결국 그는 고객에게 210만 달러짜리 아파트를 팔아 2만 4,000달러가 넘는 수수료를 받았다.

더 중요한 것이 있다. 라이언은 실패로부터 배움을 얻을 의지만 있다면 최고의 부동산 중개인이 되고 싶은 꿈을 이룰 수 있다는 사실을 확인했다.

분명하게 말하겠다. 사라 제이크스 로버츠의 말처럼 실패에 대한 두려움과 결별하는 것은 쉽지 않다. 그 두려움과 헤어진다고 앞으로 그 두려움을 두 번 다시 겪을 일이 없으리라는 뜻도 아니다. 사라도 "믿음에는 용기가 필요합니다"[43] 라고 말한다. 완전한 의심에서 용기 있는 믿음으로 도약하는 것은 정말로 힘든 일이다. 반대쪽 끄트머리로 가야 하니 좀처럼 선택을 내리기가 힘들 것이다. 도약을 미루고 싶은 유혹이 들겠지만 마스터가 되고 싶다면 사라의 말처럼 해야 한다.

> 우리가 하는 모든 일이 성공할 수 없다는 사실을 알아야 합니다. 가끔은 못할 수도 있어요. 당신의 목표가 숙달이라면 실패가 그 과정의 일부라는 사실을 깨닫게 될 것입니다. 마스터가 되고 싶다면 실패를 돌아보고 지혜를 뽑아내고 다음 시도에 적용하세요. 결국 당신의 목표는 숙달이니까요.[44]

실패에 대한 두려움이나 그 어떤 두려움에 사로잡혀 있을 때 우리가 정말로 두려운 것은 내가 충분하지 않은 존재라는 사실을 발견하게 되는 것이다. 사라는 그것을 '내가 잠재력을 발휘하지 못하게 하는 두려움'이라고 표현한다.[45]

이런 사고방식의 문제는 말이 씨가 된다는 것이다. 스스로 부족한 존재일지도 모른다는 두려움은 우리를 얼어붙게 만든다. 의미 있는 사명을 절대로 수행할 수 없게 된다.

위험 감수의 방정식

실패는 확률이 워낙 높으므로 실패를 피하는 유일한 방법은 절대로 아무것도 시도하지 않는 것이다. 최고의 운동선수들, 엄청나게 성공한 기업가들, 또는 세상에 가장 큰 영향을 끼치는 사람들도 끊임없이 실패하고 있다.

인도 출신의 배우이자 모델, 가수이며 2000년 미스 월드 우승자 프리얀카 초프라 조나스(Priyanka Chopra Jonas)는 실패를 피하려는 것은 헛된 일이라는 사실을 잘 안다. "세상에 유산을 남기고 싶다면 실패 후에 어떻게 하느냐가 중요해요."[46] 그녀의 말처럼 처음 새로운 일을 시도할 때 실패는 불가피하지만 새로운 시도를 아예 하지 않는다면 결코 성장할 수 없다. 그것이 훨씬 더 큰 위험이다. 새로운 시도를 하는 습관이 길러지면 다양성이 늘어나고 성공 가능성도 커진다. 아는 것만 고수하면 당신의 운명은 얼마 되지 않는 기술과 기회에 좌우된다. 나는 프리얀카의 말에 담긴 강력한 핵심이 마음에 든다. 세상의 성공한 모든 사람은 성공으로 가는 과정에서 실패를 경험했다. 그런데 당신이라고 다르겠는가?

성공으로 가는 유일한 방법은 현재의 실패 상태를 인정하는 것일지도 모른다. 배우 에단 서플리(Ethan Suplee)가 체중을 감량한 사연은 매우 큰 영감을 준다. 그는 무려 250파운드(약 113킬로그램) 이상을 감량했다! 하지만 그 여정을 시작하기 전에 그는 변화의 필요성을 먼저 깨달을 필요가 있었다. 그는 신체 활동을 즐기는 여성과 핑크빛 기류를 형성한 후 그녀와의 관계를 유지하려면 건강해져야 한다는 것을 깨달았다. 건강한 생활방식으로 나아가기 위한 첫걸음은 여자친구에게 자신의 계획을 말하는 것이었다. 에단은 사실 두려웠다. 자기 삶이 실패했음을 드러내는 것처럼 느껴졌기 때문이다.[47]

여자친구에게 계획을 말하고 만약 제대로 지키지 못한다면 얼마나 당황스러울지 두려웠다. 하지만 에단은 실패에 대한 두려움을 건강해지기 위한 신체적 변화에 동기를 부여하는 데 활용했다. 두려움에 얼어붙어서 아무런 행동도 하지 않으면 치러야 하는 대가(연인을 잃는 것)가 위험을 감수하는 대가보다 더 크다는 사실을 깨달았다.

수킨더 싱 캐시디는 두려움으로 얼어붙는 것을 이겨내는 방법으로 위험 감수 방정식이라는 기법을 추천한다. 그녀는 두려운 결정을 머릿속으로 실행해보라고 한다. 이렇게 미리 시나리오를 돌려보면 실패해도 되돌릴 수 없는 결정이 거의 없다는 것을 알 수 있다. 그녀는 선택이 단 하나뿐이고, 이것 아니면 저것이라는 잘못된 고정관념을 버려야 한다고 말한다.

큰 위험 감수의 결과는 무조건 큰 보상이나 큰 손실 둘 중 하나가 아니다. 그렇게 생각하면 선택에 너무 큰 부담이 따른다. 다양한 여정이 가능하다. 모든 선택을 통해 우리는 성공을 향해 나아갈 기회를 발견한다. 수킨더가 아는 성공한 사람들은 모두 "크거나 작은 가능성을 행동으로 옮기는 끊임없는 선택과 위험 감수의 달인"이다.[48]

고통이 길을 알려준다

레이 달리오(Ray Dalio)도 기쁨이 아니라 고통이 우리를 현명하게 만든다는 사실을 깨우치고 실패를 받아들인 사람이다. 그는 「포춘」지가 선정한 미국에서 다섯 번째로 중요한 민간 기업 브리지워터 어소시에이츠(Bridgewater Associates)의 설립자이자, 공동 회장 및 공동 최고 투자 책임자이다. 이 글을 쓰는 지금, 그는 세계 69번째 부자로 200억 달러가 넘는 자산을 보유하고 있다. 「와이어드」지는 그를 '투자 부문의 스티브 잡스'라고 불렀고, 「타임」지는 세계에서 가장 영향력 있는 100명 중 한 명으로 선정했다. 다시 말하자면 성공에 대해 그만큼 잘 아는 사람은 많지 않을 것이다. 하지만 그는 성공보다 실패에서 더 많은 것을 배웠다고 말한다.

레이는 투자 부문에 몸담은 지 얼마 되지 않았을 때 가장 큰 손실을 겪었다. 1981년에 그는 은행들이 돈을 갚을 능력이 없는 사람들에게 대출해준 결과로 미국 경제가 위기에 빠질 것으로 예측했다. 멕시코가 1982년에 채무불이행을 일으켜 그의 예측이 옳다는 것이 증명되면서 그에게도 많은 관심이 쏟아졌다.

그는 불황이 멀지 않았다는 두 번째 예측을 했다. 하지만 부채 위기가 발생하지 않았고 주식시장은 호전되었다. 그가 시장 하향 곡선의 시작이라고 예측한 지점은 상승하기 위한 하락이었다는 것이 밝혀졌다. 그는 계산 착오 때문에 자기 돈뿐만 아니라 고객들의 돈도 잃었다. 생활비가 없어서 아버지에게 4,000달러를 빌리기까지 했다.

하지만 놀랍게도 레이는 이 실패를 자신에게 일어난 가장 큰 행운이라고 생각한다. 대담함과 신중함의 균형을 잡는 법을 배웠기 때문이다. 그는 실패에 대해 성찰함으로써 성장했다. 자신과 다른 의견을 가진 똑똑한 사람들을 찾아 나서기 시작했다. 결과적으로 위험을 무릅쓰기 전에 더 철저하게 예측을 시험하는 법을 배웠다.

그 변화 이후로 레이는 큰 성공을 거두었다. 자신이 모든 것을 알 수 없으며 다양한 생각을 가진 이들로 구성된 팀의 도움을 받아야 한다는 것을 배운 덕분에 가능한 성공이었다. 레이에 따르면 현실은 당신이 실패를 받아들이든 받아들이지 않든 상관하지 않는다. 세상은 당신의 행동과 상관없이 계속 돌아갈 것이다. 그러므로

우리는 현실을 이해하고 실패를 대하는 방법을 배우려고 노력하는 수밖에 없다. [49]

비상시를 위한 예외

실패가 불가피하다면 왜 꼭 실패를 두려워해야 하는가? 위대함으로 가는 여정에서 실패를 허락한다면 어떨까? 펜실베이니아 대학 와튼 스쿨 교수 마리사 샤리프(Marissa Sharif)는 자신을 포함해 많은 사람이 '에라, 모르겠다 순간'이라는 것 때문에 목표 달성에 실패한다는 사실을 발견하고 큰 영감을 얻었다.

이 순간은 바람직한 방향에서 살짝 멀어질 때, 목표 자체를 아예 포기하고 싶은 유혹이 들 때 찾아온다. 예를 들어, 하루에 총 1,500칼로리를 섭취하는 목표를 세운 사람이 있다고 해보자. 그는 월요일, 화요일, 수요일에는 목표를 달성했지만 목요일 아침에는 직장에서 도넛을 먹고 말았다. 도넛 하나를 먹어버린 작은 실패가 연쇄 효과를 일으켜 남은 일주일 내내 저녁에 피자와 감자 칩을 먹게 된다. '에라, 모르겠다. 이미 실패했으니까'라고 생각하게 되기 때문이다. [50]

마리사는 이 문제를 해결하기 위해 목표한 대로 평일에 매일 운동하되 비상시를 위해 두 번의 예외를 허용하기로 했다. 도저히 운동할 수 없는 일이 생기는 날을 대비한 것이었다. 이 구조는 그녀가 긴장의 순간에 여유를 가질 수 있도록 해주었다. 하루 운동을 빼먹었다고 더 큰 목표를 아예 포기해버리고 남은 일주일 내내 운동하지 않는 대신, 예외를 사용함으로써 자신이 여전히 목표를 향해 성실하게 노력하고 있다는 것을 깨달았다.

비상시를 위한 예외가 존재한다는 것을 아는 것만으로도 동기 부여가 되어서 더 큰 목표를 위해 계속 나아갈 수 있다. 케이티 밀크먼은 실패에서 회복하는 기술이 자신을 용서하는 방법과 마찬가지라고 본다. 영구적인 실패를 피하기 위한 대비책과 대비책을 위한 대비책을 마련해두어야 한다고 그녀는 말한다.[51]

실패에 대한 두려움 때문에 위대함의 여정에서 이탈하지 않아도 된다. 사실 당신을 가로막는 것은 실패에 대한 두려움이 아니라 오히려 그 반대로 성공에 대한 두려움일 수도 있다.

Tip. 위대함을 위한 연습 과제

이 섹션의 끝부분에서 당신이 위대함으로 가는 장벽을 뛰어넘기 위한 행동을 취하도록 도와주는 포괄적인 위대함 바꾸기 도구 키트를 제공하겠다.

우선 지금은 간단한 질문을 해보자.

- 당신은 실패의 두려움을 극복하기 위해 어느 정도까지 고군분투하는가?
- 그 두려움이 의미 있는 사명을 진심으로 추구하는데 어떻게 방해가 되었는가?

실패에 대한 두려움을 여기에 적어보자.

이 섹션의 끝부분에 수록된 두려움 바꾸기 도구 키트(165쪽)의 연습법을 이용해 두려움에 대해 더 자세히 알고 이겨내는 방법을 배울 수 있다.

Chapter 5

두려움 #2: 성공

제이미 컨 리마(Jamie Kern Lima)는 어릴 때부터 뷰티 산업을 사랑했다. 그녀는 잡지를 파고들었고 이상적인 미의 기준을 대표하는 고운 피부와 날씬한 몸매를 가진 모델들을 동경했다. 제이미는 세상이 던지는 메시지를 받았다. 사랑받으려면 자신도 그런 외모를 가져야 한다고.

제이미는 이야기에 대한 사랑 덕분에 대중과 카메라 앞에 서는 직업을 갖게 되었다. 그녀는 뉴스앵커가 되었을 때 성공했다고 생각했다. 하지만 어릴 때부터 동경한 이상적인 외모를 손에 넣었다고 생각했을 때, 그녀의 피부에 붉고 오톨도톨한 두드러기 같은 것이 생겼다.

얼굴에 나타난 경악스러운 변화를 처음 알게 된 것은 생방송 도

중 프로듀서가 그녀에게 얼굴에 뭐가 묻었다고 말했을 때였다. 이어피스에서 "얼굴에 뭐 묻었어요. 닦아요"라는 말이 들렸다. 하지만 아무리 문질러도 지워지지 않았다.

제이미는 자신이 주사(rosacea)라는 피부 질환에 걸렸다는 것을 알게 되었다. 얼굴의 붉은 좁쌀을 가리려고 싼 화장품부터 엄청나게 비싼 화장품까지 샅샅이 뒤졌지만 아무런 효과가 없었다. 그녀는 머지않아 시청자들에게 외면받을 것이라고 생각했다. 결국 직장을 잃었다.

제이미는 힘들었던 그때를 회상하면서 지금의 관점을 나눠주었다. 당시에는 꿈에도 몰랐지만 그때의 좌절은 앞날을 위한 준비였다. 해결책을 찾아 온갖 브랜드의 화장품과 씨름하고 실망하면서 그녀의 사고방식이 바뀌기 시작했다. 그녀는 궁금했다. '왜 나 같은 사람을 위한 제품이 없을까? 왜 나처럼 생긴 모델은 없는 걸까?'

그다음에 그녀는 매우 용감하게 행동했다.

새로운 목표를 추구하기 위해 꿈의 직장을 그만둔 것이다. 그녀는 자신과 똑같은 피부 질환에 시달리는 사람들을 위한 화장품 사업을 구상했다. 계획에 따라 IT 코스메틱이라는 회사를 차리고 피부 질환으로 고통받는 사람들을 위한 화장품을 만들었다. 하지만 효과가 입증됐는데도 그녀가 동경한 화장품 업체들(세포라(Sephora), 알타(Alta), QVC)은 그녀의 제품을 퇴짜 놓았다.

개인 계좌와 회사 계좌를 합쳐서 잔액이 1,000달러가 되지 않을 때도 있었다. 하지만 그녀는 흔들리지 않았다.

제이미는 사모펀드를 대상으로 한 프레젠테이션에서 사업 계획과 제품, 예산, 전체적인 비전을 훌륭하게 밝혔다. 투자자들 앞에 선 그녀는 이제야 마침내 제대로 된 마케팅에 필요한 투자 지원을 받을 수 있게 되었음을 확신했다.

"이렇게 멋진 제품을 만든 것을 축하합니다. 정말 멋진 제품이군요." 투자자 대표가 말했다. 제이미는 드디어 꿈이 현실로 이루어졌다고 생각했다. 하지만 결과는 그녀의 예상을 완전히 빗나갔다. "제품이 잘되기를 바랍니다. 저희는 IT 코스메틱에 투자하지 못할 것 같군요."

믿을 수 없었다. 투자받지 못한다면 적어도 피드백이라도 받고 싶었다. 그녀는 심호흡을 하고 침착하게 쓰디쓴 질문을 던졌다. "이유를 말해줄 수 있으신가요?"

투자자는 불과 1미터 정도 떨어진 곳에서 그녀를 훑어보았다. "정말 솔직하게 말해도 되겠습니까?" 제이미는 잔뜩 긴장하며 고개를 끄덕였다. "제 생각에는 여성들이 당신 같은 몸매에 그만큼 몸무게가 나가는 여성이 만든 화장품을 살 것 같지 않군요."

제이미는 너무도 큰 충격에 정신이 멍해진 상태로 그 자리를 떠났다. 그녀는 차 안에서 울며 여기까지 오는 동안 동기부여를 한 것이 무엇인지를 떠올렸다. 그녀의 외모가 방해물이라는 그 남자의 말은 그녀의 사업이 반드시 성공해야만 하는 이유라는 사실을 깨달았다. 그도 다른 모두와 마찬가지로 세상이 강요하는 아름다움의 기준에 휘둘린 것이었다.

그녀의 과거 경험, 사회의 비현실적인 기준과 자신을 비교한 시간, 피부 질환에 대한 두려움, 자신에 대한 의심이 합쳐져서 세상에서 해결해야만 하는 문제가 그녀 앞에 나타났다. 그녀의 의미 있는 사명이 분명해졌다. 그녀는 '사람들을 위한' 뷰티 브랜드를 만들 것이다. 광고에서 모든 연령대와 피부 유형, 성 표현을 보여줄 것이다. '자신을 의심하기 시작하는 소녀들과 여전히 자신을 의심하는 성인들을 위해' 미의 기준을 바꿀 것이다.[52]

제이미는 그 어느 때보다 의욕이 활활 타올랐고 IT 코스메틱에 모든 것을 쏟아부었다. 그리고 놀라운 성공을 거두었다. 하지만 성공과 함께 시련도 찾아왔다. 보통 사람이라면 성공을 위한 도전 자체를 포기할 정도로 두려운 시련이었다. 제이미는 거의 10년 동안 일주일에 100시간씩 일하느라 친구나 가족을 위한 시간을 낼 수가 없었다.[53] 마침내 성공은 했지만 건강에 나쁘고 지속하기도 힘든 성공이었다. 제이미가 그렇게 무리하면서 일한 이유는 성공을 거두었지만 언제 바닥을 칠지 몰랐기에 물이 들어올 때 노를 저어야 한다는 생각 때문이었다.

화장품 대기업 로레알이 제이미가 키워온 혁신적인 브랜드에 관심을 보인 것은 바로 그때였다. IT 코스메틱을 12억 달러에 인수하겠다는 제안이 들어왔다! 갑자기 그녀는 선택의 갈림길에 섰다. 로레알의 제안을 받아들일지, 기업 상장을 선택할지. 로레알의 제안을 받아들이면 처음에 힘들게 고생하며 사업을 키울 때 상상조차 하지 못했던 금액의 돈을 벌 수 있다. 기업 상장을 선택하면 회사 운영권을 손에 쥐고 지칠 때까지 계속 일을 할 것이다.

제이미는 뉴스앵커를 그만두었을 때처럼 안전지대를 벗어나 새로운 도전을 할 필요가 있음을 느꼈다. 성공을 잃을지도 모른다는 두려움에 사로잡혀서 끊임없이 성공을 좇는 것을 그만두기로 했다. 그녀는 IT 코스메틱을 매각하고 CEO 자리에서 물러났다.

그 후 제이미는 일주일에 20시간씩 행복하게 일하면서 다른 위대한 기회를 추구하기 시작했다. 2021년에는 책『빌리브 잇(Believe It: How to Go from Underestimated to Unstoppable)』을 출간했고, 그 책은 「뉴욕타임스」 베스트셀러가 되었다.

좌절이 아니라 준비

사람들이 실패를 두려워하는 것은 당연할지도 모른다. 실패하고 싶은 사람은 없으니까 말이다. 실패는 위대함의 반대처럼 보인다. 하지만 의심 다이어그램에는 첫 번째 두려움과 달리 언뜻 잘 이

해되지 않는 두 번째 두려움이 있다. 바로 성공에 대한 두려움이다.

처음에는 논리에 맞지 않는 것처럼 보인다. 모두가 원하는 것이 성공 아닌가? 성공이 결승선이라면 달리는 것 자체는 쉬울 수 있다. 하지만 결승선을 통과한 후에는 어떻게 될까? 어떻게 기업을 계속 성장시킬 것인가? 언론이나 대중의 스포트라이트에 대처할 일이 생기면 어떻게 해야 하는가? 바보처럼 사람들에게 이용당하고 돈도 뺏기면 어쩔 것인가? 그런 생각에서 스멀스멀 의심이 기어나와 당신의 발목을 붙잡고 성공을 위해 도전하는 것 자체를 막는다. '어떻게 하면 계속 성공할 수 있을까? 내가 압박과 스포트라이트를 견딜 수 있을까? 성공을 거둔 후에도 성취감이 느껴지지 않으면 어쩌지? 내가 부족해서 계속 성공하지 못하면 어떡하지?'

솔직히 말해서 이 질문들은 타당하지만 당신의 앞을 가로막게 두어서는 안 된다. 그러면 당신은 위대해지지도 못하고 당신만이 할 수 있는 방법으로 세상에 이바지하지도 못한다.

나는 성공을 거둔 지 얼마 안 된 사람들(엄청나게 많은 온라인 팔로워 수와 명성, 돈, 기회를 얻은 사람들)에게 자기애를 1~10까지 평가해달라고 했다. 10은 자신을 완전히 사랑하고 받아들이고 성취감과 내면의 평화를 느낀다는 뜻이고, 1은 자신을 싫어하고 자신의 모든 것을 받아들이지 않는다는 뜻이다. 모두가 각자 평가한 숫자를 제시했다. 그다음에는 성공과 명성을 얻기 전의 자신에 대해서도 평가해

달라고 했다.

그들의 대답은 나를 놀라게 했다. 그들은 겉으로 보기에 놀라운 성공을 거두었는데도 모두가 성공하기 전의 자신에게 더 높은 점수를 주었다! 그러니 많은 사람이 성공을 두려워하는 것도 당연하다. 그래서 더더욱 우리는 두 번째 두려움, 성공에 대한 두려움과 결별해야 한다.

떠날 때를 알아라

사업이 승승장구하기 시작하자 제이미는 가면 증후군에 빠졌다. 도저히 감당할 수 없는 지경에 이르는 것은 시간문제라고 생각했다. 자기 의심 속에서도 그녀를 앞으로 계속 나아가게 한 것은 자신을 초월하는 거대하고 의미 있는 사명에 대한 확고한 믿음이었다.

그러나 성공한다고 자기 의심이 끝나는 것은 아니다. 성공한 이후에 그 자리가 요구하는 것을 따라가지 못할까 봐 두려운 것은 지극히 정상이다. 이 두려움에 사로잡히면 지칠 때까지 능력을 증명하느라 애쓰므로 결국 자신에게 해롭다. 성공한 사람에게 매우 흔히 나타나는 '가면 증후군'은 그저 운으로 성공한 것뿐이라는 확신에 사로잡혀 근시안적으로 행동하게 만든다. 제이미가 그랬던 것처럼 성공이 사라져버리기 전에 최대한 활용해야 한다는 압박감을 느낄 수도 있다.

하지만 그런 결핍의 사고방식은 위대함의 사고방식이 아니다. 의미 있는 사명을 추구하려면 장기적인 성공 계획을 세워야 한다. 그 계획에는 자기에게 맞는 속도를 지키는 것도 포함되어야 한다. 성공은 인생의 편안한 단계를 마무리하고 불편한 단계를 새롭게 시작하는 것을 뜻할 수도 있다. 기어를 바꿔야 한다.

정신 건강 전문가이자 인기 TV 프로그램 진행자 닥터 필이 통찰을 나눠준다. "잘못된 꿈을 추구하는 것보다 끔찍

성공한다고 자기 의심이 끝나는 것은 아니다.

한 일은 없지요. 꿈이 바뀌었는데 자신은 변화하지 않는 것도 마찬가지예요."[54]

닥터 필은 기어를 바꿔야 하는 필요성을 잘 알고 있다. 인기 TV 스타가 되기 전에 그는 심리상담 클리닉 두 곳을 운영해 성공을 거두었다. 하지만 만약 사람들의 삶에 영향력을 미치는 일에 더 이상 성취감을 느끼지 못하는 때가 오면 멈춰야 한다고 생각했다. 어느해 크리스마스 휴가를 마치고 돌아왔을 때 바로 그런 일이 일어났다. 새해 예약이 꽉 차 있는 것을 보고 더는 이 일을 하고 싶지 않다는 생각이 들었다. 그가 '본능 점검의 순간'이라고 부른 그때, 편안하지만 만족스럽지 못한 성공에 계속 머무를 수도 있었다. 하지만 그는 환자들에게 다른 곳을 소개해주고 상담소의 문을 닫는 쪽을 선택했다.

의미 있는 사명을 추구하는 동안 성공에 대한 정의를 기꺼이 바꾸는 것이 위대함이다.

왜 그랬을까? 성공에 대한 그의 관점이 바뀌었기 때문이었다. 필은 위대함으로 나아가는 여정에서 기어를 바꾸는 습관을 들였다. 그는 재판 과학 분야의 CSI라는 회사도 설립했다. 그 회사는 재판 전략, 배심원 선정, 모의재판, 그림자 배심원과 재판에 도움을 주었다(이때 그의 경험은 CBS 드라마 「불(Bull)」에 소재를 제공하기도 했다). 그는 새로운 일에서도 성공을 거두었다. 심지어 광우병에 걸린 소와 관련된 아마릴로 식품 명예훼손 소송에서 오프라 윈프리에게 법적 자문을 제공하기도 했다.

하지만 15년 후, 성공은 계속되었지만 또다시 꽉 막힌 기분을 느꼈다.

> 나는 할 수 있는 모든 것을 했습니다. 세계 주요 항공사들을 고객으로 두었고 주요 영화 제작자 아홉 곳이 내 고객이었어요. 「포춘」 선정 100대 기업의 절반을 상대했죠. 담배 소송, 유방 보형물 소송을 비롯해 굉장히 다양한 사건에 관여했습니다. 그 분야에서 할 수 있는 일은 다 한 셈이었죠.[55]

그는 뭔가 다른 것을 해야 할 때라는 것을 깨달았다. 그래서 TV 프로그램 「닥터 필」을 만들었다. 그가 그 프로그램을 만들 수 있었던 것은 성공에 대한 두려움에 사로잡혀서 자신을 제한하지 않은 덕분이었다. 그는 운명의 주도권을 직접 쥐었다.

위대함의 증표는 성공 자체가 최종 단계가 아님을 아는 것이다. 의미 있는 사명을 추구하는 동안 성공에 대한 정의를 기꺼이 바꾸는 것이 위대함이다.

한 번에 한 걸음씩

위대함에 대해 알아야 할 것이 있다. 위대함은 처음부터 완전하다는 뜻이 아니다. 지금 이대로도 충분하며 계속 성장하고 발전하고 변화하는 것이다. 그래서 긴장감이 느껴진다. 지금 이대로도 충분하지만 언제나 그 이상이 되고 있기 때문이다. 그 이상이 되려는 의지가 없으면 결국 위대함으로 나아가고 싶은 의지도 있을 수 없다. 위대함은 한 번에 한 걸음씩 내디뎌야 가장 효과적이다.

> **위대함은 처음부터 완전하다는 뜻이 아니라 지금 이대로도 충분한 것이다.**

개인 트레이너이자 어택 애슬레틱스(ATTACK Athletics) CEO인 팀 그로버(Tim Grover)는 NBA, NFL, MLB는 물론 올림픽 선수들까지 포함해 모든 스포츠 종목의 엘리트 선수들과 함께 일하는 것으로 유명하다. 그는 마이클 조던이 NBA 결승전에서 여러 번 우승을 거두었을 때 그의 트레이너였고, 코비 브라이언트의 트레이너이기도 했다. 그는 우리가 성공으로 가는 정해진 숫자의 단계를 찾으려고 하지만 성공에 대한 정의는 그 숫자가 무한하므로 성공으로 가는 단계도 무한하다고 말한다.

얼마나 오래 했는지는 중요하지 않습니다. 단계는 끊임없이 변합니다. 절대, 절대로 끝나지 않습니다. 단계를 올라가기만 해서도 안 돼요. 가끔은 기어가기도 해야 할 겁니다. 마침내 정상에 오르면 모든 게 바뀌어버리고 다시 바닥에 있게 됩니다.

뭐야? 정상이 또 바닥이 됐어?

당신은 정상에 올라서 성공했다고 생각할지도 모릅니다. 출발했던 곳을 뒤돌아보면 기분도 좋겠죠. 하지만 앞으로 펼쳐질 일을 기대하는 순간 다시 첫 번째 단계로 돌아왔음을 깨닫습니다. 당신이 정상이라고 생각한 곳이 시작인 거죠. 바로 그때 많은 사람이 포기합니다.[56]

여정은 절대로 끝나지 않는다. 그 진실을 깨달으면 경계 태세를 갖추고 성공의 두려움에 굴복하지 않을 수 있다. 자기 의심이 다시 시작되고 위대함이 멀어지는 것처럼 보일 때 기억하라. 목표는 성공의 이정표에 이르는 것이 아니라 위대함을 추구하는 것이다.

나는 팀의 말이 무슨 뜻인지 안다. 나는 「위대함 학교(School of Greatness)」 팟캐스트를 정말 오랫동안 준비했다(사실은 평생). 하지만 이 책을 쓰는 지금, 10년이 지났는데도 막 시작한 것 같다. 사람들은 끊임없이 위대함을 추구하는 것이 말만 들어도 피곤할 것 같다면서 시작도 해보기 전에 그만둔다. 하지만 나는 오히려 위로가 된다. 처음부터 모든 기술을 다 갖추고 시작하지 않아도 된다는 뜻이니까. 처음부터 모든 답을 알지 못해도 괜찮다는 확신이 있으면 내딛는 모든 걸음이 그 자체로 성공이 된다. 성공을 달성한 이후의 상황에 대한 답을 몰라도 된다. 그저 지금의 두려움을 밀어내고 한 번에 한 걸음씩 걸어 나가면 된다.

목표는 성공의 이정표에 이르는 것이 아니라 위대함을 추구하는 것이다.

진실은 이렇다. 당신은 위대함으로 나아가는 도중에 위대해질 수 있고, 또 그렇게 될 것이다. 위대함에 이르는 방법은 이것뿐이다.

그래서 에이미 커디는 "할 수 있을 때까지 그런 척하라(Fake it till you make it)"는 말을 거부한다. 대신 그녀는 "될 수 있을 때까지 그런 척하라(Fake it till you become it)"는 표현을 사용한다. "할 수 있을 때까지 그런 척하라"는 당신이 진정성 없고 절대로 충분하지 않다는 뜻을 담고 있다. 반면 "될 수 있을 때까지 그런 척하라"는 스스로 원하는 버전의 나를 연습하면서 성장하고 또 그렇게 된다는 뜻이다. 에이미는 이것을 '자신을 속여서 스스로 믿게 만들기'[57]라고 표현한다. 나는 그레이트 마인드셋을 기르는 데 사용하는 멋진 도구라고 부른다. 두려움이 사라지고 새로운 기술과 자기 확신으로 변할 때까지 두려움을 똑바로 마주하고 도전해야 한다.

이러한 틀 바꾸기(reframing)는 가면 증후군을 물리칠 때도 유용하다. 성공에 필요한 모든 것을 갖추지 못했어도 당신은 지금 바로 시작하기에 충분하다. 성장을 추구하고 두려움을 이겨내고 진정한 내가 되어야만 성공으로 가는 과정에서 성공을 즐길 수 있는 자세가 갖추어진다.

> **성장을 추구하고 두려움을 이겨내고 진정한 내가 되어야만 성공으로 가는 과정에서 성공을 즐길 수 있는 자세가 갖추어진다.**

다르게 생각하기

오랫동안 순조롭게 앞으로 나아갈 때야말로 가장 위험한 시간이다. 성공으로 경계 태세가 허물어져서 이때 겪는 실패가 가장 큰 타격을 줄 수 있다. 그런 상황을 피하려면 다르게 생각해야 한다.

애플은 1997년부터 2002년까지 '다르게 생각하라(Think Different)'는 광고 캠페인을 진행했다. 알베르트 아인슈타인(Albert Einstein), 밥 딜런(Bob Dylan), 아멜리아 에어하트(Amelia Earhart) 제인 구달(Jane

Goodall), 마틴 루서 킹 주니어(Martin Luther King Jr), 무하마드 알리(Muhammad Ali), 짐 헨슨(Jim Henson)은 물론 개구리 커밋(Kermit the Frog), 존 레논(John Lennon), 오노 요코(Ono Yoko), 프랭크 로이드 라이트 (Frank Lloyd Wright), 파블로 피카소(Pablo Picasso)까지 창의적인 혁신가들의 강렬한 흑백 사진으로 이루어진 광고였다. 이들은 모두 '다르게 생각하기'를 선택한 사람이다.[58]

성공의 두려움을 극복하려면 당신도 그래야 한다.

'다르게 생각하라!'

앞에서 만난 제이미의 이야기로 돌아가 보자. 눈덩이가 불어나듯 점점 커진 성공은 그녀에게 자기 의심을 부추기고 결과적으로 삶의 질을 위협했다. 그녀는 성공하면 성공할수록 모든 것을 잃을까 봐 두려웠다. 끝없이 속도를 내야만 하는 투쟁을 거부하기 시작했다. 그 시점에서 그녀는 다르게 생각할 필요가 있었다. 자신이 거둔 성공에 대한 확신이 생기자 일시적인 성공이 아니므로 언제까지나 주 100시간 근무를 감당할 수 없다는 사실을 깨달았다. 그녀는 과정에 믿음을 갖는 법을 배우기 시작했다. 바로 다음 날까지 기다려도 큰일 나지 않는 일들도 있다는 것을. 그녀는 이렇게 말했다. "회사 매출을 10억 달러로 올리기 위해 꼭 일주일에 100시간씩 일할 필요는 없었어요."[59]

팀 그로버는 성공 이후 루틴에서 벗어나는 변화를 받아들이고

자신이 이대로 충분하며 그 이상이 되어가고 있음을 알아라.

그 안의 기회를 엿보아야 한다고 말한다. 그는 계속 앞으로 나아가면서 두려움을 일으키는 것들을 경험하고, 두려움을 기회로 바라보라고 제안했다. 두려움을 패배나 부정적인 것이 아닌 '승리'라고 생각하라고 말이다.[60]

이것은 단순하지만 매우 중요한 마인드셋의 변화다. 두려움이 목표를 가로막으면 안 된다. 큰 그림을 보아야 한다. 그렇다. 이기는 것이 지는 것처럼 느껴질 때도 있다. 한때 너무도 갈망했던 상황이 싫어질 수도 있다. 성공을 두려워하거나 최근에 거둔 성공에 오히려 분노하는 자신을 발견한다면 변화는 불편하지만 피할 수 없다는 것을 기억하라. 변화 자체를 막을 수는 없지만 어떻게 변할 것인지는 선택할 수 있다.

당신이 닮고 싶은 사람들도 불안감을 가지고 있다는 것을 기억하라. 장담하건대 그들도 분명 당신과 똑같은 두려움과 몸부림을 마주한 적이 있을 것이다. 자신이 충분하지 않거나 위대함을 책임질 만큼 준비되어 있지 않다는 의심으로 흔들린다면 가장 쉬운 한 걸음을 내디뎌라. 자신이 이대로 충분하며 그 이상이 되어가고 있음을 알게 될 것이다.

Tip. 위대함에 다가가기

앞에서 말했듯이 이 파트 끝부분(165쪽)에서 위대함으로 가는 장벽을 뛰어넘기 위한 행동을 실행하도록 도와주는 두려움 바꾸기 도구 키트를 제공하겠다. 우선 지금은 간단한 질문을 해보자.

- 당신은 실패에 대한 두려움을 극복하기 위해 어느 정도까지 고군분투하는가?
- 그 두려움이 의미 있는 사명을 진심으로 추구하는 데 어떻게 방해가 되었는가?

성공에 대한 두려움을 여기에 적어보자.

Chapter 6
두려움 #3: 타인의 시선

솔직하게 말해도 될까? 내가 남들보다 유난히 더 힘들게 싸워야만 했던 두려움이 있다. 실패에 대한 두려움은 아니다(물론 보통 사람들과 마찬가지로 나도 실패가 두려웠지만). 물론 성공에 대한 두려움도 아니다(위대함의 여정에서 성장과 관련한 시련을 마주하기는 했지만). 이 두려움들을 과소평가하는 것은 아니지만 내가 원하는 것을 추구하고 이루어내지 못하게 방해한 것은 그것들이 아니었다. 내가 특히 어린 시절에 가장 치열하게 싸운 것은 타인의 시선에 대한 두려움이었다.

나는 사람들을 행복하게 만드는 게 정말 좋다. 그들의 삶에 긴장감을 보태는 것이 아니라, 기쁘고 만족함을 느끼게 해주고 싶다. 물론 여러 면에서 좋은 태도지만 정도가 지나치면 자신은 물론이고, 다른 사람들에게 큰 피해를 주는 해로운 두려움을 가져온다.

나는 오랫동안 연인들과의 관계에서 상대의 판단과 실망이 두려워서 나 자신을 버렸다. 그들을 기쁘게 해주려고 나의 핵심 가치를 어기고 넘고 싶지 않은 선을 넘었다. 모두를 위한 길이라고 생각하면서 어떻게든 관계를 이어가려고 애썼다.

현실을 인정하자. 사랑에 대한 기대는 우리의 판단을 흐릴 수 있다. 사람은 서로 화학적으로 연결된 존재이기 때문이다. 하지만 감정적, 영적, 정신적으로 어긋나는 사람과의 관계를 이어가려고 애쓰는 것은 최선의 길이 아니다. 상대방과 맞지 않는다는 사실을 깨닫지 못하고 '고치려고' 한 것이 내 실수였다. 서로 맞지 않는다는 사실을 인정하는 것은 상대방을 비판하는 것이 아니다. 떠나야 한다는 것을 알면서도 두려움 때문에 해로운 관계를 계속 붙잡고 있다는 사실을 솔직하게 인정하는 것이다.

나는 심리치료사의 도움을 받아 관계의 역학을 이해하는 과정을 시작했다. 나 자신의 단점을 마주하는 더 중요한 일도 있었다. 관계가 원만하게 이어

> **자신의 비전과 가치관과 일치하는 바운더리를 설정해야 한다.**

지지 않거나 실패하면 비판받을까 봐 두려워서 침묵하거나 바운더리를 포기해야 한다는 압박감을 느꼈음을 깨닫게 되었다. 다른 사람들의 눈에 나쁜 사람 또는 연인에게 상처 주는 남자로 보이고 싶지 않았다. 그래서 속으로는 뭔가 잘못되었다는 것을 알면서도 계속 관계를 이어갔다. 게다가 나는 내가 사랑하는 사람이 나에게

화를 내거나 실망하는 것을 원치 않았다. 그래서 항상 져주고 양보하면서 관계를 이어갔다.

심리치료사는 내가 평화를 돈으로 사려고 애쓴 것 같다고 말했다. 정말로 나는 꽃이나 선물을 준비해 연인과의 관계에서 평화를 사려고 했다. 하지만 평화는 돈으로 사는 것이 아니다. 내가 평화로워야 한다. 그러려면 자신의 비전, 가치관과 일치하는 바운더리를 설정해야 한다. 연애뿐만 아니라 비즈니스 파트너, 가족, 친구, 그 밖의 사랑하는 사람들 등 모든 관계에서 마찬가지이다.

타인의 시선에 대한 두려움은 내가 옳은 일을 하지 못하고, 진짜 나에게 100퍼센트 충실하지 못하게 만들었다. 결과적으로 진정한 나에게서 벗어난 것처럼 느꼈다. 전 세계 사람들에게 위대함을 추구하고 진정한 자신이 되라고 격려하는 일생의 사명을 가진 자가 가장 친밀해야 할 연인과의 관계에서조차 진정한 모습을 보이지 못한다니.

진정성의 부재가 자신감을 깎아내리기 시작했고, 나 자신의 능력 10에서 6밖에 발휘하지 못하는 것처럼 느껴졌다. 자기 의심이 슬금슬금 돌아와 나를 에워쌌다. 스스로가 허용한 상황이라는 것을 잘 알기에 더 끔찍한 기분이었다.

이 이야기를 하는 이유는 나도 다 이해한다는 것을 알려주고 싶어서다. 스트레스를 받거나 연인과 헤어지거나 직장에서 해고당했을 때 그 순간에는 너무 큰일처럼 느껴지고 정말 힘들다. 모든 것이 엉망이고 고통스럽다. 어떤 상황에 놓이면 그 상황을 벗어나 생각하기 어렵다. 남들이 나를 평가하는 것처럼 느껴지고 어쩌면 정말로 사실일 수도 있다.

이런 순간에 에고는 당신이 부족한 사람이라서 타인이 상처를 준 것이라고 말한다. '넌 절대 성공할 수 없을 거야. 넌 가치가 없는 사람이야. 넌 실패를 두려워해. 넌 성공을 두려워해. 다른 사람들의 시선을 두려워해.' 하지만 에고는 풍요의 흐름을 막는다.

나는 그런 순간에 '나중에 생각해보면 분명 후회할 거야'라는 사실을 떠올리는 법을 배웠다. '1년만 지나면 나는 이 경험에서 교훈을 얻고 더 강해져 있을 거야. 더 겸손해져 있을 거야. 6개월, 1년, 2년 후에 나는 다른 일을 하고 있을 거야. 어차피 나에게 소중한 사람이라면 그때도 내 곁에 있을 것이고, 그렇지 않은 사람이라면 내 인생과 무관해져 있을 거야.'

친구 로빈 샤르마(Robin Sharma)는 에고에 나쁜 날은 영혼에 좋은

에고는 풍요의 흐름을 막는다.

날이라고 말한다. 에고가 죽어야만 우리를 가로막는 것을 제거할 수 있기 때문이다. 물론 에고에는 강력하고 긍정적인 부분도 있지만 타인의 시선이 만든 눈에 보이지 않지만 우리를 억압하는 에고의 쇠사슬은 반드시 끊어내야 한다.[61]

눈에 보이지 않는 쇠사슬

타인의 시선에 대한 두려움은 사람들을 가로막는다. 우리는 내가 남들의 눈에 어떻게 보일지, 그들이 나에 대해 뭐라고 말할지, 당혹감을 느낄 일이 생기지 않을지 두려워한다. 왜 그럴까? 왜 타인의 시선에 불안감을 느껴 원하는 길을 선택하지 못하고 수십 년이 지나서야 용기를 내어 도전해보는 사람들이 많은 걸까?

댄 밀먼에게 이유를 물어보니 자신의 정체성 또는 실질적인 자기 가치까지도 타인의 의견에 의존하는 사람들이 많은 듯하다고 말했다. 댄과 나는 정체성이 다른 사람들의 의견에 정의되는 것은 실수라는 점에 동의했다. 나아가 댄은 우리가 남들의 시선을 신경 쓰기보다(자신을 가장 중요시하지 않고 내가 어떻게 보일까, 그들이 나를 좋아할까, 내 말이 어떻게 들릴까 등을 생각하는 것) 어떻게 하면 그들을 도와줄 수 있을지에 집중한다면 타인의 시선에 대한 불안감을 극복할 수 있다고 강조했다.

댄은 이것을 '견해라는 신(God of opinion)'이라고 부른다. 나도 맞는 말이라고 생각한다. 우리는 타인의 생각을 우상으로 받들고 매일 제단에 모셔놓고 숭배한다. 많은 사람이 이런 식으로 살아가는 이유는 자신의 정체성을 타인에게 인정받으려고 하기 때문이다.[62]

하버드 대학의 심리학 교수 댄 길버트(Dan Gilbert)는 사람들을

'휘청거리는 자'와 '지적하는 자'로 나눈다. 휘청거리는 자는 링 또는 경기장에서 최선을 다해 앞으로 나아가려고 한다. 자주 실패하지만 그때마다 다시 일어난다. 교훈을 얻고 다시 시도한다.[63]

반면 지적하는 자는 관중석에 앉아서 경기장에 나가 있는 이들을 조롱한다. 실제로 성취하는 것이 하나도 없으면서 겉으로만 그럴듯하게 보인다. 그들은 화려한 모습으로 편안한 자리에 앉아 진심으로 노력하는 사람들을 비웃는다. 그들은 의미 있는 도전을 하지 않으므로 경기장에 나가 있는 사람들처럼 휘청거리지도 않는다. 시어도어 루스벨트 대통령은 다음과 같이 말했다.

> 비판자는 중요하지 않다. 강한 사람이 비틀거리거나 어떻게 하면 더 잘할 수 있었는지 지적하는 사람은 중요하지 않다. 실제로 경기장에서 뛰며 얼굴이 먼지와 땀과 피로 얼룩진 사람, 용감하게 싸우는 사람, 실수하는 사람, 계속 실패하는 사람이야말로 중요한 사람이다. 실수와 부족함 없는 노력은 없기 때문이다. 실제로 행동하기 위해 분투하는 사람, 큰 열정을 갖고 헌신하는 사람, 가치 있는 대의에 자신을 쏟아붓는 사람이 중요하다. 그들은 끝까지 노력해 결국 크나큰 승리를 쟁취할 것이다. 실패하는 최악의 경우라도 최소한 담대하게 도전하다 실패한 것이므로 승리도 패배도 모르는 냉정하고 소심하고 영혼 없는 자들은 절대로 그들을 대신할 수 없다.[64]

현실적으로 우리는 비판하는 자인 동시에 휘청거리는 자일 때가 많다. 비판은 치명적으로 느껴지지만 대개는 그렇지 않다. 감정적인 영향력을 과소평가하는 것이 아니다. 인터넷에서 욕을 먹거나 누군가에게 비웃음을 사는 것에 삶의 방향이 좌우될 필요가 없다는 뜻이다. 그것들은 우리의 허락이 있어야만 우리에게 영향력을 발휘할 수 있다.

그러니 허락하지 마라. 주도권을 되찾아라!

나는 너무도 오랫동안 타인의 시선이 두려웠고, 비판자들이 틀렸음을 증명하는 것이 나에게 성공의 원동력으로 작용했다. 하지만 그런 연료와 에너지는 지속될 수 없다. 내가 어떤 일을 사랑하거나 원해서 또는 사람들에게 영감을 주고 긍정적인 에너지를 불어넣어 주고 싶어서가 아니라 불안감으로 인해 목표를 성취하려는 것이기 때문이다. 5년, 10년 동안 목표를 위해 노력하고 마침내 이루었음에도 뿌듯함이 느껴지지 않고 30분만 지나면 다시 우울해질 것이다.

우리는 두려움으로부터 도망친다. 도망치느라 정신이 팔려서 행동하지 않고 온갖 창의적인 변명을 하기 바쁘다. 예를 들어, 내가 코칭을 맡은 고객은 강의에 등록하거나 학교에 돌아가 공부를 계속하면서도 실제로 목표를 이루기 위한 행동을 하지는 않았다. 목표를 추구할 준비가 되어 있지 않다고 생각하기 때문이었다. 하지만 그런 사람들은 학교에서 아무리 공부를 많이 하고, 아무리 많은 학위나 자격증을 받아도 준비가 되지 않을 것이다. 무언가가 더 필요하다고 느끼면서 그저 딴짓하고 있을 뿐이다. 사실은 실패할까 봐, 실패해서 비판받을까 봐 두려운 것이다.

나는 『불안의 해부학(The Anatomy of Anxiety)』을 쓴 엘렌 보라(Ellen Vora) 박사와 다른 사람들의 마음에 들어야만 한다는 생각으로 걱정하고, 자신에게 진실하지 않으면 어떤 느낌인지에 대해 이야기를 나누었다. 그녀는 그것을 '거짓으로 예스하기'라고 표현하면서 이런 예시를 들었다. 상점에서 15년 동안 보지 못했던 사람을 마주친다고 해보자. 상대방이 다음 주에 만나서 커피를 한잔하자고 제안한다. 당신은 그 말을 듣자마자 머릿속으로 다음 주에 해야 할 일들을 전부 떠올려보고 그럴 시간이 없다는 결론에 도달한다. 상대방에게 나쁜 감정이 있어서가 아니라 그저 우선순위가 낮은 것뿐이다.

하지만 당신은 정중하게 거절하지 않고 타인의 시선에 대한 두려움으로 이렇게 말한다. "물론이지. 다음 주에 봐!" 하지만 머릿속에서는 '안 된다고 해! 제발 거절해!'라는 외침이 울려 퍼진다. 이것이 보라 박사가 말하는 '거짓으로 예스하기'다.

약속 날짜가 다가오면 당신은 갑자기 약속을 어기거나, 죄책감으로 약속 장소에 나가기는 하지만 머릿속으로는 지금 이럴 시간에 할 수 있는 일들만 떠올릴 것이다. 결국 상대방에게 원망이 생긴다. 진심에 따라 거절한 게 아니라 거짓으로 승낙했기 때문이다.

보라 박사는 그런 행동을 '자신에 대한 배신'이라고 표현한다.[65]

수년간 내 패턴이 그랬다. 그 패턴을 깨뜨리자 훨씬 자유로워져서 사람들과의 관계도 좋아졌다. 나의 가치관에 충실하면서 의미 있고 봉사하는 삶을 살아가고 있다는 자신감도 생겼다.

비판자들에 관한 진실

당신이 무엇을 하든 사람들은 당신을 판단할 것이다. 이것은 진실이다. 당신이 소파에 널브러져 아무것도 하지 않아도 사람들은 당신을 비판한다. 꿈을 따라가도 비판의 목소리가 들려올 것이다. 무엇을 해도 그들은 당신을 재단할 것이므로 그냥 꿈을 선택하고 자신이 좋아하는 일을 하는 편이 훨씬 낫다. 비판자들이 뭐라고 하든 경기장으로 나가 최선을 다하고 자신에게 진실하면 거울을 바라볼 때 적어도 자신이 자랑스러울 것이다.

은퇴한 해군 특수부대 사령관 리치 디비니(Rich Diviney)는 "남들이 무슨 생각을 하는지 어떻게 아느냐"라고 질문을 던진다. 대개는 알 수 없다. 우리가 안다고 착각할 뿐이다. 보통은 전혀 모르는 것이 정상이다. 리치에 따르면 우리가 남들의 부정적인 시선에 집착하는 경향이 있는 이유는 뇌가 움직이는 원리 때문이다.

우리는 의식적으로 전뇌에 질문을 던집니다. 뇌는 즉시 답을 찾기 시작합니다. 내가 가르치는 수업에서 학생들에게 하는 실험이 있어요. "잠깐만 있어 보세요. 질문에 대답할 시간을 30초 드리겠습니다. 어떻게 하면 앞으로 30일 안에 수입을 두 배로 늘릴 수 있을까? 이 질문에 대해 머리에 떠오르는 답을 전부 다 종이에 적으세요." 그러면 학생들이 답을 쭉 적습니다.

그다음에 내가 말합니다. "답이 어떤 내용이든 전혀 상관없습니다. 얼마나 터무니없는지, 몇 개나 적었는지가 중요합니다." 보통 3개, 4개, 5개 정도 됩니다. 7개, 8개를 쓰는 학생들도 가끔 있습니다. 왜일까요? 전뇌에 질문을 던졌기 때문입니다.

우리가 전뇌에 어떤 질문을 던지든 뇌는 대답하기 시작합니다. 그런데 우리는 질문을 잘못된 방법으로 할 때가 많아요. '나는 왜 이것을 잘하지 못할까? 왜 이런 일이 항상 나한테 일어나는 거야? 왜 다들 나를 못 잡아먹어서 안달이야?' 이런 식으로 질문하죠. 그러면 뇌가 그 질문들에 대답하기 시작하는데 아주 터무니없는 답이 나와요. 수입을 두 배로 늘리는 방법에 대한 답만큼이나 터무니없죠![66]

> **무엇을 해도 남들은 당신을 재단할 것이므로 그냥 꿈을 선택하고 자신이 좋아하는 일을 하라.**

다시 말해서 가장 기본적인 대답은 약점과 두려움에서 나온다. 뇌는 쉽게 생존 모드로 전환된다. 최악의 상황을 가정하는 투쟁-도피 반응이다. 뇌가 타인에 관해 내놓는 대답은 분명 터무니없는데도 그 순간에는 매우 현실적으로 느껴질 수 있다.

타인의 시선에 대한 두려움은 대부분 우리의 상상에 불과하다. 물론 진짜인 것도 있다. 종종 사람들은 당신에게 상처를 주는 방식으로 비판하기도 한다. 하지만 신경 쓸 필요가 없다.

나는 텍사스주 휴스턴에 있는 미국에서 가장 큰 교회의 목사이자 TV에 출연하는 전도사이며 작가인 조엘 오스틴(Joel Osteen)에게 타인의 시선에 대한 불안감을 어떻게 이겨내는지 물었다. 그가 처음에 사역을 시작했을 때는 모두가 그를 지지했다. 하지만 교회가 점점 커지자 비판자들도 동시에 늘어났다.

> 사람들의 반대에 부딪히지 않고 목적지에 이르는 것은 불가능한 일입니다. 당신을 이해하지 못하는 사람들이 있을 겁니다. 그들은 당신을 이해하려고조차 하지 않습니다. 당신을 싫어하는 사람들을 설득하려고 아무리 시간과 에너지를 쏟아부어도 그들은 당신을 결코 좋아하지 않을 수도 있습니다. '그래도 괜찮아요. 당신의 레이스에 집중하세요. 부정적인 말은 차단하고 계속 달려가는 것.' 그

게 제가 잘하는 것이고 다른 사람들에게도 그렇게 하라고 격려하지요.

우리가 매일 쓸 수 있는 감정 에너지에는 한계가 있습니다. 무한하지 않아요. 남들의 부정적인 시선과 용서할 수 없는 행동에 에너지를 얼마나 쓰고 있습니까? 누군가가 한 말, 도로에서 갑자기 끼어든 운전자, 권모술수를 부린 직장 동료에게 쓰는 에너지 말입니다. 내 꿈과 목표를 위하면 이런 것들에 쓸 에너지가 없어요.

중요하지 않은 것들에 감정 에너지를 낭비하기에는 인생이 너무 짧습니다.[67]

당신에게는 비판자가 있을 수밖에 없다. 위대함을 추구하는 사람은 예외가 없다. 비판자의 존재를 깨달은 후에 어떻게 하는지가 중요하다. 움츠러들지, 벌떡 일어나 경기장으로 나가서 온 힘을 다해 싸울지 결정해야 한다.

실용적인 통찰

누구나 견해가 있지만 모든 견해가 대처할 가치가 있는 것은 아니다. 나는 프리얀카 초프라 조나스가 말해준 행복을 찾아가는 방법이 참 마음에 든다. 그녀는 "인생은 당신의 여정이고, 오로지 당신의 여정입니다"라고 말한다. 그 여정이 어떤 식으로 펼쳐질지는 자신에게 달렸다. 다른 사람들의 의견이나 인정에 의존하면 그 여정은 길고 험난한 길이 된다. 프리얀카는 또 이렇게 말한다. "누군가 대신 당신의 길을 정해주기를 바란다면 그 길은 한 곳으로 치우칠 수밖에 없어요."[68]

비판자의 존재를 깨달은 후에 어떻게 하는지가 중요하다.

그녀는 덧붙인다. "내 안에서 혹은 나에게 중요한 일들을 통해 존재의 정당성을 찾거나 만들어 나가지 않으면 타인의 시선에 휘둘릴 수밖에 없어요." 그녀는 가족과 친구들의 사랑, 애정, 지원에 집중하고 비판자들은 무시하는 쪽을 선택한다. "있는 그대로의 나와 내가 세상에 이바지하는 것에 느끼는 자부심처럼 큰 기쁨은 없어요."[69]

눈이 번쩍 뜨이는 말이었다!

리치 디비니는 두려움을 이겨내고 인생의 궤도를 바꾸는 또 다른 방법을 제안한다. "삶의 질은 질문의 질과 비례합니다. 평소 떠올리는 질문이 대부분 부정적이라면 삶이 고통스러울 수밖에 없습니다."[70] 반대로 자신에게 더 나은 질문을 한다면 삶의 질도 개선된다. 리치가 가장 먼저 떠올리는 질문은 이것이다. '지금 이 순간 더 나은 질문은 무엇인가?'

직관에 반하거나 비꼬는 것처럼 들릴 수도 있지만 더 나은 질문을 하면 부정적인 사고 과정이 멈추고 새로운 궤도가 만들어진다.

남들과 자신을 비교하는 질문이든(왜 나는 그들보다 못한가?), 상황에 대해 불평하는 질문이든(왜 나에게는 나쁜 일만 계속 일어나는가?), 미래에 대해 궁금해하는 질문이든(내 상황이 바뀔 수 있을까?) 더 나은 질문을 하는 것이 답이다.

　뉴욕 대학 신경과학센터의 신경과학 및 심리학 교수 웬디 스즈키(Wendy Suzuki) 박사는 부정적인 생각과 타인의 시선에 대한 두려움을 멈추기 위해 '기쁨 컨디셔닝'이라는 방법을 쓴다. 그녀가 25년 동안 기억의 작동 원리를 연구하면서 모은 지식을 전부 활용해 고안한 불안을 처리하는 방법인데, 모든 사람이 기본적으로 경험하는 두려움 컨디셔닝의 직접적인 해독제이다. 기쁨 컨디셔닝은 훈련이 필요하지 않다. 자신의 삶을 돌아보는 의지만 있으면 된다. 스즈키 박사는 이렇게 설명한다. "기쁨 컨디셔닝은 기억 저장소를 뒤져서 기쁘고 재미있는 일, 무엇이든 긍정적이고 좋은 일들을 캐내어 의식으로 가져와 다시 경험해보는 것을 말합니다."[71]

　기본적으로 기쁨 컨디셔닝은 긍정적인 기억을 캐내 마음이 그 감정으로 넘쳐나게 하는 것이다.

　스즈키 박사는 후각을 이용해서 기억을 불러오는 것이 비결이라고 귀띔한다. 마음속에 남아 있는 냄새 말이다. 그녀는 요가 수업에서 있었던 일을 예로 들었다. 수업 자체로도 기운이 솟아났지만 가장 좋았던 순간은 강사가 라벤더 에센스를 손에 바르고 그녀의 목을 마사지해준 것이었다. 짧은 순간이었지만 그 향기가 너무도 강렬하게 새겨졌다. 지금도 스즈키 박사는 작은 병에 든 라벤더 에센스를 갖고 다니면서 활기를 북돋울 필요가 있을 때마다 사용한다. 기쁨의 상태로 들어가서 부정적인 감정을 물리치는 아주 간단한 방법이다.[72]

당신도 이 방법을 쓸 수 있다. 즐거운 기억을 떠올려서(좋은 냄새까지 관련된 기억이면 더더욱 좋고!) 부정적인 생각과 싸워 물리쳐라. 타인의 시선에 대한 두려움에서 벗어나려면 결단이 필요하다. 믿을 수 있는 사람들의 긍정적인 의견으로 부정적인 의견을 잠재우거나, 스스로 더 나은 질문을 던져서 부정적인 사이클에서 빠져나오거나, 기쁨 컨디셔닝으로 두려움 속에 머무르는 것을 멈춰야 한다.

남들의 부정적인 시선 때문에 딴 길로 새지 마라.

위대함을 향해 나아가는 인생은 단 한 번뿐이다. 남들의 부정적인 시선 때문에 딴 길로 새지 마라.

Tip. 위대함을 위한 연습 과제

이 섹션의 끝부분에서 위대함으로 가는 장벽을 뛰어넘기 위한 행동을 실행하도록 도와주는 두려움 바꾸기 도구 키트를 제공하겠다(165쪽). 우선 지금은 간단한 질문을 해보자.

- 당신은 타인의 시선에 대한 두려움을 극복하기 위해 어느 정도까지 고군분투하는가?
- 그 두려움이 의미 있는 사명을 진심으로 추구하는 데 어떻게 방해가 되었는가?

타인의 시선에 대한 두려움을 여기에 적어보자.

Chapter 7

드림 킬러 : 자기 의심

내가 어릴 때 아버지는 내 생일을 챙겨준 적이 한 번도 없었다. 파티도 없고 선물도 없고 케이크도 없었다. 어느 날 아버지에게 물었다. "아빠, 왜 내 생일을 축하해주지 않아요? 나를 사랑하지 않으세요?"

그러자 아버지는 이렇게 말했다. "당연히 나는 너를 많이 사랑한다. 나는 매일 네 존재에 감사해. 그런데 일상에서든 일에서든 나이의 한계에 부딪히는 사람들을 많이 본다. 시간에 대한 제한적인 사고방식을 가지고 있기 때문이지." 물론 선물과 케이크를 원할 때도 있었지만 아버지의 말은 어렸을 때부터 내 삶에 큰 영향을 끼쳤다.

"난 네가 무언가를 시작하기에 너무 나이가 많다고 생각하는 일이 없기를 바란다. 너무 어리거나 경험이 없어서 꿈을 좇을 수 없다고 생각하는 일도 없기를 바라고. 스스로 풍요로운 삶을 살 수 있는 자원이나 지능, 지혜, 기술, 경험을 개발할 능력이 없다고 느끼는 일이 없기를 바란다." 한마디로 아버지는 이렇게 말한 것이었다. "루이스, 나는 절대로 네가 스스로 충분하지 않은 사람이라고 느끼지 않기를 바란다."

세상에서 꿈을 가장 많이 죽이는 것이 무엇인지 아는가? 바로 자기 의심이다. 너무도 많은 사람이 스스로 성공할 수 있다고 믿지 않아서 실패한다. 실패, 성공, 타인의 시선에 대한 두려움도 강력하고 해로운 자기 의심에 한몫한다.

나는 꿈을 죽이는 이 살인마를 중학교 때 직접 보았다. 그때 내가 동경하던 엄청난 재능을 가진 선배 농구선수가 있었다. 기이할 정

너무도 많은 사람이 스스로 성공할 수 있다고 믿지 않아서 실패한다.

도로 폭발적인 점프력의 소유자였다. 1미터 이상을 점프해 360도 덩크슛을 할 수 있었다. 정말 놀라운 운동 신경을 가진 사람이었다. 당시 키도 작고 깡마른 열세 살의 내 점프 실력으로는 농구 골대에도 닿기 어려웠다. 당연히 나는 내 능력을 의심할 수밖에 없었고, 그 선배는 분명히 프로 선수가 될 것이라고 확신했다.

하지만 그는 엄청난 재능이 있는데도 자신을 믿지 않았다. 매번 압박감으로 다리 힘이 풀렸다. 잠재력을 펼치지 못하는 그를 보

면서 아무리 놀라운 재능을 가졌어도 자신을 믿지 못하면 소용없다는 것을 깨달았다. 더 중요한 깨달음은 이것이었다. 승자의 마인드셋으로 열심히 노력해서 시련을 극복하려는 의지만 있다면 가장 뛰어난 재능을 갖고 있지 않아도 된다는 것.

프로 운동선수 트레이너 팀 그로버도 이에 동의했다. 그는 재능이 조금 덜하더라도 최선을 다해 모든 것을 쏟아붓는 선수들과 훈련하는 것이 더 좋다고 말했다. 그의 경험상 그런 선수들이 가장 훌륭한 결과를 냈다. 그들은 승자가 되었다. 위대해졌다.[73]

나는 충분하다

위대함으로 향하는 여정의 이 시점에서 당신은 자신의 의미 있는 사명이 무엇인지 어느 정도 감이 잡힐지도 모른다. 발목을 붙잡는 두려움이 무엇인지도 확인했을 것이다. 위대함을 향해 발걸음을 내디디고 싶지만 너무 나이가 많거나 적다고 느낄지도 모른다. 지금 맡은 의무가 너무 많거나 의미 있는 사명을 추구하기에는 너무 늦었다고 생각할 수도 있다. 자격 미달처럼 느껴질 수도 있다. 하지만 스스로 능력을 의심하면 겁에 질려서 행동을 취할 수 없게 된다.

당신은 충분하다. 하지만 안타깝게도 자신을 바라보는 긍정적

인 태도는 저절로 생기지 않는다. 보통은 환경이 자기비하적인 사고방식을 만든다. 조엘 오

스틴 목사는 내가 만나본 가장 긍정적인 사람 중 한 명이다. 그는 긍정적인 태도와 자신감은 낙관적으로 많은 격려를 해준 부모님 덕분이라고 말한다. 부모님은 그의 능력과 가치를 자주 확인해주었다.

조엘은 오랫동안 목회를 이끌어오면서 사람들의 머릿속에 자신이 충분한 존재가 아니라는 내용이 담긴 '녹음기'가 있다는 사실을 발견했다. 부정적인 마음은 자신감을 깎아내리고 위대함에 다가가지 못하게 한다. 조엘은 아버지로부터 받은 지혜를 나눠주었다. "우리는 자신이 바라보는 자신보다 더 높이 올라갈 수 없습니다."

조엘은 '부정적인 말이 흘러나오는 녹음기를 침묵시키는 방법은 스스로에 대한 생각에 주의를 기울이고, 원하는 미래의 모습에 맞게 조율하는 것'이라고 말한다. 빚에서 벗어나고 싶은가? 몸무게를 10킬로그램 빼고 싶은가? 사업이 번창하기를 바라는가? 당신이 생각하는 성공이 어떤 모습이든 그 꿈을 이루는 자신의 모습을 상상할 수 있어야 한다. 그렇지 않으면 절대로 이루기 위해 움직이지 않을 테니까.[74]

당신은 자신의 능력을 의심하지 않으며, 자기 불신으로 힘들어하지도 않는다고 생각할지 모른다. 그런데 자기 의심에는 또 다른

형태가 있다. 바로 자기 가치에 대한 의심이다. 스스로 위대해질 자격, 아니, 조금이라도 성공할 자격이 없다는 생각과 싸우는 사람들이 너무도 많다.

그래서 나는 친구 댄 밀먼이 "네, 감사합니다"를 알려주었을 때 정말 고마웠다. 간단하지만 매우 효과적인 방법이다. 성공의 기회가 다가오면 스스로 받을 자격이 있다고 믿고, 그냥 간단히 세상에 "네, 감사합니다"라고 말하면 된다. 이렇게 반응하는 연습을 하면 자신이 가치 있고 마땅한 자격을 갖춘 사람임을 받아들이게 된다.

당신은 다른 사람보다 더 많은 자격이 있는 것도 아니고 덜한 것도 아니다. 우리는 스스로 성공할 자격이 있다는 믿음이 없어서 자신을 파괴할 때가 많다. 나는 충분하지 않은 사람이고, 가치가 없는 사람이라고 생각하는 것이다. 자신의 가치를 믿지 않으므로 성공을 거두어도 일시적인 것에 불과하다고 결론짓는다. 결국 자신도 모르게 자신에게 더 가혹해진다. 이 모두가 보상받을 자격이 없다는 믿음 때문에 생기는 일이다.

자기 가치를 믿지 않으면 실패에 대한 두려움이 결국 현실로 이루어진다. 자신의 가치를 믿지 않으면 성공의 가능성이 제한된다. 자신의 가치를 믿지 않으면 남들의 시선이 두려워서 결국 타협을 선택한다.

친절함으로 자신을 대하는 연습을 하거나 댄의 조언대로 매일 스스로에게 물어보자. "오늘은 내가 얼마나 잘할 수 있을까?" 자신을 긍정적으로 받아들이는 연습을 한다면 언젠가 "나는 위대해질 자격이 있다"라고 말할 수 있을 것이다.[75]

성공의 기회가 다가오면 스스로 받을 자격이 있다고 믿어라.

아직 진행 중

자기 친절은 자기 의심이라는 꿈의 살인마를 정복하는 가장 중요한 열쇠가 된다. 우리는 다른 사람들에게는 크나큰 감사를 표현하면서 정작 자신에게는 고마워하기가 쉽지 않다. 예를 들어, 나는 하겠다고 말한 것을 일관적으로 지키는 나 자신에게 고마움을 표현할 수 있다. 시간 맞춰 행사장에 나타났고, 30일 챌린지를 성실하게 성공했고, 매일 물을 마시기로 한 만큼 마셨고, 최고의 컨디션을 위해 숙면도 취했다. 이렇게 아무리 작고 사소한 일이라도 내가 충분하다는 것에 감사할 기회가 된다. 자기밖에 모르는 나르시시스트처럼 우쭐하고 자만하라는 뜻이 아니다. 아무리 작아도 성공을 인정해주고 그것을 해낸 자신에게 감사하라는 뜻이다.

할리우드 명예의 거리에 헌액된 래퍼 스눕독의 소감이 담긴 영상이

나는 위대해질 자격이 있다.

아주 좋은 예이다. 그는 감사한 것들을 줄줄 읊었고 정말로 많은 사람에게 감사를 전했다. 그리고 마지막으로 이렇게 말했다.

> 나는 나에게 감사하고 싶습니다. 나를 믿어줘서 고맙다. 이렇게 힘
> 든 일을 해줘서 고맙다. 쉬는 날 없이 일해줘서 고맙다. 결코 포기
> 하지 않아서 고맙다. 항상 베풀 줄 알고 받는 것보다 더 많이 주려
> 고 노력해줘서 고맙다. 잘못된 일보다 올바른 일을 더 많이 하려고
> 노력해줘서 고맙다. 항상 진정한 내가 되어줘서 고맙다.[76]

정말로 우리는 자신에게 별로 감사하지 않는다. 해야 할 일을 해냈을 때 감사하지 않는다. 힘든 일에 도전했을 때도 감사하지 않는다. 불편함을 이겨내고 힘든 대화를 했을 때 감사하지 않는다. 멀어졌던 사람에게 먼저 화해의 손길을 내민 것에 감사하지 않는다. 앞으로 나아가기 위해 트라우마를 이겨내고 마음을 치유하려고 한 노력에 감사하지 않는다. 두려움과 불안을 똑바로 마주 보고 앞으로 힘차게 나아간 것에 감사하지 않는다.

내가 충분한 존재라는 확언은 매우 강력한 연습법이다. 매일 하루에 두 번, 아침에 한 번, 밤에 한 번, 자신에게 감사하다고 말한다. 매일 이렇게 하면 풍요의 샘이 우리를 감싸고 긍정적인 기회를 끌어다 앞에 놓아준다.

다시 댄 밀먼의 이야기를 하자면 그는 자기 가치에 대한 확신을

쌓는 방법은 자신의 이야기와 성장 여정을 아는 것이라고 믿는다. 댄은 자신의 책『매일의 깨달음(Everyday Enlightenment)』에서 '개인적인 성장으로 가는 12개의 관문'을 설명한다. 그 첫 번째 관문은 인간으로서 타고난 가치를 깨닫는 것이다. 인간의 가치에 대한 댄의 관점은 매우 훌륭하다. 그는 모든 사람에게 끊임없이 전개되는 고유한 이야기가 있다고 믿는다. 때문에 자신의 이야기를 이해할 필요가 있다. 특히 이야기의 고통스러운 부분을 알아야 한다. 장애물이 우리에게 힘을 주기 때문이다.

사람은 누구나 저마다 고유한 과거와 앞으로 나아가는 길이 있다. 당신의 길은 바로 옆에 있는 사람의 길과 똑같지 않을 것이다. 그래서 댄은 남과의 비교가 "나의 길에 대한 엄청나게 무례한 행동"이라고 경고한다. 당신의 길은 남들과 같은 속도가 아닐 수도 있다. 체조 코치인 댄은 아이들이 공중제비를 배우는 속도가 저마다 다르다는 것을 발견했다. 아이러니하게도 더 오래 걸린 아이들이 빨리 배운 아이들보다 훨씬 더 잘 배웠다. 그는 옳은 길이란 없으며, 이 순간 나에게 옳은 길만 존재한다고 말한다. 여정과 과거, 미래의 가치를 알아차리면 더 이상 자신을 다른 사람들과 비교하지 않으며 자신의 가치를 알아볼 수 있게 된다.[77]

조엘 오스틴도 자기 의심을 극복하는 방법은 자신에게 집중하고 자신의 개성을 찾아서 축하하는 것이라고 생각한다. 가면 증후군에 대해 나눈 대화에서 조엘은 아버지가 돌아가신 후 레이크우드 교회를 이어받았을 때 어떻게 자기 의심을 이겨낼 수 있었는지 말해주었다. 그의 아버지는 40년 동안 교회를 이끌었고 헌신적인 신도들도 많았다. 잘 자리잡힌 교회를 이어받았기에 조엘은 아버지처럼 되어야 한다는 의무감을 느꼈다. 자신을 바꿔서 아버지의 빈자리를 채우려고 했다. 교회를 찾는 모든 신도가 자신의 설교를 들으러 오는 것이 아니라 아버지 때문에 오는 것이라고 생각했다.

아버지와 사이는 좋았지만 조엘은 아버지와는 달랐다. 조엘의 느긋한 설교 스타일은 우렁차고 열정적이었던 아버지 다른 완전히 달랐다. 그래도 처음 서너 달 동안은 아버지가 남긴 메모장에 적힌 메시지를 전하려고 최선을 다했다. 그는 교회를 위해 최선을 다하고 있다고 생각했지만 사실은 아버지를 흉내 내고 있을 뿐이었다. 그러기를 5개월째, 조엘은 다윗이 제 세대를 위한 목적을 달성했다는 내용의 성경 구절을 마주하게 되었다(사도행전 13:36). 그가 그 구절에서 들은 말은 이러했다. '조엘아, 네 아버지는 그 세대를 위한 목적을 이루었다. 이제 너는 네 세대를 위한 네 목적을 달성하여라.' 조엘은 하나님이 자신에게 주신 선물이 아버지가 받은 선물과 다르지

진정한 내가 되면 다른 사람들을 있는 그대로 찬양하는 자유가 생긴다.

만 결코 그보다 약하지는 않다는 사실을 깨달았다.

그가 마침내 진정한 자신이 되는 것을 허락하자 교회는 기하급수적으로 성장하기 시작했다. 사람들은 그의 목회 스타일에 긍정적으로 반응했다. 조엘은 이 이야기를 들려주면서 강력한 지혜의 말을 전해주었다. "우리는 진정한 자신이 될 수 있는 권한을 부여받았고 진정한 내가 되는 일에 대해서는 세상 그 누구도 나를 이길 수 없습니다." 이것이 가면 증후군과 싸우는 방법이다. 다른 사람이 아닌 내가 되려고 한다면 절대로 가면을 쓴 것처럼 느낄 수가 없다. 다른 누군가처럼 되려고 하면 썩 잘 해낼 수도 있지만 조엘에 따르면 다른 누군가를 흉내 내려고 애쓰는 것은 '자신의 힘을 줄이는' 행동이다. 조엘은 "내가 다른 그 누구도 갖지 못한 무언가를 세상에 내놓을 수 있는 명품이라는 것을 깨닫지 못하면 스스로의 가능성이 제한됩니다"라고 말한다.[78]

진정한 자신이 될 때 따라오는 부수적인 효과도 있다. 다른 사람들을 있는 그대로 찬양하는 자유가 생긴다. 다른 사람의 성공을 보아도 내 재능이 보잘것없어지지 않는다. 그 사람이 나보다 무언가를 잘할 수 있지만 나 역시 다른 탁월한 능력이 있기 때문이다.

만약 지금까지 낮은 자존감과 낮은 자기 가치감으로 살아왔다면 자신을 찬양한다는 생각 자체가 거만하게 느껴질 수도 있다. 위대함을 기대하는 것이 특권 의식에 빠져 있는 것처럼 보일 것이다.

그도 그럴 것이 일반적으로 겸손과 희생은 미덕으로 여겨진다. 하지만 자신의 잠재력에 도달하고 능력을 최대한 발휘하여 다른 사람들을 도우려면 먼저 자신의 가치를 인정하고 자신에게 집중해야 한다. 우선 자신을 채워야 한다. 자신의 건강과 사고방식, 에너지를 먼저 돌봐야 한다. 그레이트 마인드셋은 고정 마인드셋이 아닌 성장 마인드셋이다. 성장 마인드셋은 아직 진행 중인 여정을 우선순위로 둔다는 뜻임을 기억하라.

나는 어떤 코치일까?

자신을 망치는 것이 아니라 성장시키는 사람이 되기 위한 실질적인 행동은 무엇인가? 이제 그렇게 놀랍지도 않겠지만 스포츠에 먼저 비유해보겠다. 내가 풋볼 선수였을 때 나를 비판하고 굴욕감을 주는 코치들이 있었다. 아무리 최선을 다해도 모욕을 주고 물어뜯었다. 그런가 하면 사랑으로 가르침을 준 코치들도 있었다. 엄하지만 크나큰 애정을 담아 긍정적으로 이끌어주었다. 다른 선수들 앞에서 본보기로 나를 비판하기도 했지만 진심으로 내 성장을 바란다는 것을 알 수 있었다.

이 두 가지 유형의 코칭 방식에는 강력한 차이가 있다. 이와 비슷하게 우리는 자신에게 최고의 코치가 되거나, 최악의 비판자가 될 수 있다. 사랑으로 가르쳐주는 코치는 이렇게 말할 것이다. "난 충분한 사람이고 있는 그대로의 나를 사랑해." 그리고 "나는 더 나아지려고 노력하고 있어." 반면 두려움으로 이끄는 비판자는 이렇게 말한다. "나는 충분하지 않아." 내면의 비판자도 더 나아지려고 하지만 부정적인 이유에서 출발한다. 반면 사랑 가득한 코치는 언제나 우리에 대한 애정으로 움직인다.

자기 의심을 치유하려면 사랑 가득한 코치의 마인드셋으로 바꾸고 남들과 비교하는 것을 그만두어야 한다. 남과 비교하지 말고 과거

우리는 자신에게 최고의 코치가 되거나 최악의 비판자가 될 수 있다.

의 나와 비교하라. 지금의 나를 지난달의 나 또는 작년의 나와 비교하면 얼마나 발전했는지 잘 보일 것이다. 그러면 개선을 확인하고 새로운 목표를 세울 수 있다. 여기에서 주의해야 할 점은 충분하지 않아서 개선하는 것이 아니라는 것이다. 성장 마인드셋으로 살아가므로 개선하는 것이다.

자신감을 올리는 두 번째 실용적인 방법은 서로 지지해주고 함께 배우는 공동체에 둘러싸이는 것이다. 나는 동기부여 강연자이자 작가인 사이먼 사이넥(Simon Sinek)에게 자기 의심이 있는 상태에서 믿음을 심으려면 어떻게 해야 하는지 물어보았다. 그는 힘든 시간을 보내느라 자신에 대한 의심으로 가득했던 친구의 이야기를

들려주었다. 사이먼은 친구를 격려하는 방법으로 자신감을 찾아주려고 했지만 소용이 없자 전략을 바꾸었다. 그는 친구에게 어떤 기술을 배우는 것을 도와달라고 부탁했다. 그는 잘 모르지만, 친구는 재능이 있는 분야였다. 조언을 받는 사람에서 해주는 사람이 되자 친구의 자신감이 갑자기 치솟았다.

만약 당신이 어떤 분야에서 충분하지 않다고 생각한다면 자신 있는 기술을 이용해 공동체에 봉사하는 방법을 찾아라. 그다음에는 공동체의 다른 구성원에게도 같은 기회를 준다. 당신이 강화하고 싶은 기술을 그들에게 가르쳐달라고 한다. 이렇게 하면 자신감이 부족한 분야를 보완할 수 있고, 잘하는 분야에 대한 인식도 커진다.

마지막으로, 자기 의심에 대한 해결책은 행동에 착수하는 것일 수도 있다. 작가이자 전직 닷컴 비즈니스 경영자인 세스 고딘(Seth Godin)은 행동 착수야말로 자기 의심을 이겨내기 위해 언젠가 해야 할 일이라고 말한다. 그는 일에 착수하려면 마음속의 토론을 제거하면 된다고 설명한다.

나는 블로그에 연이어 7,500개의 게시물을 썼습니다. 금요일인 내일 아침에는 게시물이 하나 늘어나 있겠죠. 하지만 최고의 게시물이라서 올리는 것이 아니고, 내일 올리기로 했기 때문에 올리는 것도 아니에요. 단지 금요일이라서 새 글이 올라오는 것뿐이죠. 내가

20년 동안 단 한 번도 재고하지 않은 결정입니다.

그래서 나는 지금 블로그 글을 쓸지 말지에 대해 나 자신과 회의할 필요가 없습니다. 글을 올리는 것은 정해진 사실입니다. 이렇게 마음속의 찬반 토론 자체를 없애버리면 군말 없이 일에 착수할 수 있습니다.

한때 불가능하다고 생각했던 일들을 얼마나 많이 해냈는지 한번 생각해보세요. 운전을 배우는 것은 너무도 힘든 일이었지만 어느덧 익숙해져서 직접 차를 운전해 시내를 활보하게 되었을 겁니다. 패턴이 만들어진 거예요. 내가 매일 블로그에 글을 쓴 것은 백만 명이 읽는 글을 쓰는 일이 초조하고 불안하게 느껴지지 않게 하려는 이유였습니다. 위험하게 느껴지는 일이 되지 않도록 나 자신을 훈련했어요.[79]

자기 의심이 꿈을 죽이고 있는 영역에서 세스의 방식을 활용할 수 있다. 그저 일에 착수하기로 결정하라. 두려움을 밀어내고 힘을 실어주는 자기만의 루틴을 만들어라. 할 일을 계속해나가면서 자신을 위한 최고의 코치가 되어라.

위대해지려면 불안과 두려움에 가로막혀서는 안 된다. 물론 나에게 진짜 결점이 있을 수 있다. 그러나 결점이 있다고 도전하지 않을 이유는 없다. 결점은 우리가 이겨내야 할 장애물일 뿐이

그저 일을 착수하기로 결정하라.

다. 장애물을 이겨내는 첫걸음은 자신이 계속 진행 중인 프로젝트라는 사실을 받아들이는 것이다. 당신은 이대로도 충분하며 그 이상이 되고 있다. 위대해지고 있다.

Tip. 위대함을 위한 연습 과제

다음 단계에서는 두려움 바꾸기 도구 키트의 활동을 시작해야 한다. 그전에 간단한 질문을 먼저 해보자.

- 당신은 꿈을 죽이는 자기 의심을 극복하기 위해 어느 정도까지 고군분투하는가?
- 자신이 좋은 것을 누릴 자격이 없다는 생각이 얼마나 강력한가?
- 자기 의심이 의미 있는 사명을 진심으로 추구하는데 어떻게 방해가 되었는가?
- 자기 의심을 없애기 위해 뭔가 해볼 준비가 되었는가?

Chapter 8

두려움 바꾸기 도구 키트

두려움 바꾸기 도구 키트에는 두려움을 위대한 여정을 위한 연료로 바꿔주는 가장 효과적인 연습법들이 들어 있다. 모든 연습법은 소개되는 순서대로 따라 해도 되고, 지금 가장 필요한 방법을 골라서 활용해도 된다.

위대함의 장벽을 넘을 준비가 되었는가? 시작하자!

연습 1. 두려움을 바꿔라

이제 자신의 두려움을 파악하고 정면으로 맞서야 할 때다. 그다음에 두려움의 대본을 뒤집어 두려움 가득한 관점이 아닌 풍요로움의 태도를 받아들인다.

1단계: 두려움 리스트 만들기

머릿속에서 소용돌이치는 두려움을 전부 종이 위에 쏟아버려 정신을 맑게 하자. 나는 이것을 두려움 리스트라고 부르는데 혼자서 할 수 있는 가장 유익하고 생산적인 연습법 중 하나다. 당신이 느끼는 감정을 드러낼 뿐만 아니라 무섭고 위협적인 생각을 아주 간단한 단어로 종이에 옮겨줄 것이다. 이렇게 마음 깊숙한 곳에 있는 것을 꺼내 손으로 만져지는 곳(종이 등)에 놓으면 의도적으로 앞으로 나아갈 수 있다.

두려움을 나열할 때 법칙은 없다. 종이에 쓴다는 사실이 가장 중요하다. 당신은 실패하는 것이 두려운가? 남들 눈에 우스워 보일까 봐 두려운가? 사람들의 시선이 두려운가? 돈을 잃을까 봐 겁나는가? 가족들을 실망시킬까 봐 두려운가? 의미 있는 사명을 향해 첫걸음을 내딛는 것이 두려울 수도 있다. 두려움 리스트를 만들 때는 머릿속에 떠오르는 두려움을 하나도 빠뜨리지 말고 전부 다 적어야 한다.

과거에 내 두려움 리스트에는 이런 것들이 있었다. 사람들 앞에서 발표하는 것, 밖으로 나가 모르는 사람을 만나는 것, 살사 댄스를 배우는 것, 스페인어를 배우는 것, 사람들 앞에서 노래하는 것 등. 이런 두려움은 전부 타인의 시선에 대한 두려움과 관련 있었다. 사람들이 나를 어떻

진정으로 위대함을 받아들인다는 것은 나에게 무엇을 의미할까?

게 생각할까? 혹시 비웃지는 않을까? 내가 완벽해 보이지 않아도 과연 나를 받아줄까?

선뜻 뭔가를 시작하기가 어렵다면 이 질문을 한번 해보자. '진정으로 위대함을 받아들인다는 것은 나에게 무엇을 의미할까?' 그리고 이 질문도 좋다. '결핍이 아니라 풍요로움 속에서 산다는 것은 어떤 모습일까?'

2단계: 두려움 진술하기

'스스로를 제한하는 믿음'이라는 표현을 들어보았을 것이다. 이것은 심리학자들이나 코치들이 근본적으로 사실이 아닌데 자신을 옭아매고 있는 믿음을 찾아보도록 도와줄 때 사용하는 표현이다. 이런 믿음은 우리를 작게 만들어 자신감 넘치고 최대한 잠재력을 발휘하는 삶을 살지 못하게 한다.

지금까지 살아오면서 매번 열정을 추구하지 못하도록 가로막은 가장 큰 방해물이 무엇이었는지 두려움 리스트를 보고 3~5가지를 찾아보자. 예를 들어, 당신의 리스트에 '발표 공포증'이 적혀 있을 수 있다. '~할 때'라는 표현을 사용해 당신을 두렵게 하는 것이 정말로 무엇인지 좀 더 깊이 들어가 보자.

나는 사람들 앞에서 말할 때 말을 더듬고 식은땀을 흘릴까 봐 무섭다. 할 말도 잊어버리고 전혀 준비되지 않은 바보처럼 보일까 봐 두렵다. 만약 내가 사람들 앞에서 말하는 기술을 배우지 않는다면 투자자들 앞에서 프레젠테이션할 수 없을 것이다. 투자자를 찾지 못하면 절대로 새로운 사업을 시작할 수 없다. 그러면 내가 싫어하는 이 직장에 영원히 묶여 있을 수밖에 없을 것이다.

이 예시에서 진짜 두려움은 발표가 아니라 준비가 전혀 되지 않은 바보처럼 보이는 것에 대한 두려움이다. 이 두려움은 조금만 땀 흘리고 준비한다면 정복될 수 있다. 여기에서 핵심은 '~할 때'라는 표현을 사용함으로써 막연함에서 벗어나 자신에게 정말로 두려움을 일으키는 것이 무엇인지 파악하는 것이다.

두려움이 머릿속에서 소용돌이치는 상태에서는 유용한 정보를 얻을 수 없다. 하지만 이렇게 '두려움을 진술'하면 두려움의 동인을 파악하고 제한적인 믿음의 진짜 원인과 싸우는 방법을 모색할 수 있다.

3단계: 풍요로움으로 바꾸기

이제 앞에서 진술한 가장 큰 두려움 3~5개를 이용해 각본을 뒤집고 자신을 제한하는 믿음에서 벗어나 풍요로움의 사고로 들어갈 차례다. 기존의 사고 패턴은 사라지고 새로운 사고 패턴이 뿌리 내릴 것이다.

사람들 앞에서 말하는 게 무섭다고 말하는 대신 이렇게 말하자.

'나는 많은 사람에게 도움이 될 만한 메시지를 가지고 있다. 내 안에는 이미 훌륭한 발표자에게 필요한 모든 것이 있다. 충분한

> 결국 그레이트 마인드셋은 삶의 잠재력을 받아들이고 의미 있는 사명을 전진시키는 것이다.

준비와 연습을 하면 사람들 앞에서 자신 있게 말할 수 있다.'

자신의 두려움을 이런 식으로 다르게 생각해보라. 이 연습을 할 때 몸에서 일어나는 변화에 주의를 기울인다. 풍요의 진술을 할 때마다 약간의 안도감이 느껴지는가? 등이 흥분감으로 짜릿해지는가? 다 좋다. 새로운 사명을 추구하려면 두 가지가 모두 필요하다.

체육관에서 근육을 단련하듯 마음의 근육을 단련해야 한다. 지나치게 많이 생각하는 것을 멈추고 행동으로 옮기는 것에 익숙해져라. 두려움을 진술하고 결핍이 아닌 풍요로움의 마음가짐을 선택하면 과도한 생각을 멈추고 행동으로 옮겨갈 수 있다.

'할 수 없다'에서 '할 것이다'로, '어떻게 해야 하는지 모른다'에서 '어쨌든 했다'로 옮겨가야 한다. 결국, 그레이트 마인드셋은 삶의 잠재력을 받아들이고 의미 있는 사명을 전진시키는 것이다. 두려움을 정면으로 마주하고 훌륭한 연료로 바꾸면 가속도가 붙는다.

연습 2. 마법의 최소화 공식

새로운 도전을 하거나 중요한 변화를 준비할 때 걱정이나 두려움이 불쑥 튀어나온 경험을 해보았을 것이다. 그럴 때면 당신은 커

다란 변화나 새로운 도전에 따라오는 거대한 감정의 파도를 그대로 맞는 수밖에 없다고 생각했겠지만, 틀렸다. 역사상 가장 큰 영향력을 자랑하는 자기계발 전문가 데일 카네기(Dale Carnegie)에게는 '걱정을 해결해주는 마법의 공식'[80]이라는 전략이 있었다. 이것은 두려움 없이 차분하게 걱정을 이겨내고 평화를 찾는 방법이다.

미리 조금만 계획을 세워두면 감정의 파도를 통제하고 중심을 잃지 않은 상태에서 평화롭게 앞으로 나아갈 수 있다. 이번 연습에서는 사명을 위해 걱정을 다스리는 법을 배워보자.

1단계: 문제 분석하기

카네기의 마법 공식은 쉽지 않지만 있는 그대로 차분하게 문제를 바라보는 것으로 시작한다. 첫 번째 단계는 두려움 없이 솔직하게 문제를 분석하는 것이다. 우선 걱정거리를 적는다. 혼자만 느끼는 지극히 개인적인 두려움이라도 상관없다. 걱정거리를 모두 적는다.

현재 당신의 마음을 흐리게 하는 모든 것을 적어나간다. 여기에서 중요한 것은 종이에 쓰면서 머릿속에서 생각을 비워내는 것뿐만 아니라, 그 걱정거리가 가져올 최악의 결과도 적는 것이다. 걱정거리를 하나씩 쓸 때마다 이 질문을 던지고 답을 떠올린다. "이 걱정이 가져올 수 있는 최악의 상황은 무엇인가?"

만약 내가 열정 프로젝트를 추구할 경우, 직장에서 본래 맡은 업무 외에 다른 일에 시간을 쏟는 것을 허락하지 않을 것이므로 해고당할까 봐 걱정이 된다.

2단계: 최악의 결과 받아들이기

걱정거리와 그에 따른 최악의 결과를 적은 후에 할 일은 최악의 상황이 발생할 수도 있음을 받아들이는 것이다. 최악의 시나리오를 받아들여야만 긴장을 풀 수 있다. 두려움으로 마음이 흐트러지면 집중이 어려워져서 자신 있게 결정을 내릴 수가 없다. 눈앞의 투쟁을 제대로 이해하지 못한다. 하지만 다행스럽게도 두려운 시나리오에 저항하는 것을 멈추면 긴장이 풀리기 시작한다. 문제 해결 능력이 활성화되고 의미 있는 사명을 더 빠르게 진전시킬 수 있다.

앞의 예시에서 최악의 시나리오는 실직이다. 최악의 상황을 받아들이는 방법은 다음과 같다.

나는 직장을 잃을까 봐 걱정된다. 하지만 만약 직장을 잃는다면 새로 취직할 만한 다른 회사들을 알고 있다. 링크드인 계정을 이용해 업계 사람들과 연결될 수 있다. 만약 그 방법이 성공하지 못한다면 대학 동창들에게 연락해 좋은 기회가 있는지 알아볼 수도 있을 것이다. 상황이 어떻게 되어도 나는 새로운 직장을 알아볼 수 있다. 어쩌면 지금보다 더 좋은 기회가 있을지도 모른다.

잠깐 시간을 내어 이 연습의 첫 번째 단계에서 파악한 문제들을 각각 어떻게 받아들일지 전부 적어보자. 깜짝 놀랄 정도로 쉽고 빠르게 안도감이 느껴질 것이다.

3단계: 문제 최소화하기

이 연습의 마지막 단계에서는 최악의 상황을 개선하는 방법을 찾아야 한다. 일어날 수 있는 최악의 상황을 이미 받아들였으니 이 과정이 불필요하게 느껴질 수도 있지만 바로 여기에서 진짜 마법이 일어난다. 카네기의 말처럼 이 단계에서 우리는 '문제를 최소화'할 것이다.[81] 미래에 집중하고 만약의 가정과 비난, 수치심은 전부 던져버릴 것이다. 이 단계에서는 스스로 이렇게 물어보기만 하면 된다. '어떻게 하면 이 최악의 결과를 최소화할 수 있을까?'

앞의 예시를 계속 활용해보자.

> 만약 내가 직장을 잃는다면 생활비를 감당할 수 없을 것이다. 하지만 만약 6개월 치 집세와 자동차 할부금을 낼 수 있는 비상금이 있으면 스트레스가 훨씬 줄어들 것이다. 직장을 잃은 후에도 6개월 동안 생활이 유지될 수 있도록 지금부터 매달 돈을 모을 것이다. 충분한 비상금이 모인 뒤에는 은행에 찾아가 이자를 가장 많이 불릴 방법을 알아볼 것이다.

너무 서두르지 말고 천천히 하라. 걱정거리와 이미 마음속으로 받아들인 최악의 상황을 개선하고 문제를 최소화하는 방법을 찾는다.

마무리

이 연습법은 실제의 걱정거리와 있음직한 최악의 결과를 사실대로 적어보게 할 뿐만 아니라 두려움을 객관적이고 침착하게 바라보도록 해준다. 컬럼비아 대학의 학장이었던 허버트 E. 호크스(Herbert E. Hawkes)는 카네기에게 말했다. "만약 공정하고 객관적인 방법으로 사실 정보를 확보한다면 지식의 빛이 걱정을 증발시킬 것입니다."[82] 조금만 계획을 세우면 두려움이 사라지고 행동과 깊은 평온함이 그 자리를 대신할 것이다.

연습 3. 셀프 코칭 솔루션

당신은 머릿속에서 들리는 비판적이거나 절망적인 목소리의 희생양이 된 적이 얼마나 많은가? Chapter 1에서 말했듯이 생각, 특히 머릿속의 이야기는 당신의 현실을 만든다.

내면의 비판자를 상대하고 부정적인 생각의 늪에서 벗어나도록 자신을 지도하는 방법이 있다. 이 연습에서는 자신에게 말하는 방식을 바꿔볼 것이다. 자신을 삼인칭 대명사로 바꿔 부르는 것이다. 『채터, 당신 안의 훼방꾼(Chatter: The Voice in Our Head, Why It Maters, and How to Harness It)』을 쓴 실험 심리학자이자 신경과학자인 이선 크로스(Ethan Kross) 박사의 연구에 따르면 자신을 삼인칭으로 바꿔 대화하면 스트레스가 분산될 뿐만 아니라, 실제로 우리의 사고방식이 '할 수 없다'에서 '할 수 있다'로 바뀐다. 사랑하는 사람들과 대화하듯 자신에게 말하면 부정적인 생각이 머릿속을 장악하지 않

도록 통제하고 개입하는 방법을 배울 수 있다.[83]

생각이 현실을 만든다.

1단계: 생각의 고리 확인하기

당신의 머릿속에는 스트레스를 받을 때마다 재생되는 대본이 있을 것이다. '난 못할 거야. 나에겐 그럴 능력이 없어. 모두가 나를 비웃을 거야. 나는 멍청해. 난 무능해!' 이런 대본은 우리가 청소년기에 경험한 중대한 감정적 사건의 잔여물이고 부모로부터 물려받은 것일 수도 있다.

장담하건대 당신의 머릿속에는 계속 반복되는 생각이 적어도 한 가지는 있을 것이다. 그것은 당신이 한 번도 소리 내어 말해본 적 없는 것일 수도 있다. 이제 그런 생각들을 알아차려야 한다. 칼 융(Carl Jung)은 "무의식을 의식화할 때까지 무의식은 우리 삶을 지배할 것이다"[84]라고 말했다. 종이에 적어보면 부정적인 생각의 고

리를 의식적으로 확인해볼 수 있다. 자신감을 방해하는 머릿속의 이야기가 두 개 이상 있다면 시간을 내어 전부 다 적어보자.

2단계: 계산하기

머릿속의 부정적인 이야기는 거의 항상 과장하기 마련이다. '남들이 항상 나를 비웃는다'라는 목소리가 머릿속에서 계속 재생된다면 시간을 내어 그 목소리에 대해 살펴보자. 목소리를 분석해보자.

'남들이 항상 나를 비웃는다'라는 예시에서는 '항상'이라는 말로 분석을 시작할 수 있다. 알다시피 항상은 매일, 매 순간을 의미한다. 의식적, 합리적으로 생각해보자. 당신을 두렵게 하거나 스트레스를 주는 일이 정말로 매일, 매 순간 '항상' 일어나고 있는가? 분명 그렇지 않을 것이다. 이 사실을 인정하는 것이 중요하다. 그 목소리가 거짓말을 가능성이 크다는 것을 깨달으면 그다음에 일어날 일을 통제하기가 수월해지기 때문이다. 늪과도 같은 머릿속의 부정적인 이야기에서 벗어나면 빠르게 앞으로 나아갈 수 있다.

앞의 연습법에서 적은 생각의 고리를 살펴보면서 과장이나 극단적인 부분을 찾아보자. 그 생각의 고리는 스트레스가 심할 때 자동으로 재생될 가능성이 크다. 내면의 비판자가 옳다고 증명된 적이 얼마나 되는가? 추측하건대 놀라울 정도로 적을 것이다. 평소 당신의 성공률은 실패율보다 훨씬 더 높을 것이다.

그다음에는 다음의 중요한 질문을 던진다.

- 마지막으로 그런 스트레스를 경험한 것이 언제인가?

- 무사히 지나갔는가?

- 그 경험에서 뭔가를 배웠는가?

- 상황이 더 나빠질 수도 있었는가?

- 스트레스가 일으킨 결과에서 긍정적인 부분이 있는가?

이 질문을 던진 후 거울 앞에 서서 조금 전에 적은 부정적인 생각들을 자신감에 찬 새로운 말로 바꿔서 말해야 한다. 스스로 의식되어 불편하겠지만 꼭 해보라고 당부하고 싶다. 자신의 이름을 넣어서 소리 내어 문장을 말한다. 예를 들어주겠다.

1단계에서 쓴 문장: 나는 직장에서 프레젠테이션할 때마다 실수해서 바보처럼 보인다. 말을 더듬고 식은땀이 나고 입안이 마른다. 발표 하나 제대로 하지 못한다고 다들 속으로 나를 욕할 것이다.

자신감 있는 표현: 루이스, 지난번 프레젠테이션은 그 어느 때보다 수월했어. 상사도 좋았다고 말했고. 동료들은 네가 마지막에 한 농담에 웃기까지 했지. 물론 네가 식은땀을 흘리긴 했지만 그건 몸이 '지금 나는 긴장했다'라고 말하는 것일 뿐이야. 식은땀에 대해 언급한 사람은 아무도 없었고 다들 프레젠테이션이 훌륭했다고

말했어. 땀이 날 수도 있다는 사실을 받아들이고 다음번엔 땀자국이 보이지 않도록 옷을 좀 더 가볍게 입도록 해. 입안이 마를 것 같으면 옆에 물을 준비해놓는 걸 잊지 마. 네가 앞에서 발표할 때 비웃은 사람은 아무도 없었어. 농담할 때만 웃음이 터졌을 뿐. 준비만 잘하면 성공할 가능성이 실패할 가능성보다 훨씬 크다. 루이스, 넌 다음번 프레젠테이션을 성공시킬 수 있는 모든 걸 갖추었어.

사랑하는 사람에게 말하는 것처럼 자신에게 말하는 것은 스트레스와 두려움, 고통으로부터 거리를 두는 효과적인 방법이다. 겉으로 보기에는 그저 '온화한' 긍정의 확언처럼 보일 수도 있다. 하지만 두려움이 사라질 때까지 모든 것을 수용하려고 노력하면서 이 전략을 사용한다면 마법이 일어날 것이라고 약속한다. 자동으로 재생되는 부정적인 생각의 고리를 자신감이 담긴 문장으로 새로 써서 소리 내어 말하는 연습을 계속하라. 이런 식으로 모든 부정적인 생각의 고리를 파악하라.

3단계: 이 순간 나를 코치하기

이 연습법을 그때그때 곧바로 활용하려면 우선 지금보다 젊었을 때의 사진을 준비해야 한다. 과거 사진이 없으면 자신이 가장 좋아하는 사진도 괜찮다. 인쇄해서 잘 보이는 곳에 붙여놓으면 더욱더 효과적이다. 지갑에 넣거나 핸드폰에 넣어두어도 된다.

머릿속에서 비판자의 부정적인 목소리가 흘러나오기 시작하면 아무도 없는 곳으로 가서 사진을 보며 이야기한다. 친구에게 이야기한다고 생각하면 된다.

> 루이스, 나는 방금 네가 스스로 사업을 시작할 능력이 없다고 생각한다는 말을 들었어. 그게 틀린 생각이라는 것을 알았으면 해. 첫째, 넌 이 일을 아주 오랫동안 열심히 준비했어. 둘째, 넌 사업을 시작해서 성공시키고 좋은 인생을 누릴 자격이 있어. 셋째, 이 두려움의 반대편에는 큰 기쁨이 있어. 그러니 같이 헤쳐나가 보자. 어떤 결과가 나와도 우린 같이 이겨낼 거야. 난 네가 할 수 있다고 믿어.

자기 사진을 보면서 대화하는 것이 바보처럼 느껴질 수도 있다. 하지만 머릿속의 부정적인 이야기를 알아차리고 그 이야기에 담긴 힘을 줄이고, 내가 놀라운 일을 해낼 수 있다는 사실을 되새길 수 있다. 부정적인 목소리를 잠재우는 것이 아니라 그 목소리에서 힘을 빼앗는 것이 목표다. 소리 내어 자신감을 이야기하는 것은 부정적인 생각에서 빠져나오게 해주는 효과가 강력하다. 부정적인 생각이 행동을 막을 때마다 언제든지 이 방법을 쓸 수 있다.

4단계: 내면의 비판자에게 말하기

내면의 비판자에게 개입하는 것은 위대함으로 가는 길에서 우리가 반드시 해야만 하는 일이다. 우리가 통제할 수 없는 사건이나 상황은 스트레스를 일으킬 것이다. 머릿속에서 부정적인 이야기가 자동으로 재생되면 괴로운 기억과 스트레스를 또다시 경험해야만 한다. 그러지 말고 주도권을 되찾아 피해를 줄이자.

당신은 안전한 삶을 살고 있는가? 편안한 삶을 살고 있는가? 너무 편안한가? 아니면 불안과 두려움, 의심처럼 더 큰 기쁨을 누리지 못하게 막는 것들을 이겨내려고 매일 구체적인 노력을 기울이고 있는가?

불안을 극복하면 위대한 것들이 찾아온다. 무의식적으로 일어나는 부정적인 생각을 들여다보고 의식의 영

내가 놀라운 일을 해낼 수 있다는 사실을 되새겨라.

역으로 끌어내야 한다. 장담하건대 불안의 반대편에는 마법과 기쁨이 있다. 당신은 사랑받을 가치가 있는 중요한 사람이다. 이제 세상으로 나가서 위대한 일을 해야 할 때다.

연습 4. 두려움과 함께 앉아 있어라

두려움은 무시무시한 괴물이 아니다. 무서움을 느끼게 하는 행동과 감정을 피하려는 것은 인간의 본성이다. 잔뜩 기대에 들떠서 일부러 고통으로 들어가는 사람은 없을 것이다. 문제는 우리가 두려움을 피하면 진정으로 행복해질 수 없다는 것이다. 가장 위대한 내가 되지 못하도록 무언가가 가로막기 때문이다.

아무리 무시하려고 애써도 두려움이 당신을 덮칠 것이다. 우선 두려움과 함께 앉아 있는 법부터 배워보자.

1단계: 성공을 시각화하기

연습 1에서 모든 두려움을 적은 리스트를 만들고 각각의 두려움이 풍요로움으로 다가가지 못하게 막고 있다는 사실을 확인했다. 리스트로 돌아가 그중에서도 당신을 가장 꼼짝 못 하게 만드는 두려움을 찾아보자. 각각의 두려움과 3~5분 동안 함께 앉아 있어라.

이 연습의 핵심은 가장 크고 가장 부담스러운 두려움을 일으키는 상황에 대해 생각하는 것을 스스로 허락하는 데 있다. 신체의 반응에 주의를 기울이고, 내면의 과장된 목소리를 들어보고, 그 어떤 압도적인 감정이 몰려와도 밀어내지 않는다.

파도를 떠올리면서 숨을 들이쉬고 내쉰다. 두려움이 그 파도라고 생각하라. 두려움은 처음에는 거세게 다가오지만 이내 약해진다. 두려움을 받아들이고 두려움과 함께 앉아 있는 연습을 하면 두려움이 서서히 물러갈 것이다.

불안을 극복하면 위대한 것들이 찾아온다.

'두려움과 함께 앉아 있기'는 이런 뜻이다.

- 타이머를 5분으로 맞춘다.

- 생각하는 것만으로 두려움을 느끼게 하는 일을 상상한다.

- 처음부터 끝까지 머릿속으로 그림을 그린다.

- 숨을 깊게 들이마시고 천천히 내쉰다.

- 몸에 나타나는 변화가 있는지 주의를 기울인다.

헬스장에 다니는 것을 좋아했지만 사람들과의 관계에서 느끼는 불안감 때문에 가지 못하고 있다고 해보자. 헬스장에 가기 위해 옷을 입는 상상을 한다. 차를 몰고 헬스장으로 향하는 모습을 머릿속으로 그려본다. 헬스장으로 들어가 사람들에게 인사하고 소지품을 사물함에 넣는 모습을 상상한다. 운동하면서 듣기 좋은 노래를 찾고 이어폰을 꽂는 모습을 그린다. 운동 일지를 들고 중량 운동 구역이나 유산소 운동 구역으로 향한다. 운동을 끝내고 난 뒤의 느낌도 상상해보라. 땀을 많이 흘렸지만 그래도 해냈다. 얼굴에 미소를 머금고 집으로 돌아가는 모습을 그린다.

이렇게 두려움을 극복하는 모습을 머릿속으로 그려볼 때 땀이 나거나 숨이 차는 등 신체적인 반응이 나타날 수도 있다. 그래도 괜찮다. 두려움의 반대편으로 나아가는 모습을 그려보는 것이 목적이니까. 호흡을 느리고 체계적으로 유지한다. 넷 셀 때까지 숨을 들이마시고 넷 셀 때까지 멈추었다가 여덟 셀 때까지 내쉰다.

5분에 맞춰둔 타이머가 울리면 용기를 내어 두려움과 함께한 자신을 칭찬해준다.

2단계: 자신에게 보상하기

그러고 나서 30분 동안 좋아하는 활동을 한다. 그림 그리는 것을 좋아하는가? 춤추는 것을 좋아하는가? 친한 친구와 영상 통화를 하고 싶은가? 좋아하는 메뉴로 식사하고 싶은가? 지하실에 가서 샌드백을 두드리고 싶은가? 뭐든지 상관없다. 앞으로 30분 동안 보상으로 자신이 좋아하는 일을 즐기면 된다. 좋아하는 일을 하면 자기 능력에 대한 자신감이 쌓인다.

3단계: 앞으로 작은 걸음 내디디기

두려움에 도전한 자신에게 보상한 다음에는 작은 발걸음을 내디뎌야 한다. 지금쯤이면 준비가 잘되었을 것이다. 앞의 헬스장 예시를 계속 사용해보자.

근처에 있는 헬스장에 전화로 문의한다. 사람들이 가장 많은 시간대는 언제인가. 일대일 지도가 가능한 수업이 있는가. 특별히 조명과 소음의 강도를 낮추는 시간대가 운영 방침으로 정해져 있는가.

곧바로 거대한 도약을 할 준비가 되어 있지 않아도 된다. 그냥 앞으로 작은 한 걸음만 내디디면 된다. 작은 한 걸음의 효과는 시간이 지나면서 점점 쌓인다. 모든 행동에는 의미가 있다. 당장은 아무런 의미 없어 보이는 사소한 행동이라도 예외가 아니다. 내디딜 만한 작은 한 걸음에 뭐가 있는지 천천히 알아보고 그중에서 적어도 하나를 실행하라.

작지만 기념비적인 발걸음을 내디딘 후 또다시 자신의 용기를 인정하고 칭찬해준다. 앞에서 소개한 셀프 코칭 솔루션 연습법 (173쪽)을 이용해 자신과 삼인칭

두려움을 피하면 진정으로 행복해질 수 없다. 가장 위대한 내가 되지 못하도록 무언가가 가로막기 때문이다.

으로 대화한다. "잘했어, 루이스. 용기가 필요한 일이었는데 네가 정말 자랑스럽다."

두려움을 이겨내려면 생각과 행동이 모두 필요하다. 이 두 가지를 전부 신경 쓰지 않으면 자신에게 베팅할 용기를 낼 수 없고, 꿈에 모든 것을 쏟아부을 수도 없다. 이 연습법은 용기를 찾을 수 있도록 해줄 것이다.

연습 5. 제2의 페르소나를 찾아라

음악가나 전문 강연자, 창의성이 뛰어난 사람, 운동선수, 사업가 같은 사람들이 제2의 페르소나를 이용하는 것을 흔히 볼 수 있다. 제2의 페르소나는 우리를 핵심 자아로부터 분리해주므로 매

우 강력한 힘을 발휘할 수 있다. 들어보았을지도 모르지만, 가수 비욘세에게는 무대에서 공포와 억눌린 마음을 이겨내도록 도와주는 '사샤 피어스'라는 또 다른 자아가 있다. 나도 풋볼 선수로 중요한 시합을 앞두었을 때나 전국 10종 경기 대회에 나갈 때 내가 아닌 제2의 페르소나를 이용하면 기존의 모든 실패에서 벗어나 성공을 위해 달려갈 준비가 더 잘되는 것을 느꼈다. 이 연습에서는 내가 제2의 페르소나를 만들 때 활용한 개념을 빌리기로 한다.

1단계: 영감 찾기

나는 운동선수였을 때 나만의 영웅을 찾고 싶어서 안달이었다. 내가 원하는 일을 해낼 수 있도록 영감을 주고, 할 수 있다는 확신을 심어주는 사람이 필요했다. 풋볼 선수였을 때는 영감을 주는 선수들을 찾아 그들의 경기 하이라이트가 담긴 테이프를 보았다. 그 선수들의 영웅이 누구인지도 알아내 그들의 경기 영상도 보았다.

이 단계에서 할 일이 바로 그것이다. 이미 당신에게는 현재 몸담은 분야나 진출하려는 분야에서 동경하는 사람이 있을지도 모른다. 야망이 크거나 경쟁심이 강한 사람이라면 그 분야에서 눈에 띄는 사람들을 이미 파악해두었을 것이다. 하지만 이 기회에 한번 공식화해보자. 당신이 하고 싶은 일을 하는 사람들을 찾는다. 그들을 지켜보고 연구하라. 그들이 누구에게 영감을 받는지, 그들의 멘토가 누구인지 알아보라.

그 사람들을 계속 주시하라. 소셜 미디어를 팔로우하고, 팟캐스트를 듣고, 그들이 쓴 책을 읽는다. 공인이 아니라면 직접 연락해서 인터뷰를 요청한다. 그들을 움직이는 원동력은 무엇이고 어떤 특징을 본받고 싶은지 연구하고 알아볼 기회이다. 몇 명을 정해보자.

몇 주 동안 당신의 영웅들을 연구하면서 배우고 싶은 점이나 특징을 적는다. 그들은 두려움이 없어 보이는가? 절대 포기하지 않는가? 실수를 웃어넘길 줄 아는가? 실패를 위대함으로 나아가는 디딤돌로 삼는가? 이렇게 영웅들에게 본받고 싶은 점이 무엇인지 살펴보면 자신이 위대함으로 나아가는 길에서 무엇을 원하는지 분명하게 보일 것이다.

영감을 주는 영웅들	본받고 싶은 특징
1.	
2.	
3.	
4.	
5.	

2단계: 시각화하기

10종 경기 대회 출전을 위해 훈련할 때 장대높이뛰기가 나에게 가장 약한 종목이라는 것을 깨달았다. 딱딱한 바닥으로 거꾸로 떨어져서 머리가 깨질까 봐 무서웠다. 그래서 매일 밤 잠들기 직전에 훌륭한 장대높이뛰기 선수들의 비디오를 보면서 가로대를 넘는 내 모습을 상상했다. 몇 번이고 머릿속으로 그 모습을 그려보았다. 그리 놀랍지 않은 일이지만 그렇게 하고 잠들면 다음 날 연습이 훨씬 더 잘되었다. 가로대를 넘기 직전, 전날 밤 머릿속으로 그려본 가로대를 넘어가는 내 모습이 떠올랐다. 경기 하이라이트 영상에서 본 최고의 선수를 나의 또 다른 자아로 삼고 내가 정말로 할 수 있다고 믿었다. 매일 그렇게 6개월을 하자, 정말로 날아오를 수 있을 거란 생각이 들었다.

당신도 이 방법을 써보기를 바란다. 당신이 하고 싶은 일을 매일 밤 머릿속으로 그려본다. 다음과 같이 자신의 위대함을 언어로 받아들이는 연습도 같이 할 수 있다. 앞에서 해보았겠지만 효과가 매우 강력하다.

> 클럽에서 자유발언에 나가길 잘했어. 무대에 올라가 멋지게 발언
> 해서 정말 기분이 좋았어.

되새김과 자기 대화는 크고 작은 면에서 도움이 된다. 그 과정에서 일어나지도 않은 일 때문에 기분이 상할 수도 있지만 반대로 강하고 자신감 넘치는 기분을 느낄 수도 있다. 시각화할 것을 구체적으로 적는다.

3단계: 토템 찾기

위대한 사람들을 연구하고 위대해진 나의 모습을 그려보았다면 위대함의 여정을 방해하는 두려움을 물리칠 준비가 착착 되어가고 있다. 다음으로 할 일은 제2의 페르소나에 생명을 불어넣어주는 토템을 찾는 것이다. 윈스턴 처칠(Winston Churchill)은 다른 성격을 불러내기 위해 다양한 여러 모자를 착용했다. 마틴 루서 킹주니어는 시력이 좋았는데도 안경을 썼다. '기품 있어' 보이면 더많은 존경을 받는다고 느꼈기 때문이었다.[85]

당신이 자신감을 높이기 위해 활용할 수 있는 물건은 무엇일까? 안경? 모자? 특정한 색깔의 립스틱이나 양말이 될 수도 있다. 이미 자신감을 올려주는 나만의 물건이 있을 수도 있다. 이제 그물건의 존재를 공식화하라. 당신도 두려움 없는 사샤 피어스가 될 수 있다.

용기는 성장으로 이어지고 성장은 숙달로 이어진다.

4단계 : 슈퍼히어로 되기

위대함을 추구하는 것은 정말로 대담한 목표다. 제임스 로렌스(James Lawrence)가 50일 동안 50개 주에서 50개의 철인 3종 경기에 참여하기로 결심했을 때 그는 초인이 아니라 그냥 평범한 사람이었다. 하지만 30일째가 되었을 때 그는 아이언 카우보이라는 슈퍼히어로 페르소나를 만들었다. 안경을 쓸 때마다 그는 제임스 로렌스가 아니라 아이언 카우보이였다. 30일째 되는 날, 제임스 로렌스는 앞으로 남은 20일을 성공시킬 준비가 된 자신감 넘치는 아이언 카우보이가 되었다. 아이언 카우보이가 없었다면 제임스는 불안과 두려움에 굴복했을지도 모른다.

도저히 이길 수 없을 것 같은 두려움을 마주했다면 다른 자아가되어 앞으로 나아가라. 장난기도 발동하고 용기도 생길 것이다. 용기는 성장으로 이어지고 성장은 숙달로 이어진다.

연습 6. 기쁨 컨디셔닝

자신의 두려움을 이해하면 회복력이 강해지고, 창의력이 좋아지고, 감성 지능까지 향상될 수 있다. 웬디 스즈키 박사는 기쁨 컨디셔닝 이론을 소개해주었다. 이것은 우리가 일상생활에서나 의미 있는 사명을 추구하면서 자연스럽게 마주치는 불안을 이겨내는 흥미로운 방법이다.

이번 연습에서는 불안의 방아쇠를 재구성하고 대응하는 방법을 배운다. 이 개념들은 대부분 스즈키 박사의 책『좋은 불안: 가장 많은 오해를 받는 감정의 힘을 이용하라(Good Anxiety: Harnessing the Power of the Most Misunderstood Emotion)』에서 나왔다.[86]

1단계: 방아쇠 이해하기

무엇이 자신을 불안하게 만드는지 정확하게 알면 불안 에너지를 긍정적인 방향으로 바꿀 수 있다. 불안에 대한 이해는 결핍의 감정에서 풍요로움의 감정으로 우리를 이끈다.

우선 불안감을 일으키는 것을 3~5가지 적는다. 상사가 갑자기 회의를 소집할 때 긴장하는가? 막판에 계획이 변경되는 것을 두려워하는가? 뭐든지 적는다. 그다음에는 최근에 불안한 감정을 느끼게 했던 생각이나 기억을 적는다. '지난 수요일의 저녁 식사' 같은 식으로 쓰지 말고 상황을 구체적으로 설명한다. 그때의 생각과 기억을 한두 문단으로 적는다.

그 기억을 다시 떠올리는 지금 어떤 감정이 느껴지는지 적는다. 중심을 잃은 것처럼 흔들리는가? 슬프거나 화가 나는가? 어떤 감정이든 적는다. 잠시 그 감정과 가만히 앉아 있어라. 그 감정을 떠올리면서 처음부터 끝까지 온전히 느껴본다. 이렇게 하면 불편함이나 두려움, 불안 같은 불편한 감정을 무사히 떨쳐낼 수 있다는 생각이 든다. 한마디로 회복력의 근육이 훈련된다.

2단계: 기쁨의 기억 떠올리기

그다음에는 즐겁거나 재미있거나 신나거나 유쾌한 기억을 5가지 적는다. 앞에서와 마찬가지로 어떤 상황인지 자세하게 설명한다. 그때 무슨 옷을 입었는지, 누구와 함께 있었는지, 신체적으로 어떤 감각을 느꼈는지 등 기억나는 디테일을 최대한 많이 적는다.

그런 다음에는 기억과 연관되는 냄새를 옆에 적는다. 냄새의 기억은 매우 강렬해서 기억과 관련된 긍정적인 감정을 다시 불러 일으킨다. 만약 당신이 적은 기억이 20킬로미터나 되는 산길을 올라가서 저 아래에 펼쳐진 장관을 보았을 때 어떤 냄새가 연관되어 있는가? 선크림 냄새? 자연의 냄새? 모닥불 냄새? 등산용 스틱의 고무 냄새? 어린 시절 디즈니 월드에서 즐거운 시간을 보낸 기억이 있다면 그때 무슨 냄새가 났는지 기억나는가? 메인 스트리트 빵집에서 나던 냄새? 구운 견과류 냄새? 이처럼 기쁨의 기억 옆에 생각나는 냄새를 적는다.

마지막으로 그때 어떤 기분을 느꼈는지도 옆에 적는다. 이 연습을 실행하는 것만으로 긍정적인 기분이 들기 시작할 것이다. 글을 쓰면서 자신도 모르게 활짝 웃고 있을지도 모른다. 긍정적인 감정이 온몸에 퍼져나가게 하라. 그때 느낀 의기양양함, 만족감, 들뜬 기분, 완전한 편안함 같은 기분을 다시 느낀다.

3단계: 방아쇠에 대응하기

기쁨과 불안으로 깊이 들어가 보았으니 이제 불안의 방아쇠에 대응하기 위한 행동 계획을 세워야 한다. 우선 첫 번째 두려움 바꾸기 연습(165쪽)에서 작성한 기억의 리스트로 돌아간다. 각각의 기억에 대해 어떻게 하면 불안 속에서 긍정적인 감정을 느끼도록 조절할 수 있는지 생각해보자.

예시

앞으로 예상치 못한 만남이 나를 압도하고 화나게 할 때 나는 압도 당하고 화나는 기분에 저항하지 않을 것이다. 나는 그 감정을 인정 하고 느끼도록 허락할 것이다. 그런 다음에 라임을 잘라서 냄새를 맡을 것이다. 신혼여행 때 아내와 함께 오랫동안 걸은 후 너무도 맛있는 키라임 파이를 먹었을 때의 행복하고 여유롭고 평화로웠던 기분을 떠올릴 것이다.

이 행동 계획이 불안한 감정을 완전히 없애주지 못할 수도 있 다. 하지만 이전보다 한결 나은 기분으로 앞으로 나아갈 수 있도록 마음의 여유를 되찾아줄 것이다. 부정적인 것(결핍)에 초점을 맞추 는 대신 긍정적인 것(풍요로움)에 초점을 맞출 것이다.

다섯 가지 방아쇠에 대한 각각의 실행 계획을 세운 후 긍정적인 기억과 관련된 냄새에 쉽게 접근할 수 있는 방법을 찾는다. 오일이 나 양초, 스프레이를 항상 휴대할 수 있는가? 이런 물건들을 준비 해서 자동차나 집, 직장(또는 세 군데 모두도 좋고!)에 놓아둔다.

불안은 유익하다. 불안은 해결책이나 다른 길을 찾아야 한다 고, 또는 새로운 경계를 정해야 한다고 우리에게 경고하는 감정이 다. 이 감정을 허락하지 않으면 더 큰 힘을 손에 넣고 회복력을 키 울 기회를 내팽개치는 것이다. 불편함을 기쁨과 짝지어 주면 불안

같은 감정에 압도당하는 순간에도 앞으로 나아갈 수 있는 강력한 힘을 얻는다. 의미 있는 사명을 위해 이보다 더 좋은 일이 있을까?

더 많이 받을 자격이 있는 존재

최근에 라마크리슈나의 인용구를 떠올릴 기회가 있었다.

"하늘에서 바다만큼의 축복이 비처럼 내려와도 당신이 골무만 들고 있다면, 그만큼밖에 받지 못한다."[87]

많은 사람이 하늘을 향해 골무를 들고 있다. 자신의 가치가 그 정도라고 생각하기 때문이다. 두려움과 의심이 무대의 주인공이라고 믿으면서 두려움이 이끄는 대로 끌려다닌다. 틀렸다. 주인공은 바로 당신이다.

도약의 시간이 다가오고 있다.

두려움 때문에 삶의 목적에서 멀어지면 안 된다. 살다 보면 수월한 날도 있고 힘든 날도 있는 법이다. 힘들다가도 힘들지 않은 날이 온다. 아무리 힘들어도 목적에서 완전히 이탈하지 않는 것이 가장 중요하다. 계속 목표를 세우고 행동해야 한다. 그러면 아무리 나쁜 날에도 계속 진전이 이루어진다.

당신은 골무보다 더 큰 축복을 받을 자격이 있다. 당신은 가치 있고 중요하다. 당신은 지금 안주한 것보다 더 위대한 목적을 위해 태어났다. 당신이 지금 이 자리에 존재하는 이유가 있다. 당신은 사랑과 풍요, 더 많은 기회를 받을 가치가 있다.

힘들어도 멈추지 말고 꿋꿋하게 나아가라. 도약의 시간이 다가오고 있다.

The
Greatness
Mindset

Part 4

3단계 :
그레이트 마인드셋

내가 원하는 것을 나에게 줄 수 있는 사람은 세상에 단 한 명, 바로 나뿐이다. 그리고 나는 그 일을 매일 기꺼이 해야 한다. 그래서 자신을 받아들이고, 노력을 칭찬하고, 부정적인 생각을 재구성하는 것이 중요하다. 당신은 지금 위대함으로 가는 길에 있다. 기술을 발전시켜라. 불안감을 인정하고 능력을 칭찬하라. 매일 실천하라. 힘을 쌓아라. 지금 당신은 승리에 필요한 모든 것을 가지고 있다.

Chapter 9

과거를 치유하라

최근 애틀랜타에서 우버 택시를 이용하면서 여성 운전기사와
이야기를 나누게 되었다. 그녀의 아버지는 어린 그녀와 마약 중독
에 시달리던 어머니를 버렸다. 어린 그녀는 홀로 어머니를 돌봐야
하는 처지가 되었다. 성인이 된 후에도 그녀는 연인과의 관계에서
상대방을 돌보는 역할을 계속했다. 약물에 중독된 남자들에게 끌
렸고, 그들을 치유해주려고 애썼다. 결과적으로 그녀는 신체적으
로나 정서적으로 자신을 학대하는 사람들하고만 관계를 맺게 되
었다. 자세한 이야기를 들을수록 그녀가 지나온 삶이 어린 시절의
트라우마에서 비롯되었다는 것이 분명해졌다. 내면의 아이가 상
대방을 돌봄으로써 자신을 치유하려고 했기 때문에 해로운 관계
를 계속 받아들인 것이다.

하지만 그날 택시 안에서 만난 사람은 패배자가 아니었다. 힘든 과거가 말해주는 물리적 증거가 있는데도 그녀가 발산하는 에너지는 긍정과 친절로 가득했다. 그녀가 마지막에 한 말이 계속 귓가를 맴돌았다. "이제 더는 과거 때문에 아프지 않아요. 과거를 치유하고 고통을 지혜로 바꾸는 법을 배웠거든요."

와! 정말로 그랬다. 이 놀라운 여성은 과거의 트라우마에 얽매이지 않고 새로운 무언가가 되어가는 과정에 놓여 있었다. 건강한 방향으로 나아갈 수 있도록 과거를 치유하는 중이었다. 그녀는 좋은 사람을 만나 결혼도 했다고 말했다. 남편과 그녀는 재혼 가정이지만 한 팀이 되어 서로를 지지해주고 있다. 그녀는 트라우마의 악순환을 끝내기 위해 의식적으로 행동을 취했다.

누구나 어떤 식으로든 과거의 트라우마가 있으며 치유하지 않은 채로 두면 미래에 영향을 끼친다. 트라우마는 트라우마가 지속되게 한다. 악순환을 멈추려면 상처받은 어린아이가 아니라 어른이 된 지금의 내가 결정권을 쥐어야 한다.

나는 치유 여정을 통해 내면의 어린아이와 그 아이의 욕구에 대해 많은 것을 드러냈다. 연인과의 관계에서 늘 고전하던 나는 운 좋게도 나르시시즘에 관한 최고 권위자인 라마니 두르바술라(Ramani Durvasula) 박사를 인터뷰할 수 있었다. 그녀에 따르면 나르시시즘은 정식으로 진단되지 않는 경우가 많은데, 나르시시스트들이

치료를 거부하기 때문이다. 치료를 받으려면 자신의 결정과 그것이 가져온 결과를 똑바로 마주 보아야만 한다. 그러나 나르시시스트는 자신의 문제를 다른 사람에게 투영하고 희생자인 척하는 경우가 많다.[88]

라마니에게 그 말을 들었을 때 갑자기 무언가가 분명해졌다. 나는 세 명의 여자친구를 사귀는 동안 상대방에게 커플 상담 치료를 받자고 했는데 모두 거절했다. 그때 너무 혼란스러웠다. 자신의 감정에 관해 이야기하고 상담 치료를 통해 더 좋은 관계를 맺기 위해 노력하는 남자를 여자들이 좋아할 줄 알았다. 관계가 파탄 나기 직전에 간신히 설득해서 함께 상담 치료를 받으러 갔을 때도 그들은 치료사의 말을 귀담아듣지 않았다.

내가 과거에 관계에서 완벽했다는 말은 아니다. 전혀 그렇지 않았다! 물론 문제는 나 때문이기도 했다. 나는 관계에서 적절한 바운더리를 정하지 않았다. 평화를 깨뜨리고 싶지 않았고, 상대방에게 잘 보이기 위해서 기꺼이 나 자신을 희생하려고 했다. 나에게 이런 경향이 있다는 사실을 깨닫게 해준 또 다른 사람은『나는 내가 먼저입니다(Set Boundaries, Find Peace: A Guide to Reclaiming Yourself)』를 쓴 네드라 글로버 타와브(Nedra Glover Tawwab)였다. 나는 감정적으로 혼란스러운 상태에서 살아가는 연인을 선택하는 경향이 있다는 사실을 깨달았다. 자신감이 부족하고 자기 비판이 심한 사람들 말이다. 나는 그들의 세계로 들어가서 그들을 고쳐주고 가치를 확인시켜주고 싶어 한 것이었다.

돌이켜 생각해보면 나는 준비되지 않은 사람에게 성장을 강요할 수 없다는 사실을 알았어야 했다. 그런 사람들을 있는 그대로 받아들일 수는 있지만 꼭 연인 관계를 맺을 필요가 없다는 것을 알았어야 했다. 그들은 저마다 버림받은 과거와 관련된 트라우마를 가지고 있었고, 그들의 트라우마는 나의 트라우마와 충돌했다.

아버지는 나에게 애정을 보여주었지만 열세 살 때까지는 아버지의 성격이 나를 두렵게 했다. 아버지가 집으로 돌아오면 온 집안에 팽팽한 긴장감이 감돌았다. 반면 어머니는 소극적인 성격이었다. 어머니는 집안의 평화를 지키기 위해 무엇이든 했고, 자신을 희생하기까지 했다. 어른이 된 나는 연인과의 관계에서 어릴 때 어머니를 통해 본 역할을 수행했다. 평화를 지키기 위해 나의 바운더리를 포기했다. 해로운 관계임을 알면서도 상대방을 고칠 수 있다는 생각으로 떠나지 않았다. 어릴 때부터 보고 자란 행동을 자연스럽게 따라 한 것이었다.

나는 내면의 아이에게 필요한 치유를 시작하기 전까지 모든 연애에서 수치심과 억울함을 느꼈다. 처음에는 순조로웠지만 이내 방아쇠가 작동했다. 가망 없는 관계라는 것을 진즉 알았지만, 혼자가 된다는 것에 대한 두려움과 관계의 성공을 위해 나 자신을 내팽

개치면서까지 관계를 이어가기 위해 노력하도록 나를 몰아붙였다. 하지만 나 자신에게 진실하지 않다는 느낌을 떨쳐버릴 수 없었고, 목소리를 잃은 나 자신이 원망스럽기까지 했다.

내면의 아이와 과거의 트라우마를 치유하기 시작하자 비로소 진정한 나답게 행동한다고 느껴지기 시작했다. 나는 내면의 아이가 듣고 싶어 하는 말을 해주는 법을 배웠다. 그 아이의 존재를 인정하자 새로운 사람이 될 수 있을 것 같았다. 지금의 나는 방아쇠를 마주했을 때 나는 더 이상 건강하지 않은 행동을 하지 않는다. 감정적으로 반응하거나 과거의 내가 지속했던 건강하지 못한 패턴을 계속 이어갈 필요가 없다. 분명하게 말하지만 치유의 여정은 여전히 계속되고 있다. 지금의 나는 그때와 다른 사람이고, 어렸을 때 가졌던 두려움에 더 이상 반응할 필요가 없다는 사실을 계속 일깨워주어야 한다.

> **자신에게 진실하지 않다는 느낌을 떨쳐버릴 수 없었고 목소리를 잃은 나 자신이 원망스럽기까지 했다.**

내면의 아이와 함께 치유해야 할 상처가 또 있었다. 내가 나의 다른 책『남자다움의 가면(The Mask of Masculinity)』에서 말했듯이 나는 어린 시절 성적 학대를 당했다. 학교에 다닐 때 특수반이라는 이유로 놀림도 받았다. 형은 내가 여덟 살 때 감옥에 갔다. 아버지는 교통사고로 심각한 뇌 외상을 입고 완전히 딴사람이 되었고, 나는 아버지를 잃은 것이나 마찬가지였다. 이 모든 트라우마가 내 안에서 내가 충분하지 않은 사람이라는 두려움을 계속 일으켰다.

가보르 마테(Gabor Maté) 박사는 중독 전문가이며 어린 시절의 트라우마를 전문으로 다룬다. 그는 어린 시절의 트라우마가 자기 위안을 찾고자 중독으로 이어질 수 있다는 사실을 대중에게 알리는 데 힘썼다. 중독은 알코올이나 약물 중독을 초월한다. "어릴 때 자신이 충분하지 않고 가치 없는 사람이라는 메시지를 받으면 평생 자신의 가치를 증명하기 위해 노력해야 할 수도 있습니다."[89] 그런 아이들이 자라서 스스로 충분한 존재임을 느끼기 위해 자신을 희생하면서까지 상대방에게 맞추려고 한다.

나의 해결책은 그 누구 앞에서도 작아지지 않도록 가장 크고, 가장 강한 운동선수가 되는 것이었다. 어느 정도는 효과가 있었다! 외적으로는 그랬지만 과거에 대한 불안과 수치심은 커지기만 했다. 과거를 치유하기 시작하자 처음으로 마음의 평화가 찾아왔다.

사실 거의 모든 사람의 내면에는 충족되지 않은 욕구를 가진 어린아이가 있다. 내 경우처럼 그 아이의 대응 기제는 건강하지 못하다. 건강하지 못한 습관에서 벗어나는 방법은 내면의 아이에게 다가가 처음부터 아이가 필요로 했던 것을 주는 것뿐이다. 아이에게 '너는 사랑받고 있고 그대로 충분한 존재'라고 말해주어야 한다. 안전하게 보호받고

과거를 치유하기 시작하자 처음으로 마음의 평화가 찾아왔다.

있다는 확신을 주어야 한다. 한마디로 내면의 아이에게 긍정적으로 말해야 한다. 그래야 당신은 그레이트 마인드셋을 완전히 받아들일 수 있다.

해결되지 않은 트라우마

나는 치유되지 않은 트라우마를 안고 살면서 몸까지 아팠다. 목구멍이 꽉 막히고 가슴에 무거운 돌이 얹힌 것처럼 자주 숨이 막혔다. 항상 피곤했고 내 능력이 10이라고 할 때 6밖에 발휘하지 못하는 기분이었다. 단 한 명을 만족시키고자 내 가치나 비전에 충실하지 못하고 진정성을 희생하는 것처럼 느껴졌다. 그렇게 생각했다. 알고 보니 내가 정말로 만족시키려고 했던 단 한 사람은 바로 내 안의 아이였다.

치유되지 않은 트라우마는 수많은 방법으로 우리를 가로막는다. 한 가지가 바로 피해자 의식이다.『근본적인 깨어남: 고통을 힘으로 바꾸고 진정한 나를 받아들이고 자유롭게 사는 방법(Radical Awakening: Turn Pain into Power, Embrace Your Truth, Live Free)』의 저자 셰팔리 차바리(Shefali Tsabary) 박사는 피해자 의식이 정말로 우리에게 처한 실질적인 상태라고 정의한다. 성폭력을 당하거나 신체적으로 학대를 받은 사람은 피해자다. 그들은 고통을 고통이라고 부르고 "나는 피해자다"라고 말하는 것이 정당하다고 느껴야 한다. 하지만 피해자 의식은 자신과 범죄를 하나로 묶을 때 발생한다. 피해자 의식을 가진 사람들은 그 사건을 기준으로 살아가고, 그 사건으로 자신을 규정하며 의도치 않게 가해자에게 힘을 내어준다. 차바리 박사는 "진정한 권한 부여는 비난을 포함해 모든 힘을 다시 가져오는 것입니다"라고 말한다.[90]

가해자에게 책임이 없다거나 과거의 일을 반드시 용서해야 한다는 말은 아니다. 가해자는 부당한 짓을 저지른 것에 대해 책임을 져야 한다는 사실은 변하지 않는다. 다만, 누군가에 대한 원망이 당신의 미래를 좌우해서는 안 된다는 것이다. 당신은 스스로 일구어낼 가치가 있는 미래를 선택할 수 있다. 그런 미래를 향한 첫걸음이 바로 치유의 작업이다.

당신이 피해자 의식으로 고통받지 않더라도 치유되지 않은 과거가 다른 방식으로 앞길을 가로막을 수 있다. 우리는 즉각적인 트라우마에서 살아남기 위해 대응 기제를 만든다. 자연스러운 자기 보호 능력은 생물학의 선물이다. 하지만 일시적인 해결책이 건강에 좋지 않은 패턴으로 변할 수 있다. 어릴 때 비상시에 활용했던 방어 기제가 나이가 들어서는 건강하지 못한 대응 습관으로 변질될 수 있기 때문이다.

『내 안의 어린아이가 울고 있다(How to Do the Work: Recognize Your Patterns, Heal from Your Past, and Create Your Self)』의 저자 니콜 르페라(Nicole LePera) 박사는 슬픔의 감정을 드러냈을 때 거절당하는 기분을 느끼는 사람을 예로 들었다. 그 사람은 비슷한 트라우마를 피하고자 감정을 억누르게 될 것이다. 순간적으로 안도감을 주므로 그런 대처 방식에 끌리는 것이다. 하지만 이런 행동이 반복되면 건강하지 못한 대응 기제가 습관으로 자리 잡는다.

르페라 박사에게는 스트레스의 반복적인 고리가 익숙한 대응 기제로 자리 잡았다. 과거에 그녀는 스트레스를 물리칠 수단이 없었고, 오히려 스트레스가 주는 흥분감에서 위안을 얻었다. 스트레스로 아드레날린이 솟구치고 코르티솔이 분비된다. 스트레스에서 위안을 얻는 것이 그때 그녀가 할 수 있는 최선이었다. 그녀는 지금도 가끔 초조함을 느끼려고 일부러 나쁜 리뷰를 찾아보기도 한다고 고백했다. 왜일까? 그것이 그녀에게 친숙한 상태이기 때문이다. 니콜은 우리의 잠재의식이 친숙함의 원칙으로 움직인다고 말한다. 잠재의식은 익숙한 것이 예측할 수 없는 것보다 낫다고 우리를 설득한다. 새로운 방식을 선택하면 훨씬 더 나은 결과가 나올 수 있는데도 말이다(이 점이 가장 중요하다).[91]

내게 익숙한 상태는 나를 해로운 연인 관계에 묶어두는 것

> 평화 그 자체가 되려면 의미 있는 사명을 공유하고 지지하는 사람들과의 관계에서 사명에 올바른 바운더리를 설정해야만 한다.

이었다. 나는 상대방에게 상처를 줄까 봐 두려웠고, 소중한 사람에게 상처를 준다고 생각하면 견딜 수가 없었다. 게다가 타인의 시선을 두려워했기에 내가 상처를 주면 연인이 다른 사람들에게 나에 대해 나쁘게 말할까 봐 두려웠다.

나는 마음의 평화를 찾기 위해 1년 동안 심리치료를 받았다. 처음에 치료사는 나에게 큰 힘을 실어주는 질문을 던졌다. "심리치료에 대한 당신의 의도는 무엇인가요?" 나는 이렇게 대답했다. "저는 명확함, 평화, 자유를 원합니다." 치료사는 매번 같은 질문을 했다. "무엇을 원하세요?" 그러면 나는 "명확함, 평화, 자유를 원합니다"라고 같은 대답을 했다. 1년이 다 되어갈 때 그녀가 "찾았나요?"라고 물었다. 그 순간 깨달았다. 내가 명확함과 평화, 자유를 찾은 게 아니라 나 스스로가 그렇게 되었다는 것을. 내가 평화이고 명확함이고 자유다. 이 말을 하는 이유는 목표를 좇기 전에 먼저 스스로 평화와 기쁨이 되어야 한다는 것을 알려주고 싶어서다.

평화 그 자체가 되려면 의미 있는 사명을 공유하고 지지하는 사람들과의 관계에서 사명에 올바른 바운더리를 설정해야만 한다. 이것은 연인뿐만 아니라 직장 동료, 가족, 친구 등 가까운 모든 사람과의 관계에도 적용된다.

인생의 주도권을 되찾고, 과거를 치유하고, 자신의 모든 것을 미래의 비전에 맞추기 시작하면 무한함이 느껴질 것이다. 부정적인 고리 대신 긍정적인 고리가 나타나고 자신감이 커지게 된다.

코치 또는 비판자

앞에서 언급한 개념으로 돌아가 보자. 우리의 내면에는 코치와 비판자가 있다. 나는 엄격하지만 의욕을 심어주는 코치와 순전히 부정적이기만 한 비판자의 차이를 직접 경험했다. 애정으로 지도하는 코치는 당신을 비하하지 않고 최고가 될 수 있도록 도전 과제를 줄 것이다.

우리의 인생도 비슷하다. 차이가 있다면 내가 나의 가장 훌륭한 코치이자 가장 강력한 비판자라는 사실이다. 자신을 현재 진행 중인 프로젝트라고 생각하고 영감을 주는 코치가 되기로 의도적인 선택을 해야 한다. 그러면 있는 그대로의 자신을 받아들이면서도 개선을 위해 노력할 수 있다. 타인이 아닌 과거의 나와 현재의 나를 비교하고 얼마나 멀리 왔는지를 축하하라.

타인이 아니라 과거의 나와 비교하라.

신경의학 전문의 데이비드 펄머터(David Perlmutter) 박사는 알츠하이머 연구를 통해 뇌 분야의 권위자가 되었다. 그에 따르면 뇌에는 두 부분이 있다. 두려움을 기반으로 하는 부분과 연민을 기반으로 하는 부분이다. 두려움을 기반으로 하는 부분은 자동 반응적이다. 즉각적인 만족을 추구하고 도피-투쟁 감각을 만든다. 반면 연민을 기반으로 하는 부분은 미래에 대해 생각한다. 트라우마의 방아쇠가 당겨졌을 때 어른을 데려오는 역할을 한다. 이 어른은 의식적으로 명확하게 미래에 대한 투자를 고려하여 결정을 내린다.

펄머터 박사의 연구에 따르면 두려움을 기반으로 하는 뇌의 부분이 활성화되면 의식적인 결정을 내리는 것이 불가능하다. 의식적인 결정을 내릴 수 있을 만큼 진정된 상태가 아니기 때문이다. 그 부분은 생존을 위해 신속한 결정을 내리는 목적으로 존재한다. 펄머터 박사가 말하는 두려움을 기반으로 하는 상태를 나는 부정적인 상태라고 부른다. 부정적인 상태는 감정을 고조시키며 결국 진정한 자신과 일치하지 않는 방식으로 반응하게 만든다. 반대로 긍정적인 상태는 "나는 이 상황이 마음에 들지 않지만 비이성적인 두려움에 휘둘리지 않고 의식적인 결정을 내릴 것이다"라고 말하게 해준다. 이런 통제력은 자신의 감정을 지켜봐야만 가능해진다.[92]

아름다운 상태로 살아가는 방법을 발견하면 한계가 없어진다.

몇 년 전 인도의 원 월드 아카데미(One World Academy)에서 명상을 공부했다. 2주 동안 오로지 명상만 했다. 그 아카데미에서는 긍정적인 마음 상태와 부정적인 마음 상태를 다른 용어로 사용하는데, 아름다운 상태와 고통받는 상태로 말한다. 아름다운 상태는 사랑과 기쁨, 풍요, 감사 속에서 살아가는 것이다. 고통받는 상태는 불안, 스트레스, 질투, 의심 속에서 살아가는 것이다. 나는 아름다운 상태로 살아가는 방법을 발견하면 한계가 없어진다는 것을 배웠다. 지속적인 관계를 맺고, 의식적으로 시련을 이겨내고, 충만함을 찾고, 연민의 태도를 갖춘 리더가 된다는 뜻이다.

우리에게는 아름다운 상태와 고통받는 상태, 긍정적인 마음과 부정적인 마음, 두려움을 기반으로 하는 마음과 연민과 미래를 기반으로 하는 마음, 코치와 비판자가 있다. 이 모든 개념은 자신을 사랑하고 생각과 기억, 트라우마를 치유하는 법을 배울 필요가 있음을 이야기한다.

항상 사랑과 긍정적인 코칭, 아름다운 상태에 머무를 수 있다면 어떨까? 그러려면 과거를 치유해야 하고, 과거로부터 자신을 분리하는 연습이 필요하다. 만약 당신의 여정이 시련으로 가득하더라도 시련이 당신의 발목을 붙잡게 하지 않을 것이다. 실패와 성공, 타인의 시선에 대한 두려움 속에서 살지 않으므로 오히려 앞으로 나아가는 더 큰 힘이 생긴다.

두려움을 기반으로 하는 비판자는 당신이 충분하지 않다고 말할 것이다. 사랑을 기반으로 하는 코치는 당신이 충분하다고 말할 것이다. 지금 이대로의 모습을 사랑하고 앞으로 함께 발전하고 성장하자고 말한다. 성장과 치유는 언제나 현재 진행형이다. 히어로는 이렇게 말한다. "이 시련이 내 남은 인생을 좌우하지 않아. 도중에 장애물을 만난 것뿐이지 길이 끝난 게 아니야. 이 장애물을 넘어서면 나는 훨씬 더 강해져 있을 거야."

위대한 미래를 원한다면 우 연히 얻을 수 있을 것이라는 생 각은 버려라. 명확한 비전을 바

명확한 비전을 바탕으로 의도적인 행동이 있어야만 가능하다

탕으로 의도적인 행동이 있어야만 가능하다. 혼란스러운 마음 상태로 살아가면 명확한 비전이 있을 수 없다.

『트라우마는 어떻게 삶을 파고드는가(Trauma: The Invisible Epidemic)』를 쓴 정신과 의사 폴 콘티(Paul Conti)는 정신 질환을 치료의 관점에서 연구하는데, 특히 사회적 예방의 관점에서 트라우마를 살펴본다. 그는 '외형적인 증상은 미묘하지만 아무런 예고 없이 몸 전체를 장악하고, 부모와 자녀 사이에도 쉽게 전달되고, 치료하지 않으면 평생 지속하는 질병'을 상상해보라고 말한다.

콘티 박사에 따르면 우리 사회는 트라우마를 바로 '예후가 치명적일 수도 있는 통제 불능의 전염병'이라는 시각으로 바라봐야 한다.[93] 중요한 사실은 트라우마는 치료가 가능하다는 것이다. 이 중요한 깨달음을 받아들이면 개인도, 사회 전체도 변할 수 있고 트라우마의 영향을 줄이고 예방할 수 있다. 트라우마는 치료할 수 있고 예방할 수도 있다.

다음 방법은 삶에서 트라우마를 찾고 과거를 치유하는 과정을
시작하도록 도와줄 수 있다.

연습 1. 대응 기제를 찾아라

누구나 고통을 마비시키고 실망이나 트라우마를 촉발하는 과
정에 대처하는 방법을 가지고 있다. 극단적인 방법(약물 중독)부터
사회적으로 받아들여질 수 있는 방법(일 중독)까지 다양하다. 방법
은 달라도 누구나 하나쯤 있다. 이 연습에서는 자신의 대응 기제가
무엇이고, 그 방법을 통해 무엇을 얻는지(또는 얻지 못하는지) 자세하게
살펴보자.

1단계: 감정을 무디게 해주는 것 찾기

약간 개인적인 시간이다. 일기장이나 핸드폰의 노트 앱에 자신
의 대응 기제를 전부 적는다. 다음 질문을 활용하면 시작하기 한결
쉬울 것이다. 이 질문들은 자기 비판에 빠지는 것이 아니라, 자신
의 고통을 마비시키는 데 사용하는 강력한 방법을 찾아내려는 목
적임을 기억하자.

• 술을 마시는가?

- 폭식하는가?

- 담배를 피우는가?

- 대마초를 피우는가?

- 음란 동영상을 보는가?

- 일 중독인가?

- 심할 정도로 타인의 마음에 들려고 애쓰는가?

- 밤새워 TV를 보는가?

대충 어떤 질문을 던져보면 되는지 감이 잡힐 것이다. 나는 지금보다 젊었을 때 평화와 명확성을 위해서라면 뭐든지 타협할 준비가 되어 있었다. 관계의 바운더리와 나 자신의 욕구까지도 기꺼이 타협했다. 평화를 얻을 수만 있다면 무엇이든 했고, 극단적일 정도로 다른 사람의 기분에 맞추려고 애썼다. 이게 다 내 안이 평화롭지 못해서였다. 이처럼 우리는 고통이나 트라우마를 경험할 때 대응 기제에서 위안을 찾고자 한다. 이는 자신을 달래는 방법이다.

잠시 숙고하면서 자신의 대응 기제가 무엇인지 찾아라. 완전히 막힌 기분이 들어서 도저히 못 찾겠다면 믿을 수 있는 친구나 파트너에게 당신이 어려운 상황에서 어떻게 대처하는지 알려달라고 말하라.

2단계: 중독에서 무엇을 얻는가?

다음으로 대응 기제로부터 무엇을 얻는지 살펴봐야 한다. 여기에서 대응 기제를 '중독'이라고 표현한다는 점이 눈에 띌 것이다. 대응 기제도 중독될 수 있다. 고통을 마비시키고 감정을 회피하게 해주는 효과가 있는 방법을 계속 사용하다 보면 결국 다른 무언가가 행복에 대한 주도권을 빼앗아간다.

당신의 대응 기제 리스트를 살펴본다. 그것들은 당신에게 어떤 가치를 제공하는가? 미친 듯 일에만 몰두하면 거슬리는 생각을 멈출 수 있는가? 술을 마시면 마음 편하게 웃을 수 있는가? 대마초를 피워야만 마음이 진정되고 잠이 잘 오는가? 당신은 이런 것들에 의존하고 있는가?

이 질문들에는 틀린 답이 없다. 자신의 대응 기제를 솔직하게 살펴보고 그 방법에 끌리는 이유를 알아내야 한다. 분명 어떤 식으로든 도움이 되니까 의존하게 된 것이다.

생각나는 대로 전부 다 적는다.

3단계: 중독이 최고 버전의 나에게 이로운가?

지금쯤 당신은 스위트 스폿을 발견했고, 삶의 목적을 찾으려고도 했고, 성장으로 가는 길도 알아냈을 것이다. 가고 싶은 곳으로 가려면 최고 버전의 내가 되어야 한다. 잠시 시간을 내어 최고 버전의 나를 상상해보자(잠시 후에 다시 다룰 것이다). 의미 있는 사명을 수행하고 훗날 세상에 남기고 싶은 유산에 따라 살아가는 모습을 떠올려본다.

> 최고 버전의 나는 고통을 마비시키는가?
> 아니면 고통과 마주했을 때 할 수 있는 일을 하는가?

대응 기제는 무감각 상태에서 전쟁터로 옮겨가야 할 때는 아무런 도움이 되지 않는다. 최고 버전의 내가 되려면 인생이라는 링으로 의식적인 발걸음을 내디뎌야 한다. 글러브를 끼고 치유를 위해 싸워야 한다.

싸울 준비는 어떻게 해야 할까? 중독에 의존하는 행동을 완전히 멈추려면 어떤 방법이 도움이 될까? 심리치료? 목표를 달성하도록 계속 옆에서 도와주는 조력자? 의사? 코치? 대응 기제에 대한 의존을 버리고 치유의 영역으로 들어가려면 감정적, 정신적, 신체적으로 어떤 준비물이 필요한지 생각해본다.

전부 적는다.

당신은 멋진 사람

이 연습은 유난히 힘들었을 수도 있다. 나 역시 의존증을 확인하고 버리고 치유의 필요성을 받아들이는 용기를 내기까지 몇 년이나 걸렸다.

당신은 이대로도 충분히 멋진 사람이라는 말을 해주고 싶다. 당신은 이대로도 충분히 가치 있는 사람이다. 당신은 충분하다. 목적과 의미 있는 삶을 살 자격이 있다. 당신 안에는 성공에 필요한 모든 것이 다 있다. 위대함으로 나아간다는 것은 내 안의 모든 것을 드러내는 도구를 찾는다는 뜻이다.

연습 2. 몸과 마음의 체크인

몇 년 전까지만 해도 내 생각과 인간관계, 몸의 주인은 신경계였다. 스트레스를 받는 대화나 상황에 놓일 때마다 몸과 생각이 일정한 패턴으로 반응했다. 그럴 필요까지는 없는데도 식은땀을 흘리거나 당황하거나 목소리가 높아졌다. 도피-투쟁 모드를 끝없이 들락날락하는 듯했는데 정확한 이유를 알 수가 없었다.

내가 그러한 반응을 자각하고 근본적인 원인으로 거슬러 올라가자 비로소 치유의 과정이 시작될 수 있었다. 고통스럽거나 충격적인 기억에 관한 신체적 반응과 그 이유를 의식하는 것은 온전한 자아를 향한 첫 번째 단계가 된다. 이번 연습에서는 감정을 자극하는 방아쇠에 대해 알아보고 신체적 반응을 들여다볼 것이다.

1단계: 반응 조사하기

방아쇠가 당겨질 때의 신체적 반응을 의식하는 첫 번째 단계는 반응이 누그러졌을 때 한 걸음 뒤로 물러서서 평가하는 것이다. 감정이 고조된 상태에서는 이 1단계를 실시하지 마라. 자신의 반응을 제대로 평가할 수 있을 만큼 차분해졌을 때 해야 한다.

일기장이나 종이를 꺼내 다음 질문에 대해 곰곰이 생각하고 답한다.

- 언제 화를 내는가?
- 사람들의 어떤 점이 나를 짜증 나게 하는가?
- 나는 언제 가장 외로움을 느끼는가?
- 부정적인 자기 대화가 시작되기 직전에 무슨 일이 생기곤 하는가?
- 언제 가장 슬픈가?
- 가장 심한 자동 반응이 일어날 때는 언제인가?
- 통제할 수 없다고 느끼는 상황은 무엇인가?
- 불안이나 공황 발작을 일으키는 상황은 무엇인가?

여기에서는 신체와 감정의 반응에 대해 의식적으로 생각해보는 것이 중요하다. 자극을 받더라도 긍정적이고 활력 넘치는 장소로 갈 수 있어야 한다. 내 손에 주도권이 쥐어지면 풍요와 기회를 창조하고 의미 있는 사명에 착수할 수 있다.

2단계: 신체 반응 파악하기

다음으로 방아쇠에 대한 신체적 반응을 살펴보자. 이전 단계에서 자세히 설명한 상황에 놓일 때 몸에서 느껴지는 반응을 적는다. 예를 들어, 화가 날 때 주먹을 꽉 쥐는가? 이를 앙다무는가? 슬플 때 몸이 매우 피곤해지는 것을 느끼는가?

다음 질문은 감정의 방아쇠에 대한 신체적인 반응을 파악하는 데 도움이 될 것이다.

- 언제 땀이 나는가? (신체 활동 외에)
- 언제 눈알을 굴리고 싶어지는가?
- 무엇이 주먹을 꽉 쥐게 하는가?
- 언제 목소리가 높아지는가?
- 수면 부족 말고 피곤함을 일으키는 것은 무엇인가?

방아쇠에 따른 신체적인 반응을 생각해보고 전부 다 적는다. 무의식 안에 있는 것들을 최대한 의식으로 끌어낸다.

3단계: 새로운 패턴에 헌신하기

방아쇠가 당겨지는 상황과 그에 대한 신체적 반응을 확인했으니 이제는 새로운 대처법에 집중해야 한다. 새로운 방법을 배우는 것은 긴 여정이다. 자연스럽게 느껴질 때까지 반복해서 연습할 필요가 있다. 새로운 패턴에 헌신한다는 것은 이런 모습이 될 것이다.

- 나는 땀이 나거나 공황 상태에 빠질 때 잠시 자리를 비우고 휴식을 취할 것이다.
- 방아쇠가 당겨진 것을 느끼면 심호흡을 하고 턱과 주먹, 어깨에 들어간 힘을 뺄 것이다.
- 나는 목소리를 높이거나 소리를 질렀을 때 말투에 대해 즉시 사과하고 좀 더 차분하게 말할 것이다. 그럴 수 없으면 양해를 구하고 나중에 대화를 이어갈 것이다.
- 나는 특정한 순간에 이성을 잃거나 감정을 통제할 수 없을 때 그 경험을 일기에 기록하는 일에 집중할 것이다. 내가 무엇 때문에 화가 났는지를 파악하고 앞으로 어떻게 하면 더 잘할 수 있을지 적을 것이다.

방아쇠가 당겨졌을 때 어떻게 반응할지 의미 있는 사명을 끼워 넣어 생각해보자.

- 나는 의미 있는 사명을 가진 사람으로서 방아쇠가 당겨진 상황에 어떻게 반응하고 싶은가?
- 사명에 더 가까이 다가가게 해주는 반응 방법이 있는가?
- 어떻게 하면 나의 반응에 의식적으로 책임을 질 수 있는가?

신체가 방아쇠에 반응하는 이유는 과거의 고통 속에서 살고 있기 때문이다. 반응을 무의식에서 의식으로 가져오는 것도 자신을 돌보고 사랑하는 한 가지 방법이다. 인생은 길고 때로는 잔인하다. 아무리 치유되고 행동을 바꾸었어도 스트레스를 받거나 두려운 상황이 닥치면 여전히 신체적으로 반응할 것이다. 그것은 몸이 우리에게 주는 선물이다! 물론 방아쇠는 여전히 '당겨지겠지만' 그 사실을 자각한다는 차이가 있다.

앞으로 새롭게 만들어갈 패턴을 적는다. 1단계의 리스트를 보면서 반응으로 시작하는 문장을 쓴다.

치유는 여정

치유의 목표는 절대로 화를 내지 않거나, 방아쇠가 당겨지지 않게 하는 것이 아니다. 나를 지배하는 것을 이해하는 게 목표다. 몸과 마음, 정신이 싸우거나 얼어붙거나 도망치는 반응을 하게 만드는 원인을 알아차리는 것이다.

당신은 어떤 사람이 되고 싶은가? 무조건 자동으로 반응하는 사람이 되고 싶은가? 아니면 자신을 깊이 이해하고 자동으로 반응하기 전에 또는 자동으로 반응하더라도 곧바로 벗어나는 사람이 되고 싶은가? 방아쇠를 자각하면 치유가 시작되고, 안전감이 느껴지고, 자신을 더 잘 돌보게 된다.

인내심을 가져라. 치유는 하룻밤에 이루어지지 않는다. 치유는 여정이다.

트라우마의 원인에 따라 치료사나 상담사와 함께 다음의 몇 가지 연습을 해보는 것도 좋다. 이 연습법을 실시하다가 감당하기 힘들거나 안전하지 못한 느낌이 든다면 곧바로 중단하고 준비되었을 때 치료사 또는 상담사와 다시 함께해본다.

과거의 트라우마를 치유하기 위해 실행하는 가장 중요한 단계는 고통의 근원을 찾는 것이다. 나는 사업과 인간관계에서 앞으로 나아가고, 사랑하는 사람들과 소통하는 법을 배우기 위해 이 연습을 여러 번 해야 했다.

1단계: 기억 적기

떠오를 때마다 고통스러운 기억들이 있는가? 예를 들어, 학교에서 괴롭힘을 당했거나 집단에서 굴욕감을 느낀 기억이 있는가? 이 연습법에서는 필요한 만큼 시간을 충분히 가지고, 지금도 여전히 당신을 지배하고 있는 과거의 모든 기억과 사건, 문제 있는 사람들을 내다 버려야 한다. 신체 반응과 대처 방법의 리스트는 이미 만들었다. 이제 그런 반응을 일으키는 것을 찾아야 한다.

일기장이나 종이를 꺼내서 현재의 신체적 반응과 방아쇠의 원인이 되는 과거의 사건을 모두 적는다. 신체 반응 리스트로 돌아가 참고하면서 가장 근본적인 트라우마로 거슬러 올라가면 도움이 된다.

다음은 이 연습을 이끌어주는 질문들이다.

- 방아쇠를 만든 기억 또는 사건은 무엇인가?
- 방아쇠의 원인이 된 사람은 누구인가?
- 어디서, 누가, 또는 무엇이 고통의 근원인가?
- 이 감정과 연결되는 고통스러운 기억을 적어볼 수 있는가?

이 연습은 며칠 동안 몇 번의 시도가 필요할 수도 있다. 기억을 떠올리는 것만으로도 감당하기 어렵거나, 방아쇠가 당겨진 것 같으면 언제든 멈춘다. 치유는 일직선이 아니다. 치유의 여정에서 이 정거장을 지나가려면 며칠의 시간이 걸릴 수도 있다.

2단계: 과거의 나에게 편지 쓰기

이 연습의 두 번째 단계에서는 앞에서 적은 기억이나 사건에 대해 과거의 자신에게 편지를 쓴다. 모든 사건에 관련해 편지를 쓸 필요까지는 없지만 당신의 인생에서 가장 강력하다고 느끼는 사건에는 꼭 써야 한다. 이 연습의 핵심은 고통스러운 순간에 놓인 자신에게 주체성을 부여하고, 과거의 내가 가진 힘과 회복력에 고마움을 표현하는 것이다.

편지의 예시는 다음과 같다.

나 베키에게

6학년 때 케이티가 너한테 화가 났다는 이유로 '베키를 싫어하는
사람들의 모임'이란 걸 만들었을 때는 너무 힘들었지. 정말 못되
고 잘못된 행동이었어. 세상의 그 어떤 아이도 그런 일을 겪어서
는 안 돼!

그 일을 견디기 위해 많은 힘이 필요했지. 열한 살짜리가 감당하기
엔 너무 큰 고통이었어. 괴롭히는 애들 때문에 힘든데도 빠지지 않
고 학교에 나가고, 다른 친구들과 즐겁게 지내려고 애쓴 네가 정말
자랑스러워. 넌 정말 강했어! 널 괴롭히는 애들과 똑같아지지 않고
도움이 필요한 사람들을 도와주려고 한 네가 자랑스러워. 그런 억
울한 일을 겪었는데도 친절함을 잃지 않은 네가 정말 존경스럽다.
어떻게 하면 네가 그 고통을 내려놓을 수 있는지 궁금해. 우린 이제
나이가 들었고 열한 살 때보다 더 많은 힘과 능력을 갖추고 있어.
어떻게 하면 네가 고통을 내려놓을 수 있도록 도와줄 수 있을까?

편지를 다 쓴 뒤, 내 안에 있는 과거의 내가 고통에서 벗어나기
위해 무엇이 필요한지 생각해본다. 앞에서 한 것처럼 편지를 쓸 때
몸이 어떻게 반응하는지 알아차린다. 땀이 나기 시작했는가? 안도
감이 느껴지는가? 슬프거나 화가 나는가? 그런 감정은 잘못된 것
이 아니다. 편지를 쓸 때 느껴지는 감정을 살펴보는 것은 좋은 일
이다.

편지에서 과거의 나에게 무엇이 필요한지 물어봄으로써 주체성을 부여하는 것을 잊지 마라. 이 연습의 힘은 자신의 일부를 더 완전한 자아로 합쳐지게 해준다는 데 있다.

3단계: 도망치지 않기로 하기

트라우마가 지속해서 고통을 주는 가장 큰 이유는 우리가 계속 도망치려고만 하고, 수면 위로 올라온 감정을 느끼지 않으려고 하기 때문이다. 나는 과거의 고통을 마주하기로 결심하면서부터 큰 걸음으로 나아갈 수 있었다. 과거의 트라우마를 마주하는 것은 무서울 수 있다. 그러므로 그것을 마주하고 받아들이고 새로운 미래를 쓰기로 먼저 자신과 약속해야 한다.

우리에게 일어난 고통은 불공평하고 잘못되었고, 심지어 불법이었을 수도 있다. 하지만 일어났다. 나는 이런 일이 나에게 일어났다는 것을 인정한다. 그것은 옳지 않았고 나는 그런 일을 당할 이유가 없었지만, 그런 일이 일어났다는 것을 인정한다.

빨리 말할수록 의미 있는 사명을 더 빨리 받아들이고 새로운 성장의 길을 걸을 수 있다. 상처를 준 사람들과 사이좋게 지내거나, 계속 인연을 이어가야 한다는 말은 아니다. 하지만 과거의 고통을 붙잡고 있을수록 미래에 더 큰 고통이 될 뿐이다.

오늘 고통스러운 사건들의 목록을 앞에 두고 앉아서 그런 일이 있었음을 받아들이는 시간을 가져라. 무슨 일이 있어도 나는 트라우마를 똑바로 마주하고 그것으로부터 치유될 것이라고 다짐하라.

도널드 밀러는 말했다. "만약 상처받은 과거가 없었다면 나는 삶에 이렇게 감사하지 않았을 겁니다. 정말이에요. 고통은 우리에게 큰 도움이 됩니다." [94] 당신도 나처럼 많은 고통과 실망을 견뎌야 했을 것이다. 트라우마를 정면으로 바라보는 순간, 우리는 새로운 길에 놓인다. 위대함으로 나아가는 영웅의 길을 걷게 된다.

Chapter 10
정체성을 찾아라

나는 여러 해 동안 뭔가가 빠진 듯한 허전함을 느꼈다. 아무리 큰 성공을 거두고, 아무리 많은 목표를 달성해도 결국은 마음이 헛헛해졌다. 성취감을 기대했지만 공허했다. 오해하지는 말아주길 바란다. 목표를 하나씩 이루어나가는 기분은 확실히 좋았지만, 마음이 채워지는 느낌이 없었다. 몇 년, 몇십 년 동안 목표를 이루고 나면 그다음에는 어떻게 되는 걸까 싶기만 했다.

전작 『남자다움의 가면』에서도 말했지만 사업을 시작한 초기에 나는 겉으로는 성공하고 돈도 잘 버는 것처럼 보였고, 내 브랜드도 키우고 있었다. 하지만 치유되지 못한 것들이 많았기에 전혀 성취감을 느끼지 못했다. 오히려 나 자신의 진실성과 가치관, 비전에서 벗어나 있어 좌절감이 느껴졌다. 다른 사람들을 도와주고 의미 있는 사명을 수행하는 것이 아니라, 어떻게 하면 돈을 더 많이 벌고 더 많은 영향력을 얻어 남들이 틀렸다는 것을 증명할 수 있는지에 집중하고 있었다.

나는 그저 다른 사람들이 틀렸다는 것을 증명하기 위해 뭔가를 이루려고 노력했다는 것을 깨달았다. 학창 시절 나를 괴롭히던 녀석들이든, 나를 주전으로 뽑아주지 않은 코치든. 내가 그들이 생각하는 사람이 아니고, 내가 느끼는 타인의 시선이 틀렸다는 것을 증명하는 데만 열중했다. 이것은 상처받은 어린 내가 나를 성공으로 밀어붙이는 원동력이었다. 하지만 그것은 의미도 없고 지속되지도 못하는 힘이었다. 순수한 사랑이 아니라 이기적인 이유로 목표를 추구하는 것이었다.

간단히 말해서 나는 타인이 내 정체성을 정의하게 내버려 두었다. 내가 아닌 다른 사람이 되려고 했다. 「위대함 학교」와 함께하는 여정을 통해 내 정체성이 분명해지자 나는 남들을 돕는 일에 초점을 맞추는 사람으로 변했다. 이것이 내 원동력이 되었다. 어떻게 하면 전문가들에게 얻은 지혜로 내 삶을 개선하고 다른 사람들에게도 전달해 그들이 더 나은 버전이 되도록 도와줄 수 있을까?

과거를 치유하는 과정은 인생에서 가장 중요한 질문에 답하기 위해서라도 꼭 필요하다.

'나는 누구인가?'

오직 나만이 이 질문에 대답할 수 있다.

가꾸거나 가지치기하거나

헬스장 공유 서비스 플랫폼 클래스패스(ClassPass)의 설립자이 자 예술가, 『라이프패스(LifePass)』의 작가인 파얄 카다키아(Payal Kadakia)는 어릴 때 두 개의 삶을 살았다. 그녀는 미국인 친구들과 있을 때는 완전한 미국인이었고, 인도 친구들과 있을 때는 자랑 스러운 인도인이었다. 게다가 그녀는 무용을 전공한 MIT 경영학 과 졸업생이다.

그녀는 어느 쪽 공동체에 있든 서로 반대되는 것처럼 보이는 자 신의 다른 부분에 대해 부끄러워해야 한다는 압박감을 느꼈다. 사 실 그녀는 두 공동체 모두의 구성원이었다. 나이가 들면서 통찰력 도 넓어진 파얄은 남들이 원하는 삶을 살면 "성공이 무엇인지 알 수 없게 됩니다"라고 말한다.[95]

그녀는 그것을 플랜 B 성공이라고 부른다. 내가 나를 위해 선택 한 성공 경로가 아니라 어쩌다 미끄러져 들어간 길이기 때문이다. 스스로 만족감을 느낄 수 없는 것도 당연하다. 내 길이 아니니까!

"우리는 정체성의 여러 측면을 붙잡아도 됩니다"라는 파얄의 생각은 많은 사람에게 도움이 될 수 있을 것이다.[96] 그녀는 과거를 돌아보면 자신의 사명이 된 문제를 해결하는 능력이 정체성의 조합 덕분에 가능했음을 분명히 알 수 있었다. 그녀는 비즈니스와 예술의 세계를 모두 탐구한 덕분에 다양한 생각과 과정을 경험할 수 있던 것을 감사하게 생각한다.

누가 혹은 무엇이 당신의 정체성을 만들었는가? 당신이 직접 키웠는가, 아니면 다른 누군가가 당신이 특정한 방향으로 자라도록 마음대로 가지치기를 한 것인가? 이 가지치기는 의도치 않게 일어나며 우리가 살아가는 환경의 산물일 때가 많다.

당신은 의미 있는 사명의 방향으로 성장을 가꾸어야 한다. 그렇지 않으면 다른 사람들이 원하는 방향으로 흘러간다. 이 가꿈의 과정은 자기 주도적이고 개방적인 여정이다. 의식적으로 자신의 길을 선택해야 하지만 새로운 방향을 탐색할 준비도 되어 있어야 한다. 조직 심리학자 애덤 그랜트(Adam Grant)는 정체성 압류라는 흥미로운 심리학 용어를 알려주었다. 이것은 사람들이 다른 선택지를 탐색하기 전에 하나의 정체성에 전념할 때 (비록 스스로 만족하는 정체성일지라도) 일어나는 일이다.

애덤은 다른 선택지를 시험해보기 전에 하나의 직업에 전념하는 대학생들에게서 그런 현상을 보았다. 그들은 결국 선택이 잘못되었음을 깨닫지만 정체성이 일과 단단히 이어져 있어서 이도 저

도 못 하고 갇혀 있다고 느끼는 지점에 도달한다.[97]

당신은 일과 정체성의 밀접한 연관성에 공감할지도 모른다. 아니면 자신이 속한 공동체로 자신이 누구인지를 정의할 수도 있다. 하지만 그럴 때 공동체의 구성원 자격을 자신의 가치보다 우선시하지 않도록 주의해야 한다. 사회심리학자 에이미 커디(Amy Cuddy)가 그 유혹에 관해 이야기해주었다. 그녀는 개인의 가치관이 그 사람을 만든다는 것을 상기시켜주었다.[98] 그러므로 집단을 위해 그 가치관을 타협하는 것은 자기 삶에 대한 주체성을 포기한다는 뜻이다. 동류 집단 압력에 따르거나 가장 가까운 사람들과 똑같은 견해를 선택하고 싶은 유혹이 들겠지만 자신과 자신의 의미 있는 사명에 맞는 가치관을 따라야 한다.

당신은 의미 있는 사명의 방향으로 성장을 가꾸어야 한다. 그렇지 않으면 다른 사람들이 원하는 방향으로 흘러간다.

자신을 똑바로 보라

다른 사람의 생각이 아니라 스스로 생각하는 위대함을 추구하려면 의식적으로 자신의 정체성을 만들어야 한다. 그러기 위해서는 자아의 어떤 부분을 거부하고, 스스로 원하는 새로운 나를 시각화해야 한다.

사우스캐롤라이나주의 하원의원 레온 하워드(Leon Howard)는 변화의 필요성에 대해 이야기하면서 담배를 끊기로 결심한 두 남자의 이야기를 들려주었다. 한 명은 담배를 권유받으면 "아니요, 끊으려고 노력하는 중입니다"라고 대답했다. 그는 여전히 자신을 담배 피우는 사람으로 보았다. 금연하려고 노력하지만 그래도 흡연자인 것이다. 다른 사람은 "아니요, 저는 담배를 피우지 않습니다"라고 대답했다. 그는 예전 모습을 벗고 새로운 정체성을 주장함으로써 그것에 완전히 올인하고 있다.

결국 우리는 지금 이대로 충분하고 그 이상이 되고 있다는 생각으로 돌아간다. 둘 중 하나가 아니라 둘 모두다. 레온도 말했다. "지금 내가 있는 이곳도 감사하지만, 더 중요한 것은 내가 가고 있는 방향에도 감사함을 느낀다는 것입니다."[99] 현실적으로 당신의 정체성은 계속 진화하고 다양한 요소를 포함하게 되므로 자신을 제한하지 않도록 주의해야 한다.

당신은 당신의 모든 경험과 공동체, 믿음의 조합이다. 그 조합은 세상에 하나뿐이므로 당신은 자신만의 의미 있는 사명을 수행할 최적의 존재인 것이다. 최고 버전의 내가 어떤 모습인지 명확하게 알면 그 이미지가 북극성이 되어 방향을 일러준다. 점진적인 삶의 변화를 통해 만족스럽고 의미 있는 성공에 더 가까워질 수 있다.

연구에 따르면 성공한 사람일수록 여러 개의 정체성을 가지고 있다. 런던 대학교 경영대학원의 허미니아 아이바라(Herminia Ibarra) 교수는 사람들이 경력을 쌓는 방법에 관해 연구해왔다. 그녀는 성공한 사람일수록 여러 가지 정체성을 시도하고 바꾸지만, 타인을 만족시키기 위한 정체성은 받아들이지 않는다는 사실을 발견했다. 그들은 주도적으로 다양한 역할을 탐색하면서 자신에게 가장 잘 맞는다고 느끼는 조합을 찾는다.[100]

애덤 그랜트의 경우처럼 정체성 실험에는 오랫동안 입고 있었던 정체성을 벗는 일도 포함된다. 애덤은 공개적인 무대에서 자기 생각을 공유하고 싶었지만, 그는 사람들 앞에 나가서 발표하는 것을 두려워하는 내향인이라는 정체성을 오랫동안 입고 있었다. 그는 새로운 정체성에 적응하기 위해 브라이언 리틀(Brian Little), 수잔 케인(Susan Cain), 말콤 글래드웰(Malcolm Gladwell)을 비롯한 내향인들의 인상적인 강연을 들어보았다. 그는 발표할 때 자의식이 강한 과거의 정체성을 버리기로 결심했고, 사명에 도움이 되는 새로운 정체성을 시도했다. 덕분에 유튜브부터 TED 토크까지 영감을 주는 그의 강연을 쉽게 찾아볼 수 있다.

위대함을 추구하려면 먼저 자신을 알아야 한다.

조직 심리학자 벤저민 하디(Benjamin Hardy) 박사도 유연한 정체성의 중요성에 대해 이야기한다. 그는 유연한 정체성이란 스스로 통제할 수 없다는 의미가 아니라고 설명한다. 정체성의 변화를 지시하는 사람은 반드시 내가 되어야만 하지만 정체성은 필연적으로 바뀔 수밖에 없다. 과거의 나는 지금의 나와 목표가 달랐고 목표에 다가가는 방식도 달랐다. 벤저민은 이전의 내가 아닌 현재의 나에게 맞는 목표와 믿음이 무엇인지를 생각해야 한다고 조언한다. 과거의 기준에 얽매이지 말고 현재 어디로 초점이 향해야 하는지를 스스로 물어봐야 한다. 현재에 초점을 맞추는 사고방식은 앞으로 위대함의 목표를 달성하는 데 도움이 되는 것들로 주의가 향하게 한다.[101]

라이프 코치, 영감을 주는 강연자이자 기업가인 팀 스토리(Tim Storey)는 내 팟캐스트에서 지혜를 나눠주었다. "내가 어디에서 왔는지, 누구인지, 목적이 무엇인지 알게 되면 그 무엇도 나를 막을 수 없게 됩니다."[102]

위대함을 추구하려면 먼저 자신을 알아야 한다. 이것은 누구도 대신해줄 수 없는 일이다. 반드시 당신이 해결해야 하는 문제들이 있다. 내가 누구인지 알아야만 나에게 의미 있는 성공이 무엇인지도 알 수 있고 완전한 충만감을 느낄 수 있다.

히어로 vs 빌런

도널드 밀러는 정체성이 어떻게 만들어지는지를 매우 적절한 방법으로 설명해준다. 그에 따르면 우리는 인생의 이야기 속에서 정체성에 따라 살아가는데 바로 그 모습이 우리의 행동 방식을 결정한다. 그는 모든 이야기에 네 가지 캐릭터가 있다고 설명한다. 바로 패배자, 빌런, 히어로, 조력자다(네 가지 용어 표기는 도널드 밀러의 『되는 사람』의 표기를 따랐다. _역자).

> 패배자는 자신이 실패했고 출구가 없다고 생각합니다. 그들은 구해 줄 사람을 기다리고 있습니다. 빌런은 다른 사람들을 작게 만들어 요. 자신의 힘을 느끼기 위해 다른 사람들을 비하하죠. 히어로는 영웅의 자질을 갖추지 못했어도 도전을 받아들이고 변화를 추구해 결국 일을 끝냅니다. 조력자는 오랫동안 히어로 역할을 했고 이제는 역할을 바꾸어 자신이 가진 전문성으로 다른 사람을 돕습니다.[103]

도널드가 말하는 핵심은 모든 이야기에 네 캐릭터가 존재한다는 것이다. 우리 모두에게는 이 캐릭터가 전부 있다. 우리는 매일 네 가지 캐릭터 중 하나로 살아간다. 우리가 맡는 역할은 하루 동안에도 변할 수 있고, 또 변할 것이다. 우리는 자신에게 일어나는 일을 선택할 수 없지만 이야기 속에서 무슨 역할을 할지는 선택할 수 있다.

도널드는 말했다. "자신을 패배자와 동일시할수록 당신의 이야기는 더 나빠집니다. 패배자는 변하지 않아요. 그들은 히어로를 좋게 보이게 하고, 빌런을 나쁘게 보이게 하는 역할일 뿐이죠. 우리가 패배자를 연기할 때 우리의 이야기는 그 어디로도 나가지 않습니다. 절대로 원하는 것을 얻을 수 없어요. 유산을 쌓지 못합니다. 기억되지 못합니다."[104] 앞에서 다룬 관점으로 표현한다면, 패배자들은 과거의 트라우마를 치유하려고 노력하지 않는다. 그들은 트라우마가 자신을 정의하게 내버려 둔다.

하지만 과거의 고통을 어떻게 처리할지에 대한 선택에는 미묘하면서도 더 중요한 또 다른 차이점이 있다. 도널드는 다음과 같이 설명한다.

> 빌런과 히어로는 똑같은 배경을 가지고 있습니다. 빌런의 배경 스토리도 히어로의 배경 스토리도 고통으로 가득하죠. 영화 초반에 히어로는 어떤 고통을 겪습니다. 마찬가지로 빌런에게도 고통스러운 배경 스토리가 있어요. 빌런과 히어로의 차이는 딱 하나, 고통에 어떻게 반응하느냐는 것입니다. 빌런은 "세상이 나를 아프게 했으니 나도 그 아픔을 돌려줄 것이다"라고 하죠. 하지만 히어로는 "세상이 나를 아프게 했으니 다른 사람들은 절대로 그 아픔을 겪게 하지 않을 거야"라고 말합니다.[105]

치유는 내가 누구인지 발견하기 위해 꼭 필요한 여정이다. 치유는 내가 누구인지 발견하기 위해 꼭 필요한 여정이다.

살면서 겪는 고통에 어떻게 반응하느냐가 정체성의 이야기에서 우리를 패배자나 빌런, 히어로로 만든다(그 과정에서 다른 사람들에게 조력자 역할을 할 수도 있다). 도널드가 강조하는 것처럼 히어로의 행동을 취할 때 배움이 일어난다. 치유를 시작하거나, 관계를 맺거나, 과거의 실수로부터 교훈을 얻거나, 다른 사람을 도울 때 말이다. 치유는 내가 누구인지 발견하기 위해 꼭 필요한 여정이다.

Tip. 위대함을 위한 연습 과제

정체성을 파헤치고 자신이 누구인지 똑바로 바라볼 준비가 되어 있다면 다음의 연습법을 실천하기를 권한다. 당신이 누구이고, 어떤 사람이 되고 싶은지 알려줄 것이다.

연습 1. 현재의 정체성

있는 그대로의 자신을 사랑하지 않으면 의미 있는 사명을 추구하고 자신에게 운명지어진 삶을 개척하기 어렵다. 나는 당신이 세상에 선물 같은 존재이고, 풍요의 정체성을 가질 자격이 있다고 진심으로 믿는다. 가슴에 와닿지 않을 수도 있지만 나는 이것이 진실이라는 것을 안다. 자신을 제한하지 않는 풍요로움의 정체성을 만들어나가기 위해 가장 먼저 할 일은 현재의 내가 누구인지 파악하고, 앞으로 원하는 사람이 될 수 있게 해주는 길을 찾는 것이다. 이 연습으로 시작할 수 있다.

1단계: 현재의 자아 파악하기

자기 인식은 새로운 정체성을 키우는 열쇠가 된다. 시작점을 모르면 결승선에 갈 수 없다. 아래의 항목을 읽고 1~10으로 답하라. 답을 여기에 적거나 몇 달 뒤에 다시 읽어볼 수 있는 곳에 적는다. 진행 상황을 추적할 수 있어야 한다.

나는 현재의 정체성에 만족한다.

매우 그렇다			그렇다				전혀 그렇지 않다		
1	2	3	4	5	6	7	8	9	10

나는 기회와 풍요로움, 의미 있는 관계를 끌어들이고 싶다.

매우 그렇다			그렇다				전혀 그렇지 않다		
1	2	3	4	5	6	7	8	9	10

나는 고쳐야 할 나쁜 습관이 있다.

매우 그렇다			그렇다				전혀 그렇지 않다		
1	2	3	4	5	6	7	8	9	10

나는 나에게 필요한 행동 변화가 무엇인지 알고 있다.

매우 그렇다			그렇다				전혀 그렇지 않다		
1	2	3	4	5	6	7	8	9	10

나는 내가 원하는 사람이 되기 위해 어떻게 해야 하는지 알고 있다.

매우 그렇다			그렇다				전혀 그렇지 않다		
1	2	3	4	5	6	7	8	9	10

나는 정체성이 의미 있는 사명을 지지해야 한다는 것을 이해한다.

매우 그렇다			그렇다				전혀 그렇지 않다		
1	2	3	4	5	6	7	8	9	10

나의 의미 있는 사명이 무엇인지 알고 있다.

매우 그렇다			그렇다				전혀 그렇지 않다		
1	2	3	4	5	6	7	8	9	10

나는 의미 있는 사명이 무엇인지 아직 정확히 모르지만 찾고 싶고, 사명에 도움이
되는 정체성을 만드는 행동을 실천하고 싶다.

매우 그렇다			그렇다				전혀 그렇지 않다		
1	2	3	4	5	6	7	8	9	10

이 항목들은 그저 당신의 출발점을 측정하기 위한 것일 뿐, 당
신의 새로운 정체성이 얼마나 강력하고 풍요로운지를 나타내지
않는다. 이 단계는 놀라운 여정의 시작일 뿐이라는 사실을 기억하
자. 이 중에서 더 깊이 탐구하고 싶은 답들이 있다면 잠깐 돌아보
고 생각을 적는다.

2단계: 의미 있는 사명 선언문 쓰기

살다 보면 누구나 어느 시점에서든 스스로 부족한 존재라고 느
끼는 경험을 한다. 자신감이 밀물과 썰물처럼 오락가락하는 것은
지극히 인간적인 경험이다. 정체성이 제한적이고 부정적인 경험을
토대로 구축되면 자신이 부족한 존재라는 생각이 너무 강하게 다
가올 수 있다. 일주일에 60시간 일하고 원하는 승진을 이루어도 정
체성이 견고한 토대 위에 만들어지지 않았거나, 행동이 진정한 자
아와 일치하지 않으면 스스로 형편없고 무능하다고 느낄 수 있다.

무엇을 하든 자신이 충분하지 않다는 생각이 들고, 출구 없는

곳에 갇혀버린 느낌이 든다면 행동이 진정한 목적과 일치하지 않아서일 수도 있다. 그리고 과거의 치유되지 않은 상처가 이런 기분으로 몰아가는 것일 수도 있다. 올바른 길에 놓여 있지 않으면 무엇을 하든, 얼마나 대단한 성취를 올리든, 아무리 훌륭한 행동을 하든 공허하게 느껴질 것이다.

내가 궁극적으로 어떤 사람이 되고 싶은지를 알고 그 사람과 그 목적, 그 정체성에 맞는 길을 개척해야 한다.

부정적인 것들로 가득한 감옥에서 벗어나려면 내가 궁극적으로 어떤 사람이 되고 싶은지를 알고, 목적과 정체성에 맞는 길을 개척해야 한다. 이 단계에서는 잠시 시간을 내어 이전 단계의 답을 되짚어보면서 자신이 구체적으로 원하는 결과가 무엇인지 파악해보자.

내가 바꾸고 싶은 행동은 다음과 같다: ------------------------------

최고 버전의 나라면 이런 일들에 시간을 쓰지 않을 것이다: ---------

최고 버전의 나라면 대신 이런 일들을 하면서 시간을 보낼 것이다:

최고 버전의 나는 이런 방법으로 다른 사람들을 돕고 싶어 한다:

238

내가 상상하는 최고 버전의 나는 이런 특징을 가지고 있다: ＿＿＿＿

＿＿＿＿＿＿＿＿＿＿＿＿＿＿＿＿＿＿＿＿＿＿＿＿＿＿＿＿＿＿

자, 이제 위의 내용을 전부 넣어서 의미 있는 사명 선언문을 써 보자.

나, ＿＿＿＿＿＿＿＿＿는 내가 되고 싶은 사람과 일치하지 않는 행동을 끝내기 위해 헌신한다. 나는 ＿＿＿＿＿＿＿＿＿을 끝낼 것이다. 나는 앞으로 ＿＿＿＿＿＿＿＿＿에 시간을 쏟지 않을 것이다. 대신 ＿＿＿＿＿＿＿＿＿에 시간을 쏟을 것이다. 다른 사람들이 ＿＿＿＿＿＿＿＿＿하도록 도와주고 싶기 때문이다. 나는 ＿＿＿＿＿＿＿＿＿하는 사람이 되기 위해 시간을 쏟을 것이다. 내가 나의 가장 진실하고 가장 고결한 자아와 일치하는 방식으로 세상을 살아갈 때 의미 있는 사명을 완수하고 사람들을 돕고 풍요를 끌어당기고 나 자신을 위한 긍정적인 기회를 만들 수 있다.

예시

나, 앤서니 쿠퍼는 내가 되고 싶은 사람과 일치하지 않는 행동을 끝내기 위해 헌신한다. 나는 마감일을 앞두고 할 일을 미루는 것을 그만둘 것이다. 나는 실패했을 때 나 자신을 친절하게 대하고 사랑할 것이다. 사소한 실수에 화내지 않고 좀 더 너그러워지는 방법을 배울 것이다. 나는 앞으로 TV 시청이나 비디오 게임에 너무 많은 시간을 쓰지 않을 것이다. 그런 활동에 쓰는 시간을 줄이는 대신, 친구들과 시간을 보내고 비즈니스 코치를 알아보고 일기 쓰는 방법을 배울 것이다. 나는 기업의 성공을 도와주는 효과적인 글쓰기를 가르쳐줌으로써 사람들을 돕고 싶다. 내가 나의 가장 진실하고 가장 고결한 자아와 일치하는 방식으로 세상을 살아갈 때 의미 있는 사명을 완수하고, 사람들을 돕고, 풍요를 끌어당기고, 나 자신을 위한 긍정적인 기회를 만들 수 있다.

이 선언문은 새롭고 다양하고 긍정적인 정체성을 만드는 과정을 안내할 것이다. 내가 되고 싶은 모습이나 내가 나를 바라보는 관점이 행동과 일치하지 않고 진정성이 없으면 절대로 온전하다고 느낄 수 없다. 깊은 공허감만 느껴질 것이다. 이는 정체성에 해롭다.

의미 있는 사명 선언문은 풍요의 정체성을 확인하고, 성장을 지지하고, 궁극적으로 의미 있는 사명에 도움이 되는 행동을 선택하겠다는 약속이다. 원하는 정체성에 도움이 되는 행동을 하고 싶지 않을 때도 분명히 있을 것이다. 하지만 군건하게 밀고 나가야 한다. 선언문의 마지막 문장이 그 이유를 말해준다.

3단계: 새로운 기술 갈고 닦기

의미 있는 사명 선언문을 작성한 후에는 새로운 길에 필요한 기술을 배우거나 갈고 닦아야 할 필요가 있다. 새로운 습관과 새로운 기술을 익히고 새롭게 성장하는 것은 새로운 정체성 구축에 도움이 된다. 게다가 새로운 행동과 기술은 자신감을 키워주고, 의미 있는 관계를 끌어당기고, 좋은 기회를 알아차리게 해줄 것이다.

내가 발전시키고 싶은 기술	어떻게 발전시킬까
검소함	도움이 될 만한 온라인 과정이나 책 찾아보기
회복력	셀프 토크 치료법 알아보기
미루지 않기	온라인에서 노하우 찾아보기, 미루지 않도록 책임을 공유할 사람 찾기

1단계의 답변을 바탕으로 개발해야 할 새로운 기술을 아래에 적는다. 기술을 배우는 방법도 옆에 적는다(코치, 수업, 책 등). 이해를 도와주는 몇 가지 예시를 제공하겠다. 별도의 종이나 일기장에 직접 리스트를 작성한다.

위대함을 위한 연습 과제

지금에 이르기까지 힘을 내준 과거의 나에게 고마움을 느껴라.

위대함이 기다리고 있다! 만약 이 연습을 하는 동안 자신에 대해 부족함이나 불만을 느꼈다면 새로운 나를 만들어가고 있다는 사실을 기억하라. 트라우마와 비판, 자기 잠재력에 대한 거짓말을 토대로 하지 않은 새로운 정체성을 만들고 있다. 이 순간을 깊이 들이마셔라. 내 안에 원래부터 자리하는 힘이 내가 가고 싶은 곳으로 가도록 도와줄 것이다. 위대함이 기다리고 있다!

연습 2. 정체성을 축하하라

위대함의 여정을 시작할 때만 해도 나는 자동으로 반응했고, 두려움과 불안으로 가득했다. 내 정체성은 트라우마와 시련의 경험이 가득한 과거를 바탕으로 쌓은 것이었다. 그래서 나는 트라우마를 치유하고, 두려움을 극복하고, 새로운 정체성을 만드는 노력을 의도적으로 해야만 했다. 치유의 길에서 한 걸음을 크게 내디디게 해준 것은 바로 수용이었다. 나는 지금 있는 그대로의 나도, 앞으로 되어갈 나도, 그 사이의 나도 전부 사랑하기로 마음먹어야만 했다. 완벽하지 않다고 심하게 자책하는 것을 그만두고 해로운 생각에서 나를 지키는 구체적인 행동을 취해야 했다.

생각이 정체성을 만든다. 사랑스럽고 긍정적인 관점으로 자신
생각이 정체성을 만든다. 을 바라보아야만 원하는 정체성을 만들 수 있다. 오늘 시간을 내서 부정적인

것들로 가득한 마음을 깨끗하게 청소하고, 지금 있는 그대로의 나를 축하하자.

1단계: 부정적인 생각 대체하기

부정적인 생각은 에너지를 빨아먹는 흡혈귀이고 의미 있는 사명과 업무 성과에 영향을 끼친다. 가장 중요한 것은 인간관계에까지 영향을 준다는 사실이다. 부정적인 생각을 멈추는 가장 좋은 방법은 일단 찾아내 수면으로 끌어올리고 인정하는 것이다. 부정적인 생각을 억누르지 않는다니 잘못된 방법처럼 느껴질지도 모른다. 하지만 그것은 정체성의 적과도 같아서 꽉꽉 억누르거나 '나중'을 기약하며 옆으로 치워두면 점점 더 강해지고 커진다. 이 단계에서는 당신이 마음의 문을 닫거나, 자동으로 반응하거나, 방어적인 태도를 보이거나, 스스로를 고립시키는 생각과 감정이 무엇인지 찾아본다.

일기장이나 종이 한 장을 꺼낸다.

- 습관적으로 나타나는 부정적인 생각과 감정을 찾는다.
- 스스로에게 물어본다. 이 생각이나 감정이 풍요의 정체성에 도움이 되는가?
- 부정적인 생각을 풍요의 마인드셋으로 재구성한다.

다음과 같은 표를 그리고 빈칸을 채운다. 어떻게 하면 되는지 이해를 돕기 위해 예시를 제공한다.

부정적인 생각과 감정	생각의 재구성
나는 너무 엉망진창이다. 이런 내가 다른 사람들을 도울 수 있을 리 없다.	나는 부정적인 경험을 한 사람들에게 공감해주고 도와줄 준비가 되어 있다.
나는 새로운 것을 시작하기에는 너무 나이가 많다. 이미 기회를 놓쳤다.	이만큼 나이를 먹은 덕분에 내가 겪은 어려움을 나보다 어린 사람들이 피하도록 도와줄 수 있다.
나는 절대로 주변 사람들을 따라잡지 못할 거야. 다들 나보다 훨씬 앞서 있어.	나에게 중요한 것은 오로지 내 경험이다. 나는 내가 원하는 곳으로 데려다줄 새로운 성장의 길을 걷고 있다.

우리가 경험하는 많은 생각과 감정이 진정한 자아에 속하지 않는다. 과거의 트라우마를 통해 만들어졌거나 두려움에서 나온 상상이다. 그림을 그리려고 앉은 화가가 인스타그램에서 자신의 그림을 보고 사람들이 뭐라고 말할지 상상한다면 절대로 붓을 들 수 없을 것이다. 보스턴 마라톤 대회에 참가한 선수가 대학 시절의 코치에게 들은 패배자라는 말을 계속 떠올린다면 결코 완주하지 못할 것이다.

가장 진정한 정체성은 자신을 비판하지도 실망하지도 않는다. 나를 사랑하고 친절하게 대하고 격려하는 것이 진정한 본질이기 때문이다. 스스로 가치 없고 이대로 충분하지 않다는 생각으로는 절대로 살아남지 못한다.

2단계: 나를 찬양하기

나는 가치 있다.

나는 위대한 삶을 살 자격이 있다.

나는 중요하다.

나는 선물이다.

자신이 경이로운 존재임을 찬양하는 시간을 가져보자. 자신에 대해 생각할 때 마음에 드는 점을 적어본다. 무엇이든 좋다! 마음에 드는 점을 모두 적어보자. 길게 설명할 필요는 없지만 구체적이어야 한다. "나는 데드리프트(웨이트 트레이닝 운동 중 하나)를 잘한다"라고 하지 말고 "나는 중량에 주눅 들지 않고 데드리프트를 잘한다"라는 식으로 마음에 드는 이유를 좀 더 깊이 들어가보자. 그다음에는 자기 찬양이 치유와 의미 있는 사명으로 나아가는 여정에 어떻게 도움이 될 수 있는지 생각해본다.

예를 들면 다음과 같다.

리스트를 작성하여 눈에 잘 띄는 곳에 둔다. 핸드폰으로 사진을 찍어두고 늘 가지고 다녀도 된다. 일기장에 끼워두거나 냉장고에 붙여놓을 수도 있다. 잘 보이는 곳에 둔다. 습관처럼 부정적인 생각이 슬금슬금 다가올 때 이 리스트가 당신의 가치를 일깨워주고, 생각의 중심을 다시 잡아줄 것이다.

나는 나의 이런 점을 찬양한다	의미 있는 사명과 풍요의 정체성에 어떻게 도움이 될까
나는 중량에 겁먹지 않고 데드리프트를 잘한다.	장애물을 데드리프트에 추가되는 플레이트라고 생각한다면 겁먹지 않고 자신 있게 앞으로 나아갈 수 있을 것이다.
나는 친구들을 격려해주고 필요할 때 옆에 있어 주는 좋은 친구다.	나 자신을 친구처럼 생각하면서 격려해주고 위기에 놓였을 때 도와주려고 한다.
나는 짜증이 날 때도 만나는 모든 사람에게 친절하게 대하는 내가 좋다.	완벽하지 못하다는 이유로 자신에게 화가 날 때도 나는 나에게 친절하게 대할 힘이 있다. 타인에게 친절할 수 있다면 나에게도 친절할 수 있을 것이다.

3단계: 미래의 내가 지금의 나에게 편지 쓰기

이제 2단계에서 느낀 긍정적인 감정을 되새기면서 미래의 내가 지금의 나에게 보내는 편지를 쓴다. 몇 년 후의 내가 치유와 성장의 여정을 막 출발한 지금의 나에게 편지를 쓰는 것이다. 이 편지에서는 하고 싶은 말을 전부 다 할 수 있다. 시작에 도움이 될 만한 아이디어를 몇 가지 알려주겠다.

- 미래의 강한 정체성을 만들어준 일상의 행동을 실천한 나에게 고마움을 전한다.
- 힘든 치유의 과정을 시작한 나에 대한 자랑스러움을 표현한다.
- 지금의 내가 자랑스러운 이유를 말한다.
- 포기하지 않고 노력해줘서 고맙다고 한다.
- 극복해야 했던 장애물들을 언급하고 극복한 것을 축하해준다.
- 내가 이겨낸 중독이나 해로운 행동을 언급한다.
- 내가 세워놓은 루틴에 고마움을 전한다.
- 이 과정을 계속해나가도록 자신을 격려한다.
- 새로운 정체성을 쌓기 위해 받아들여만 하는 일관적인 행동이 무엇인지 알려주면서 지금의 나를 인도한다.
- 지금의 내가 미래의 나를 위해 의미 있는 사명을 지지해준 것을 축하해준다.

편지를 쓸 때는 직감을 따른다. 가고 싶은 곳으로 가려는 지금의 나를 칭찬해주면 된다. '나는 대단하다.'

그 사람이 바로 나

앞에서 했던 말을 기억할 것이다. 내 삶을 바꿀 수 있는 사람을 찾고 싶으면 거울을 보라. 내가 원하는 것을 나에게 줄 수 있는 사람은 세상에 단 한 명, 바로 나뿐이다. 그리고 나는 그 일을 매일 기

> **내가 원하는 것을 나에게 줄 수 있는 사람은 세상에 단 한 명, 바로 나뿐이다.**

꺼이 해야 한다. 그래서 자신을 받아들이고, 노력을 칭찬하고, 부정적인 생각을 재구성하는 것이 중요하다. 당신은 지금 위대함으로 가는 길에 있다. 기술을 발전시켜라. 불안감을 인정하고 능력을 칭찬하라. 매일 실천하라. 힘을 쌓아라. 지금 당신은 승리에 필요한 모든 것을 가지고 있다.

연습 3. 영감 탐색기

우리는 영감이라는 말을 자주 하지만 너무 가볍게 쓰일 때가 많다. 진정한 영감은 새로운 정체성을 만드는 여정에 필수적이다. 영감은 더 멀리 볼 수 있는 날개를 주고, 더 많이 배우고 더 좋은 삶을 살 수 있게 해준다. 나는 온라인(예: 온라인 코치 등)에서나 오프라인에서나 영감을 주는 사람이 있으면 삶의 즐거움과 자신의 영향력도 커진다고 진심으로 믿는다. 이 연습법은 누가 영감을 주는지부터 어떤 점을 어떻게 활용할 수 있는지까지 생각해보게 한다.

1단계: 영감 리스트 만들기

이 단계에서는 자신이 존경하는 사람들을 떠올리고 누가 영감을 주는지 생각해본다. 부모, 형제, 친구, 선생님, 온라인 코치, 작가, 연예인, 유명인 등 누구나 가능하다. 약간 의문이 들어도 떠오르는 대로 자유롭게 모두 적는다. 자신에게 영감을 주는 사람이면 된다.

- 영감을 주는 사람들의 목록을 작성한다.
- 왜 영감을 주는지 각각의 이름 옆에 한두 문장으로 적는다.

당신이 존경하는 사람이 누구이고, 그 이유가 무엇인지 알아보면 스스로 원하는 모습이 무엇인지 알 수 있을 것이다.

2단계: 시각화하기

이번에는 스스로 발전시키고 싶은 특징들을 나열하여 구체성을 더해본다. 1단계의 리스트에서 그 사람들이 어떤 존경할 만한 자질을 가졌는지 살펴보면 도움이 될 것이다.

- 내가 되고 싶은 사람을 시각화한다.
  - 내가 되고 싶은 나는 어떤 자질이나 특징을 가지고 있는가?
  - 그 자질이나 특징이 의미 있는 사명에 어떤 도움이 되는가?

- 미래의 자신을 시각화하면서 다음에 대해 생각한다.
  - 나는 의심이 많은가, 아니면 자신감이 넘치는가?
  - 나는 자신에 대해 어떻게 생각하는가?
  - 나는 두려움이 가득한가, 아니면 두려움이 없는가?

- 또 어떤 감정을 느끼는가?

　• 1단계에서 적은 사람들에게도 똑같은 질문을 떠올려본다.
　　- 그들은 자신에 대해 어떻게 생각할까?
　　- 그들은 확신이 없을 때도 목표를 추구하는가?
　　- 그들은 문제나 장애물에 어떻게 대처하는가?
　　- 그들은 어떻게 자신에게 동기를 부여하는가?

준비되었으면 종이, 일지, 메모 앱(지금쯤 정해진 방법이 있을 것)에 원하는 자질 및 특징을 기록한다.

3단계: 다음 문장을 사용해 명상하기

이제 당신이 쌓으려는 자질과 특징을 알았으니 그것들에 대해 명상하는 시간을 가져보자. 고요한 명상의 시간에 생각의 중심을 잡고, 새로운 목표를 중심으로 건강한 생각 패턴을 시작할 수 있다. 명상은 목표를 이루기 위해 실행하고 싶은 구체적인 단계를 발견하도록 도와준다. 조용한 순간에 많은 마법이 일어날 수 있다.

편안한 자세를 찾아 명상할 준비를 한다. 발이 바닥에 평평하게 닿는 자세가 가장 효과적이라고 하지만 자신에게 편안한 자세를 찾으면 된다.

1. 몇 번의 심호흡으로 명상을 시작한다. 숨을 들이쉬고 내쉬는 시간을 세어 호흡에 초점을 맞출 수도 있다. 일곱을 셀 때까지 들이마시고 여덟까지 세며 내쉰다.

2. 잠시 몸에 주의를 기울인다. 머리부터 발끝까지 마음속으로 훑는다. 팔과 발을 의식하고 등과 손의 위치를 알아차린다. 긴장되거나 뭉친 부위가 있다면 (특히 턱이나 어깨) 긴장을 푼다.

3. 에너지, 생각, 감정을 살펴본다. 지금 느끼는 기분이 긍정적인가, 부정적인가? 피곤한가, 힘이 넘치는가? 배고픈가, 배부른가? 정답은 없다. 그냥 관찰하는 시간이다.

4. 감사하는 시간을 가진다. 삶에서 감사한 것 세 가지를 떠올리고 한 번에 하나씩 집중해본다.

5. 다음의 문장 중에서 하나를 선택해 3~5분 정도 명상한다. 의식적으로 마음을 열어 새로운 생각이 들어오게 할 수도 있다. 잠시 마음이 흐트러져도 괜찮다. 다시 문장으로 돌아와 명상을 계속하면 된다.

- 이번 주에 영감을 준 것은 무엇인가? 그 이유는?
- 이런 자질과 특징을 갖추면 삶이 어떻게 나아지거나, 어떻게 기쁨이 늘어날까?
- 이런 자질과 특징이 풍요의 정체성을 만드는 데 어떤 도움을 줄까?
- 이런 새로운 자질이나 특성이 의미 있는 사명에 어떤 도움을 줄 수

있는가?

- 이런 새로운 자질이나 특성을 적용할 수 있는 부분이 하나 있다면 무엇인가? 그리고 어떻게 연습할 수 있는가?
- 의미 있는 사명 선언문을 반복하면서 명상한다. 내가 나의 가장 진실하고 가장 고결한 자아와 일치하는 방식으로 세상을 살아갈 때 의미 있는 사명을 완수하고, 사람들을 돕고 풍요를 끌어당기고, 나 자신을 위한 긍정적인 기회를 만들 수 있다.

명상은 신경계를 진정시키고 뇌가 계속해서 현재의 순간으로 돌아오도록 훈련한다. 부정적인 생각과 싸울 때나 가능성을 제한하는 압도적인 믿음을 물리칠 때 유용한 기술이다. 새로운 정체성을 계속 쌓아나갈 때는 꼭 명상을 위한 시간을 내야 한다. 명상은 영감을 주고 평화로우며 아름답다.

나도 영감을 줄 수 있다

자신을 치유하고, 해로운 생각을 없애고, 새로운 정체성을 구축하는 용기가 있다면 다른 사람들도 똑같이 하도록 영감을 줄 수 있다. 당신의 영향력은 마치 잔물결처럼 접촉하는 모든 사람에게 퍼져나간다. 새로운 정체성을 구축하는 것은 힘든 일이지만 당신이 누군가에게 영감을 받았듯이 목표를 세우고 성취하는 당신의 조용한 끈기도 남들에게 영감을 줄 것이다. 당신이 누구인지, 무엇을 하고 있는지, 어떤 위치에 있는지는 중요하지 않다. 당신은 영감을 주려고 이 자리에 있다. 계속 나아가라.

자신을 치유하고, 해로운 생각을 없애고, 새로운 정체성을 구축하는 용기가 있다면 다른 사람들도 똑같이 하도록 영감을 줄 수 있다.

보너스 연습: 만트라 만들기

나는 달리기를 할 때 금방 그만두고 싶어진다. 멈추고 싶거나 피로가 느껴지면 속으로 만트라를 반복한다. '나는 빠르다. 나는 건강하다. 나는 자유롭다. 달리는 걸음마다 나는 빠르고 건강하고 자유롭다.' 그러면 달리면서도 피로가 사라지고 고통도 줄어드는 것 같다. 그리고 속도가 좀 더 빨라지기 시작한다. 생각과 행동은 서로 밀접하게 연결되어 있다. 이 연습은 풍요의 정체성을 구축하는 데 도움이 되는 만트라를 만들게 해준다.

- 가장 원하는 것을 적는다. 사업 성공, 연애, 세계 최고의 레몬 전문가 되기 등 아무거나 상관없다.
- 옆에 긍정적인 문장을 쓴다.
- 가장 원하는 것을 이미 가지고 있다고 상상해본다.
  만약 '사랑하는 사람을 만나고 싶다'라고 적었다면 옆에 '나는 사랑받을 만한 사람이다. 나는 사랑받고 있다'라고 적는다.
- 문장을 몇 단어로 줄여서 짧고 기억하기 쉬운 만트라를 만든다.

다음은 만트라를 만드는 몇 가지 팁이다.

- 만트라는 일인칭이어야 한다. '나는' 또는 '나의' 같은 말로 시작한다.
- 만트라는 구체적이어야 한다.
- 만트라는 부정적인 말 없이 긍정적으로 만들어야 한다.

이 공식을 사용하여 장애물을 극복하거나, 어려운 상황에 대처하거나, 부정적인 생각에서 벗어나 긍정적으로 생각할 필요가 있는 일에 대한 만트라를 만든다. 그리고 나처럼 필요할 때마다, 한 걸음 걸을 때마다, 숨을 내쉴 때마다 만트라를 반복한다. 만트라는 바로 이 순간의 부정적인 생각을 바꿔주는 효과가 탁월하다.

Chapter 11

움직이는 마인드셋 사이클

지금 이 책을 내려놓고 욕실로 가서 거울을 본다면 무엇이 보일까? 언제나 보아왔던 모습의 자신이 보일 것이다. 물론 오늘의 모습 그대로 보일 것이고, 바로 앞장의 연습법을 실천한 후에 일어난 미세한 변화가 눈에 띄지는 않을 것이다. 하지만 인생의 여정에서 변화는 매분, 매시간, 매일 일어난다.

누군가를 오랜만에 만났다고 해보자. 20년 동안 보지 못한 어린 시절 친구일 수도 있고 과거의 연인일 수도 있고, 어렸을 때 이후로 처음 만나는 친척일 수도 있다.

그런 경우라면 급격한 차이를 알아차릴 수 있을 것이다. 우리가 기억하는 과거의 그 사람은 온데간데없이 사라졌다. 기억 속의 그 사람은 더 젊었을 수도 있고, 머리숱이 더 많았거나 머리 스타일이 달랐을 수도 있고, 옷 입는 스타일이 예전과 달라졌을 수 있다. 심지어 자세나 걸음걸이, 말투가 달라졌을지도 모른다.

아이러니하게도 타인은 변화가 한꺼번에 일어나는 것 같은데 자신의 변화는 몰래 슬금슬금 다가오는 것처럼 느껴진다. 한 방향으로의 움직임이 오랫동안 계속되어야만 자신에게 일어난 변화를 알아차리는 듯하다. 위대함의 추구에서 가장 중요한 것은 변화다.

앞에서 살펴본 것처럼 위대함은 과거의 고통을 치유하고 예전과 다른 더 나은 나로서의 정체성을 찾는 데서 나온다. 이런 변화는 시간과 노력, 에너지가 필요하다. 또한 마인드셋이라는 커다란 개념을 구성하는 세 가지 요소가 변할 수 있다는 사실을 아는 것도 필요하다. 마인드셋은 서로 겹치고 얽힌 세 가지 요소로 이루어진다.

- 나의 생각(내가 생각하는 방식)
- 나의 감정(내가 느끼는 감정)
- 나의 행동(내가 행동하는 방식)

위대함의 추구에서 가장 중요한 것은 변화다.

이 장에서는 이 요소들을 파헤칠 것이다. 하지만 이 세 가지가 합쳐져 마인드셋에 영향을 미치는 이유를 먼저 살펴봐야 한다. 『당신도 초자연적이 될 수 있다(Becoming Supernatural)』를 쓴 조 디스펜자(Joe Dispenza) 박사는 부정적인 감정이 행동에 얼마나 강력한 영향을 미치는지 이야기한다. "만약 감정을 극복하지 못한다면 과거 속에서 사는 것입니다. 그게 바로 카르마입니다. 감정이 행동과 생각을 좌우하므로 미래는 과거와 닮게 될 것입니다."[106]

감정은 우리가 (상처나 트라우마가 일어난) 과거 속에서 살게 함으로써 현재의 행동에 영향을 미치고 미래의 성장을 가로막는다. 감정은 행동에 영향을 미친다.

의사소통 병리학자이자 인지신경과학자인 캐롤라인 리프(Caroline Leaf) 박사는 이런 말을 해주었다.

우리는 사건과 상황을 제어할 수는 없지만 자신의 마음을 관리하는 법을 배울 수는 있습니다. 살다 보면 코로나, 트라우마, 죽음 등을 겪게 되지요. 하지만 위대함은 우리가 마음을 관리할 때 우리 자신에게서 나옵니다. 은행에 수백만 달러가 있고, 유명한 슈퍼스타가 되는 것만 위대함이 아니에요. 마음이 평화롭거나 계속 성장하는 것이 위대함이지요. 한 인간으로서 만족스럽다면 그게 바로 위대하다는 뜻입니다.[107]

특히 충격적이거나 부정적인 사건일수록 우리 안에 감정을 일으킨다. 그 감정은 생각으로 이어진다. 관리하지 않으면 생각이 행동을 부정적으로 통제한다.

세계적으로 유명한 래피드 트랜스포메이셔널 테라피(Rapid Transformational Therapy) 트레이너인 마리사 피어(Marissa Peer)는 다음과 같이 말한다.

> 당신이 생각하는 모든 것은 현실입니다. 믿어지지 않는다면 이걸 한번 생각해보세요. 뭔가 창피한 일에 대해 생각하면 얼굴이 붉어지죠. 슬픈 생각이 들면 눈에 눈물이 가득 고이고요. 맛있는 음식을 생각하면 배에서 꼬르륵 소리가 납니다. 섹시한 생각을 떠올리면 정말로 몸이 흥분할 수 있어요. 몸이 생각을 만듭니다. 여러분이 어떤 생각을 하든 몸은 그 생각을 현실로 만드느라 바쁩니다. 좋은 생각을 하면 당연히 더 좋은 신체 반응과 감정 반응이 나오겠죠.[108]

생각, 감정, 행동. 이 세 가지가 밀접하게 연관되어 있음을 알았을 것이다. 변화는 한꺼번에 일어나지 않는다. 생각이 행동이 되고, 감정이 생각이 되고, 행동이 또 감정으로 이어지고, 감정이 행동에 영향을 미치면서 시간이 지남에 따라 서서히 일어난다. 이런 식으로 계속된다. 그 연관성에 대해 좀 더 자세히 알아보자.

감정은 행동에 영향을 미친다.

생명의 순환

가치 있는 길로 가려면 행동이 필요하다. 분명 이런 생각을 한 적이 있을 것이다. '난 운동을 해야 해. 좀 더 건강한 식단을 추구해야 해. 다른 사람들의 말에 귀 기울여야 해. 소셜 미디어를 멀리할 필요가 있어. 그 사람에게 내가 먼저 손을 내밀고 화해해야 해.' 하지만 생각만으로는 위대함으로 이어지지 않는다.

감정도 비슷하다. '집에 혼자 있으면 밤에 외로워, 친절하지 않은 말을 한 게 부끄러워, 막히는 도로에서 앞으로 끼어든 운전자 때문에 화가 나, 나에게 그런 일을 해준 그 사람에게 고마워.' 이런 생각만으로는 행동이 바뀌지 않는다.

가치 있는 길로 가려면 행동이 필요하다.

생각에는 행동이 필요하다.

내적인 힘과 외적인 힘을 모두 다루어야 할 필요가 있다. 과거의 나(과거 치유하기)와 지금의 내가 되고 있는 사람(정체성 찾기)을 돌아보아야 한다. 과거의 어떤 부분을 치유할 것인지 알고 만들어나가려는 이상적인 미래와 위대함을 위한 새로운 정체성을 알아야 한다.

시간이 걸리는 과정이다. 방향도 계속 움직인다. 내가 움직이는 마인드셋 사이클이라고 부르는 그림을 한번 보자.

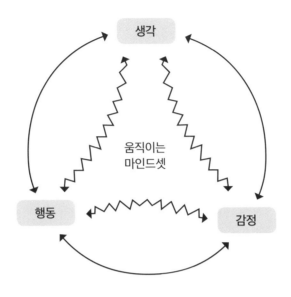

움직이는
마인드셋

그레이트 마인드셋은 당신의 생각과 감정, 행동이 합쳐지는 스
위트 스폿이다. 마인드셋 자체는 중립적이다. 긍정적일 수도 있고
부정적일 수도 있다. 엉망진창일 수도 있고 깔끔할 수도 있다. 그
림의 두 가지 선이 그런 뜻이다. 들쭉날쭉한 선은 그레이트 마인드
셋의 반대를 뜻한다. 생각과 감정, 행동이 연결되어 있지만 성장과
위대함에 도움이 되는 방식은 아니다.

들쭉날쭉한 선이 작용할 때 당신의 생각은 대체로 부정적이고
자기 파멸적이고 결과적으로 마인드셋이 위축된다. '나는 목표에
도달하기에 충분하지 않아. 나는 절대로 사람들이 원하는 파트너
가 될 수 없을 거야. 나는 새로운 도전을 할 때마다 실패해. 나 같

은 사람한테는 나쁜 일밖에 안 생겨.' 이런 생각들은 감정에 해롭고 부정적인 영향을 끼친다. 패배감과 무력감, 고착감, 불안감, 초라함, 정체감을 느끼게 한다. 이런 감정을 느끼면 행동에 필요한 의욕이 샘솟을 리 없다. 부정적인 마인드셋이 모두 부질없는 일이라고 말하기 때문이다.

반면 확장과 성장을 가져오고 결국 위대함으로 이어지는 순환이 있다. 바깥쪽

기회를 보면 붙잡는다!

의 매끄러운 선은 모든 것이 부드럽게 흘러가는 그레이트 마인드셋을 나타낸다. 대부분 좋고 긍정적이고 감정을 북돋워주는 생각들로 이루어진다. 다시 말해서 자신감과 안정감, 긍정감, 기대감을 느끼면서 생각이 매끄럽게 흘러가는 것처럼 보인다. 이런 감정들은 행동에 영향을 준다. 기회를 보면 붙잡는다! 목적이 있는 행동을 한다. 투지와 결단력으로 장애물을 헤쳐 나간다. 그리고 성공을 거두면 내가 해냈다는 새로운 긍정적인 생각들이 넘쳐난다. 내가 장애물을 극복했어. 나는 장애물을 통해 성장했어. 그 상황에서 예전처럼 반응하지 않았어.

올바른 생각은 더 나은 행동을 만들고 더 나은 감정으로 이어진다.
올바른 감정은 더 나은 행동을 만들고 더 큰 생각으로 이어진다.
올바른 행동은 더 나은 생각을 굳히고 더 나은 감정으로 이어진다.

생각과 감정, 행동의 긴장감을 헤쳐 나가는 것이 가장 힘들다. 패들보드(서프보드)에 서서 균형을 잡으려는 것과 비슷하다. 물이 잔잔할 때는 균형을 잡고 서 있을 수 있지만, 파도가 거세지면 흔들릴 것이다. 노를 저으려고 하면 더 심하게 흔들릴 수 있다. 물속의 무언가와 부딪쳐 튕겨 나갈 수도 있다. 내면의 힘으로 배에 단단히 힘을 주고 버티고 서서 목표를 향해 계속 나아가야 한다.

마인드셋 사이클은 이런 식으로 작동한다. 하루하루에 영향을 미치는 생각과 감정, 행동을 끊임없이 알아차리고 미세하게 조정해서 안정감을 얻어야 한다. 이 세 가지 요소를 헤쳐 나가는 방법을 배우면 과거의 나에서 새로운 나로 서서히 옮겨갈 수 있다.

세 가지 요소를 잠금 해제하라

마인드셋을 이루는 세 가지 요소는 서로 복잡하게 얽혀 있으므로 한 번에 하나씩 풀어헤친 후 다시 합치는 것이 가장 좋다. 생각부터 시작해서 감정으로 넘어가고, 마지막으로 행동에 대해 살펴보도록 하자.

생각 사이클의 최적화

나는 생각과 싸우고 올바른 마인드셋을 찾으려고 무던히 애썼다. 오랫동안 내 머릿속에서는 내가 쓸모없고 멍청한 인간이고 나를 사랑해줄 사람을 다시 만날 수 없을 것이라는 목소리가 반복해서 들려왔다. 최악은 나만 그런 생각을 하는 줄 알았다는 것이다. 하지만 현실에서 거의 모든 사람이 비슷한 시련을 마주한다. 사람마다 머릿속에서 흘러나오는 거짓말이 다르고, 언제 왜 방아쇠가 당겨지는지도 다를 수 있지만 그 메시지가 파괴적이라는 것은 똑같다.

더 힘든 점은 머릿속에서 반복적으로 흘러나오는 그 목소리가 나의 목소리라는 것이다. 나 자신보다 신뢰하는 사람이 있는가? 그 목소리가 떠드는 말은 나에게 무게가 있을 수밖에 없고, 진실인 것처럼 느껴질 수밖에 없다.

조 디스펜자 박사는 말했다.

어떤 사람들은 아침에 일어나서 가장 먼저 하는 일이 문제에 대해 생각하는 것입니다. 이런 문제들은 뇌에 새겨져 있는 기억이고 특정한 사람, 특정한 사물, 특정한 시간과 장소 등 특정한 것들과 연결되어 있습니다. 이 문제들에는 제각각 그것과 관련된 감정이 있어요. 신체가 과거로 돌아갔으니 갑자기 불행하게 느껴지기 시작합니다. 생각은 뇌의 언어이고, 감정은 몸의 언어이지요.[109]

마지막 말을 잘 들었는가? 생각은 뇌의 언어이고, 감정은 몸의 언어다. 마인드셋 사이클은 이런 식으로 움직인다. 생각은 뇌와 이야기하고 감정은 몸과 이야기한다. 생각이 부정적인 쪽으로 기울어지거나 고통스러운 과거와 연결되면 현재 우리가 움직이고 행동하는 방식에 영향을 미친다. 나아가 우리의 미래와 우리가 어떤 사람이 되느냐에도 영향을 미친다.

이에 대해 조는 이렇게 설명한다. "어떤 사람들은 생각에 영향을 미치는 감정이 있습니다. 반면 어떤 사람들은 좀 더 분석적이어서 감정에 영향을 미치는 생각을 가지고 있지요. 하지만 감정과 생각은 순환의 고리입니다. 이것이 바로 생각의 고리지요."[110]

그렇다면 문제는 어떻게 생각의 순환을 바꿀 것인지이다. 이것은 정체성과 직결되므로 반드시 답해야 할 중요한 질문이다. 올바른 생각, 감정, 행동은 우리가 되고 싶은 사람이 되도록 이끈다. 잘못된 생각, 감정, 행동은 우리를 꼼짝 못 하게 가둔다.

올바른 생각, 감정, 행동은 우리가 되고 싶은 사람이 되도록 이끈다.

당신의 생각은 당신이 누구라고 말하는가?

우리에게는 생각과 교차하는 높은 수준의 정체성 질문이 있다. '나는 누구인가? 내 삶의 목적은 무엇인가? 나는 왜 여기에 있는가?

내 행동을 이끄는 것은 무엇인가? 나는 어떤 사람이 되고 있는가?'

이 질문들의 뿌리에는 어떤 생각이 자리한다. 지금까지 살펴본 것처럼 생각은 감정, 행동과 얽혀 있다. 그 사실을 인지하고, 할 수 있는 최선을 다해 생각에 좋은 영향을 끼치는 것이 중요하다. 위대함의 정체성과 일치하지 않는 생각을 거부하고, 일치하는 생각은 받아들여 견고하게 하는 방법을 배워야 한다.

『채터, 당신 안의 훼방꾼』을 쓴 이선 크로스 박사가 훌륭하게 설명한다.

> 갑자기 떠오르는 생각을 통제할 수 없지만 우리가 통제할 수 있는 것이 있습니다. 갑자기 수면 위로 올라온 생각에 어떤 식으로 관여할지는 정할 수 있습니다. 생각에 잠기는 쪽을 선택할 수도 있고, 생각과 거리를 두거나 반박하는 쪽을 선택할 수도 있습니다. 사실 생각이 갑자기 떠오를 때 우리가 할 수 있는 일은 많아요. 그때 주도권을 행사할 수 있습니다.[111]

생각은 피할 수 없다. 하지만 우리에게는 마음대로 쓸 수 있는 그다지 비밀스럽지 않은 힘이 있다. 그 힘을 쓴다면 과거의 나를 지나쳐 새로운 나를 향해 앞으로 나아갈 수 있다.

위대함의 정체성과 일치하지 않는 생각을 거부하고 일치하는 생각은 받아들여 견고하게 하는 방법을 배워야 한다.

구조와 리더십이 없으면 군대가 순식간에 무너지는 것처럼 마음속 생각의 군대도 쉽게 무너뜨릴 수 있다. 하루에도 수십 번, 수백 번씩 머릿속에서 날뛰는 생각들은 거대할 수도 있고 사소할 수도 있다. 긍정적일 수도 있고 부정적일 수도 있다. 당신을 지지해줄 수도 있고 무너뜨릴 수도 있다. 가장 큰 꿈인 위대함에 다가가도록 도와줄 수도 있고, 발목을 붙잡아 계속 방관자처럼 살아가게 할 수도 있다. 위대함을 원한다면 생각을 정리해서 나를 위해 일하게 만들어야 한다.

생각을 관리하라

지금 당신은 이렇게 생각할지도 모른다. '말이야 좋은데, 생각이 나를 위해 일하게 하는 방법이 뭔데?' 내가 그동안 이 주제에 대해 전문가들을 인터뷰하면서 배운 것이 있다.

우선 마음의 문 앞을 지키고 서서 나쁜 생각은 쫓아내고 좋은 생각은 들여보내는 '생각의 문지기'를 만들어야 한다. 이 개념을 알려준 작가이자 동기부여 강연자 멜 로빈스(Mel Robbins)는 "나는 마음이 나를 위해 일하도록 쉬지 않고 훈련합니다"라고 말했다.

> **위대함을 원한다면 생각을 정리해서 마음이 나를 위해 일하게 만들어야 한다.**

266

어떻게 하면 될까? 망상활성계(Reticular Activating System, RAS)라는 힘을 이용하면 된다. 멜은 다음과 같이 설명한다.

> 뇌에 그물망이 있다고 상상해보세요. 그런데 이 그물망은 전기의 특성이 있습니다. 살아 있다는 뜻이죠. 망상활성계가 하는 일은 딱 한 가지예요. 그 일은 바로 여러분을 둘러싸고 있는 정보의 99퍼센트를 차단하고, 지금 이 순간에 알아야 할 1퍼센트만 들여보내는 것입니다. 여러분의 망상활성계는 아주 엄중한 임무를 맡고 있습니다. 나이트클럽의 바운서처럼 "당신은 입장 불가입니다"라고 말하는 거지요.[112]

이 원리가 생각에 적용되는 방식은 매우 흥미롭다. 멜은 망상활성계가 입장을 허가하는 생각은 네 가지 유형이라고 설명한다. 우선 세 가지는 자신의 이름, 안전 위협, 타인이 보이는 관심이다. 우리가 방식을 바꿀 수 있는 것은 네 번째 유형의 생각이다.

> 이건 모든 사람이 꼭 알아야 하는 수십억 달러의 값어치가 있는 정보입니다. 당신의 뇌에 있는 바운서는 당신이 중요하다고 생각하는 것을 전부 들여보냅니다. 만약 우리가 의식적으로 뇌에 무엇이 중요한지 이야기해주면 뇌는 말 그대로 "어서 들어와!" 하겠죠. 그런데 이런 방식에는 단점이 있어요. 만약 당신이 지난 10년 동안

스스로 나쁜 사람이라고 말했다면 뇌가 무엇을 중요하게 여길지는 안 봐도 뻔하겠지요?[113]

내 머릿속에서 수년 동안 반복되었던 목소리를 기억할 것이다. '난 가치 없고 멍청하고 사랑받을 수 없는 사람이야.' 한마디로 나는 내 망상활성계가 그런 생각을 더 많이 들여보내도록 훈련한 것이다. (비록 의도적인 것은 아니었지만) 스스로 그런 사람이 되도록 정체성을 만들고 있었다.

멜은 설명했다. "자신에 대해 하고 싶은 생각을 의식적으로 떠올리면 뇌가 들여보내고 퇴짜 놓는 생각이 실시간으로 바뀝니다."[114] 생각은 감정, 행동과 이어져 있다. 우리를 약하게 만드는 생각이 부정적인 행동으로 이어진다. 그 악순환의 고리를 깨뜨리는 방법은 멜이 '자신과 하이 파이브 하기'라고 부르는 것이다. 그녀는 다음과 같은 과제를 제시한다.

당장 내일부터 아침에 일어나 이부자리를 정리하고 신경계를 안정시킨 후에 먼저 의도를 정하고 자신에게 하이 파이브를 하세요. 신경계가 진정된 상태에서 분명한 의도를 가지고 이렇게 하면 아침의 루틴이 완전히 다르게 세팅됩니다. 지지와 사랑, 축하를 받는 것처럼 기분이 고양됩니다.[115]

움직이는 마인드셋 사이클을 방해하는 부정적인 생각들을 밀어내고 생각의 문지기를 다시 프로그래밍해야 한다. 매일 아침 거울을 보면서 자신과 하이 파이브를 하고 긍정적인 생각들만 들여보내라. 긍정적인 생각이 긍정적인 감정이 되고 긍정적인 행동이 된다.

가브리엘 번스타인(Gabriel Bernstein)은 『그냥 오는 운은 없다(Super Attractor)』라는 책에서 '다시 선택하기'라는 방법으로 생각을 다스릴 수 있다고 설명했다. "첫 번째 단계는 부정적인 생각을 알아차리는 것이다. 반복적으로 떠오르는 부정적인 생각이 어떤 감정을 느끼게 하는지 알아차린다."[116] 처음에는 알아차리기 쉽지 않아서 많은 연습이 필요하지만 머지않아 습관으로 자리 잡는다.

두 번째 단계는 다음과 같다. "그 생각을 떠올린 자신을 용서하라. 그런 생각을 한 자신을 용서하면 더 이상 그 생각과 자신을 동일시하지 않게 된다."[117] 이렇게 하면 부정적인 생각이 개인의 정체성과 분리되므로 멀리 두고 바라볼 수 있다. 세 번째 단계는 "재미있는 부분이다. 지금 내가 떠올릴 수 있는 가장 기분 좋은 생각은 무엇인지 생각하고 다시 선택한다." [118]

오래 기억에 남도록 예를 하나 들어보겠다. 가지지 못한 것들 때문에 걱정이 많아서 이기적으로 행동하고, 풍요로움의 마인드셋이 아니라 결핍의 마인드셋을 가지고 있다고 해보자. '다시 선택하기'는 대본을 뒤집어 다른 사람들을 돕는 일에 초점을 맞추게 한다. 당신은 사람들에게 나눠줄 돈이나 시간은 없을지도 모르지만, 마음의 문을 열고 시간과 에너지를 나눌 수 있다. 유모차를 들고 계단을 오르는 사람을 도와줄 수도 있다. 이런 행동을 통해 자신의 가치를 느낀다. 다른 사람의 삶에 가치를 더해주었으므로 스스로 가치 있다고 느껴진다. 하루에 이런 순간을 많이 만들수록 당신은 백만 달러가 생긴 기분을 느낄 것이다. 생각에 관한 비밀을 하나 알려주겠다. 수중에 백만 달러가 없어도 백만 달러가 있는 기분을 느낄 수 있다.

감정

우리는 항상 감정을 느끼므로 감정을 느낀다는 것이 어떤지 잘 알고 있다. 감정 자체는 좋지도, 나쁘지도 않다. 온도계가 그냥 온도를 알려줄 뿐인 것처럼 감정은 그 순간 마음속에서 무슨 일이 일어나고 있는지 말해준다. 하지만 온도계가 온도만 알려주는 것과 달리, 우리의 감정과 기분은 과거에 일어난 일이나 미래에 일어날 수 있는 일들과도 연관되어 있다. 그래서 감정은 현재 일어나는 일에 엄청나게 큰 영향을 미친다.

댄 밀먼도 내 팟캐스트에서 말했다. "지금 여기에 집중하는 것에 힘이 들어 있습니다. 지금 여기는 현실의 순간이고, 이성의 순간입니다. 언제든 우리는 이 순간만큼은 감당할 수 있습니다."[119]

댄은 코스타리카에서 진행한 워크숍에 대한 인상적인 이야기를 들려주었다. 프로그램에는 집라인 타기가 포함되어 있었다. 그는 참가자 그룹을 데리고 숲 한가운데에 서 있는 거대한 나무를 둘러싼 나선형의 계단을 올라갔다. 그런데 한 여성이 눈에 띄게 초조해하는 것이 보였다. 그는 그녀에게 계단을 올라간 적이 있는지 물었다. 당연히 대답은 '그렇다'였다. "지금 우리가 하는 게 바로 그겁니다." 그의 말에 그녀의 긴장감이 누그러졌다. 일행은 가드레일에 둘러싸인 집라인 타는 꼭대기로 갔다.

댄은 그 여성의 불안감이 다시 발동했음을 알 수 있었다.

댄이 그녀에게 말했다. "우리가 여기에 이렇게 서서 다칠 가능성은 헬멧을 벗고 나무에 머리를 부딪치는 것뿐입니다." 그녀는 이 말에 미소를 지었다. 주의가 '지금 여기'로 돌아오자 감정도 다시 통제될 수 있었다. 마침내 그들은 집라인에 장비를 연결하고 플랫폼 가장자리에 섰다. 여성의 얼굴에 또다시 초조함이 가득했다. 이때 댄이 말했다. "지금은 무서워하셔도 됩니다. 적어도 지금 이 순간에는 적절한 감정이니까요."

댄은 이 일화에서 중요한 사실을 발견했다. "지금 이 순간에 집중하면 삶이 단순해집니다. 거대한 목적이나 평생의 목적, 20년 미래 계획 같은 게 아니라 지금 해야 할 일에 집중하는 것에는 힘이 있어요. 지금 나의 목적은 무엇인가요?"[120]

감정은 생각을 장악하고, 행동을 얼어붙게 하고, 지금 이 순간 위대함으로부터 멀어지게 할 수 있다. 그래서 우리를 자유롭게 하는 방식으로 생각을 처리하는 것이 중요하다.

뻣뻣하고 갇히고 가로막힌 상태

우리는 과거에 일어났던 일이나 미래에 일어날 수도 있는 일에 대한 걱정에 얽매인다. 그래서 현재를 누리지 못하고, 미래를 향해 자신 있게 나아가지도 못한다.

『감정이라는 무기(Emotional Agility)』의 저자 수전 데이비드(Susan David) 박사는 감정의 민첩성을 다음과 같이 정의한다.

> 감정의 민첩성은 건강한 인간이 되는 능력입니다. 그게 무슨 뜻이
> 냐 하면, 우리는 매일 수만 가지의 생각과 감정을 품어요. 외로움
> 이나 불안의 감정일 수도 있고, 그런 감정은 세상에서 나의 자리
> 에 대해 자신에게 하는 이야기가 되기도 합니다. 이런 생각과 감
> 정은 매일 있습니다. 스트레스와 모호함, 복잡함을 경험할 때일수
> 록 생각과 감정, 이야기가 더 많아지고 큰 힘으로 우리를 꽉 붙잡
> 습니다.[121]

신체적 민첩성은 빠르게 행동하고 반응할 수 있게 해준다. 신

체적으로 민첩하다는 것은 빠르고 효과적으로 움직인다는 뜻이다. 몸을 확 돌려서 새로운 기회를 잡고 위험도 피할 수 있다. 나는 운동선수일 때 신체적 민첩성이 큰 자산이 될 수 있도록 쉬지 않고 훈련했다. 감정을 건강하게 유지해서 감정의 민첩성을 기르는 일도 그만큼 중요하다. 어쩌면 더 중요할 수도 있다.

감정이 경직되고 방해받으면 위대함으로 나아갈 수 없다. 과거에 갇힌 채 감정이 요동쳐서 통제하기 어려워진다. 그리고 부정적인 생각과 자기 의심이라는 악순환에 빠진다.

수전은 우리가 부정적인 감정을 처리하는 세 가지 방법을 설명했다. 처음 두 가지는 '병에 담아두기'와 '곱씹기'다. 짐작되겠지만 병에 담아두는 것은 감정을 억누르거나 밀어내는 것을 말한다. 억지로 긍정적인 감정으로 표현하거나, 나쁜 감정을 무시하고 기분을 좋게 해주는 감정으로 대체하려고 한다. 이에 대해 수전은 이렇게 설명한다. "병에 담아두기는 어려운 감정을 경험할 때 옆으로 제쳐두는 것을 말합니다. 사실은 좋은 의도에서 그러는 거예요. 하루를, 인생을 잘 살아가기 위해서요. 하지만 이렇게 병에 담아두면 시간이 지남에 따라 행복도가 떨어지게 됩니다. 병에 담아두기만 하고, 감정적인 기술을 전혀 연습하지 않는다면 통제할 수 없는 상황에 어떻게 대처해야 할지 전혀 모르게 되죠."[122]

감정을 곱씹는 방법도 나쁘기는 마찬가지이다. 곱씹기는 감정을 끌어안고 불공평하다는 생각에만 사로잡히는 것을 말한다. 결과적으로 자신의 고통밖에 보이지 않게 된다.

병에 담거나 곱씹는 생각들은 모두 몸과 신경계에 큰 피해를 준다. 스트레스 호르몬이 마구 날뛴다. 나는 내면에서 스트레스와 불안이 쌓이는 것이 느껴지면 호흡에 집중한다. 고통 속에서 계속 머무르면서 병에 담거나 곱씹지 않고 몸과 호흡을 연결하려고 애쓰면서 온몸으로 호흡한다. 그러면 조금 진정이 되는데 그때 이렇게 물어볼 수 있다. '이것은 나를 지지해주는 감정 또는 생각인가, 아니면 내가 아직 해결하지 못한 과거와 관련된 것인가?'

가브리엘 번스타인은 이렇게 말한다. "혼란스러움을 알아차린 순간 잠시 옆으로 비켜서 이런 확언을 해보세요. '난 안전해. 그냥 숨을 쉬어 봐.' '나는 사랑받고 지지받고 있어.' 모든 방어쇠의 이면에는 안전하지 않다는 느낌이 있거든요."[123]

감정을 조사할 수 있는 안전한 공간을 만드는 법을 배우기 전까지는 안타깝게도 위대함과 거리가 먼 지금 상태에 갇혀 있을 수밖에 없다. '난 평생 돈을 많이 벌 수 없을 거야. 아무도 나를 사랑하지 않을 거야. 내 미래는 통제 불능이야. 난 절대로 목표를 이루지 못할 거야.' 이렇게 매번 똑같이 반복되는 생각이 결핍과 외로움, 두려움, 허무함의 감정을 일으킬 것이다. 하지만 바뀔 수 있고, 바뀔 것이다.

느끼고 앞으로 나아가라

고통 같은 감정은 중요한 목적을 수행하기도 한다. 무언가 잘못되었다는 것을 알려준다. 이에 대해 댄 밀먼이 훌륭하게 설명한다.

> 두려움은 훌륭한 하인이지만 끔찍한 주인이라는 말이 있어요. 두려움은 우리에게 도움이 될 수 있습니다. 만약 어떤 일을 하다가 다치거나 죽을 수 있는 육체적인 두려움이라면 두려움은 현명한 조언자일 수 있어요. "잠깐, 여기에서 멀어져. 넌 아직 준비가 안 됐어"라고 말해주는 거죠. 더 철저하게 준비하거나 예방 대책을 세울 수 있습니다. 하지만 바보처럼 보이거나 난처함이나 부끄러움, 어색함을 느낄지도 모른다는 주관적인 두려움을 느끼게 하는 일이라면 그냥 하세요. 두려움을 대하는 방식은 이렇게 두 가지가 있습니다. 언제 두려움에 귀 기울여야 하고, 언제 밀고 나가야 하는지 알고 있습니까?[124]

정말 좋은 질문이다. 만약 그레이트 마인드셋을 갖고 싶다면 이 질문에 스스로 답해야 한다.

두려움(다른 모든 감정도 마찬가지)은 무엇이 중요한지 명확하게 알려주는 필터일 뿐이다. 신체적인 위험에 대한 두려움이라면 현재 상황을 분석하고 앞으로 필요한 단계, 즉 안전을 지키는 방법을 찾으면 된다. 하지만 감정은 생사를 좌우하는 신체적으로 위험한 상황과 관련 없을 때가 많다. 대개는 우리를 위대함으로 나아가지 못하게 가로막는 정신적인 장애물이다.

첫째, 감정은 해결해야 할 문제를 뜻할 수 있다. 자동차 계기판에 엔진 점검등이 뜨는 것처럼 어떤 감정이 갑자기 튀어나오면 자세히 들여다봐야 한다는 뜻이다. 말하자면 후드를 열고 자세히 살펴봐야 한다. 두려움이 느껴지면 자신에게 그 이유를 물어볼 필요가 있다. 내가 두려워하는 것은 무엇인가? 댄 밀먼의 말처럼 타인의 시선, 즉 '견해라는 신'[125]을 걱정하는가?

이유를 알기만 해도 감정에 휩쓸리지 않고 이성적으로 생각할 수 있다. 저자이자 강연자인 니르 이얄(Nir Eyal)은 흥미로운 관점을 제공한다.

> 우리는 행복에 대한 비현실적이고 건강하지 못한 고정관념과 집착에 사로잡혀 있습니다. 대다수가 잘 모르지만 사실 인간은 끊임없이 행복하도록 진화하지 않았습니다. 오히려 인간은 끊임없는 동요 상태에 머물러야 합니다. 항상 더 많이 원하고 항상 불만족하고 문제를 고치려고 해야 합니다.[126]

불편한 감정은 중요하다. 고장 난 것을 찾아서 고치도록 밀어붙이기 때문이다.

니르가 그 방법에 대해 이야기한다. "내적인 방아쇠에 관한 생각을 바꿔야 합니다. 불편함의 목적에 관한 생각을 바꾸세요. 지루함, 외로움, 불확실함, 불안, 피곤함, 두려움 같은 불편한 감정이 선물이라는 사실을 이해하는 것부터 시작해야 합니다. 주의를 다른 곳으로 돌리고 불편함을 피하려고 하지 마세요. 불편한 감정은 추진력을 주는 로켓 연료로 사용할 수 있다는 점에서 선물입니다. 사람들 대부분은 외로움이나 지루함, 우유부단함, 두려움 같은 불편한 감정이 느껴지면 벗어날 방법만 찾으려고 하죠."[127]

심리학자 수전 데이비드 박사도 "감정은 지시가 아니라 데이터입니다"[128]라고 말한다. 우리는 감정이 움직이는 마인드셋 사이클과 조화를 이루게 하는 방법을 배워야 한다. 우리가 받는 데이터가 제대로 해석되고, 위대함의 목표로 향하게 해주는 생각과 행동으로 이어지도록 해야 한다.

둘째, 감정은 기회를 나타낼 수 있다. 우리는 흥분, 경이로움, 희망, 기쁨처럼 긍정적인 감정을 느낄 때 바로 저 앞에 꼭 발견해야 하는 뭔가가 있는 것처럼 활력이 넘쳐 앞으로 나아가게 된다.

반드시 알아야 하는 사실이 있다. 감정은 좋든 나쁘든, 긍정적이든 부정적이든 최종적인 것이 아니다. 위대함의 정체성을 만들려면 이 사실을 꼭 기억해야 한다.

직관과 직감을 바탕으로 신속하게 결정하고 싶을 때도 있다. '지금 화가 나니까 너랑 헤어질 거야. 24시간 만에 당신을 사랑하게 됐으니 당신과 결혼할 거야. 이 사업에 대한 기대감이 크니 시장 연구와 조사 없이 바로 시작할 거야.' 하지만 순간적인 느낌으로는 전체적인 그림을 그리지 못한다.

변화와 위대함으로 나아가려면 좋은 감정만으로는 역부족이다.

감정을 느끼되 행동을 취하기 전에 잠시 멈춰야 한다. 호기심을 갖고 그 감정에 대해 질문하라. 새로 사귄 연인에게 엄청난 설렘을 느끼는가? 그게 무슨 뜻일까? 새로운 사업에 대한 기대에 부풀었는가? 그게 무슨 뜻일까? 앞으로 나아가기 전에 이 질문을 자세히 살펴보자.

전문 댄서이자 댄스 경연 프로그램 「댄싱 위드 더 스타(Dancing with the Stars)」에서 여러 번 우승을 차지한 데렉 허프(Derek Hough)는 "감정은 우리에게 메시지를 전하기 위해 존재합니다"[129] 라고 말한다. 그는 감정이 느껴지는 것은 누군가 문을 두드리는 것과 같다고 한다. 문 두드리는 소리를 무시하고 바리케이드를 칠 수도 있을 것이다. 하지만 그러면 감정이 계속 쌓이고 언젠가는 쏟아져 들어온다. 감정이 찾아올 때마다 하나씩 안으로 들여보내 찬찬히 살펴보고 필요한 조치를 해야 한다.

감정은 왔다가 간다. 나쁜 감정도 영원하지 않지만 다루지 않으면 안 된다. 좋은 감정도 계속 이어질 수 없다. 변화와 위대함으로 나아가려면 좋은 감정만으로는 역부족이다.

수전 데이비드 박사는 병에 담아두고 곱씹는 습관을 버린 다음에는 '온화한 수용'이라는 필수적인 세 번째 단계가 있다고 말했다. 이것은 감정의 민첩성을 기르기 위해 꼭 필요하다. 수전은 온화한 수용을 이렇게 정의한다. "자신을 부정하거나 감정을 느껴서는 안 된다고 말하지 말고 연민과 친절로 대하는 것입니다. 이렇게 내가 든든한 내 편이 되어주면 탐험하고 위험을 감수하고 연약함을 드러내고 사랑을 주고 기꺼이 기회를 잡을 수 있습니다. 만약 일이 잘못되어도 스스로를 용서하고 친절하게 대할 것임을 알기 때문이죠."[130]

그것은 정말로 기분 좋은 일이다.

행동

이제 움직이는 마인드셋 사이클의 마지막 부분인 행동에 대해 살펴보자. 생각과 감정은 주로 당신의 머릿속에 있으므로 당신의 마음속에서 무슨 일이 일어나고 있는지 완전하게 아는 사람은 거의 없다. 하지만 당신의 행동은 주변의 모든 사람이 볼 수 있다.

감정은 우리가 되고 싶은 사람과 반대되는 방식으로 행동하도록 만들 수 있다. 우리는 우리가 되고 싶은 사람과 일치하는 방식으로 행동할 수도 있다. 우리는 이런 식으로 정체성을 조각한다.

니르 이얄은 "행동의 변화는 정체성의 변화입니다"라고 말한다.

좀 더 자세히 들어가 보자. 니르가 계속 설명한다. "자신이 누구인지에 대한 인식, 즉 정체성 또는 자아상은 미래의 행동에 매우 큰 영향을 미칩니다. 자아상은 뇌가 어려운 선택을 미리 할 수 있도록 도와주어 의사결정 과정을 간소화하는 인지적 지름길입니다."[131]

다시 말해서, 어떤 사람이 되고 싶은지 결정(위대함에 대한 나만의 정의, 의미 있는 사명)하면 그것이 자신의 정체성이 된다. 정체성이 분명해지면 행동은 더 쉽게 굳어진다.

하프 마라톤에 도전하고 싶다고 해보자. 기본적인 건강과 신체적 능력이 따라준다고 가정할 때, 훈련을 시작하기 전에 자신에 대한 어떤 믿음이 필요한가?

정체성으로 돌아가자. 언젠가 마라톤을 하고 싶은 것과 실제로 러너가 되는 것은 천지 차이다. 생각만 하는 러너에게는 훈련 계획이 없다. 그가 오늘 달리기를 하느냐, 하지 않느냐는 감정이 좌우한다. 하지만 '나는 러너다'라고 결정한 사람은 러너가 하는 행동을 한다. 달린다. 생각하고 말고 할 것도 없다. 하고 싶어야만 하는 것이 아니다. 그냥 무조건 한다.

그런 마음은 밖으로까지 퍼져나간다. 기분이 우울할 때 아이스크림을 먹고 싶은 유혹이 든다고 해보자. 러너는 아이스크림을 먹어도 될지 생각하지 않는다. 그는 그것이 마라톤 완주의 목표에 더 가까워지도록 해주는 행동인지 묻는다. 대답은 '아니오'다. 그것은 러너가 하는 행동이 아니니까. 이미 정체성이 결정되었으므로('나는 마라톤에 출전하기 위해 훈련하는 러너다') 아이스크림의 유혹이 아무리 강해도 행동을 결정하면 관리하기가 더 쉬워진다.

물론 지나치게 단순화한 설명이다. 생각과 감정을 얕잡아보는 것은 아니지만 원칙은 확고하다. 니르가 훌륭한 예시를 제공해준다.

> 자신에게 초집중 능력이 있다고 말하면 정말로 딴짓을 이겨내는 힘이 생깁니다. 이 말을 나에게 하는 것뿐만 아니라, 다른 사람들에게 하는 것도 나에게 힘을 실어주는 방법이에요. 예를 들어, 사람들이 당신에게 왜 그렇게까지 꼼꼼하게 시간을 계획하는지, 왜 연락에 곧바로 답하지 않는 '이상한' 행동을 하느냐고 물으면 이렇게 설명하세요. 당신에게는 초집중 능력이 있는데, 종교가 있는 사람들이 기도와 단식을 하듯, 그런 행동은 초집중 능력이 있는 사람들에게 흔히 나타나는 행동이라고요.[132]

당신은 어떤 사람이 되고 싶은가?

- 기업가? 기업가는 자신에 대한 어떤 믿음을 가지고 있는가?
- 더 좋은 친구? 좋은 친구는 어떻게 행동하는가?
- 참여 정신이 뛰어난 시민? 참여 정신이 뛰어난 시민은 어떻게 행

동하는가?

- 더 좋은 파트너? 좋은 파트너는 어떤 모습인가?
- 자신을 설명하는 방식에 일어난 작은 변화가 당신의 행동에 큰 변화를 가져올 수 있다.

행동은 말한다

자신이 누구인지, 어떤 사람이 될 것인지 우리가 스스로 하는 이야기는 매우 강력하다. 당신은 자신에게 무슨 이야기를 하고 있는가? 그 이야기가 당신의 정체성과 일치하는가?

가브리엘 번스타인은 말했다. "내가 나일 때는 그 무엇도 증명하지 않아도 됩니다. 나는 있는 그대로의 나에 대한 진실이니까요. 자신에 대한 진실이야말로 자신의 가장 멋진 부분이라는 것을 받아들이는 것이 자신감의 비결이라고 생각합니다. 그때 우리는 내가 아닌 다른 사람이 되려는 가식을 내려놓고 지금 이 순간 진정한 내가 될 수 있습니다."[133]

앞에서 이미 다룬 내용이지만 다시 짚어볼 필요가 있다. '당신은 어떤 사람이 되고 싶은가?' 정의할 수 있는가? 지금이라도 잠시 시간을 내서 당신이 원하는 정체성을 문장으로 쓰고 만트라로 만들 것을 추천한다. 그리고 당신이 하는 모든 일을 그 정체성과 일치시켜라.

세스 고딘은 다음과 같이 말했다.

> 그냥 이렇게 말하세요. "난 내가 하는 일에 열정을 가질 거야. 내가
> 하는 일이 나의 목적이야. 난 그 일을 위해 살아갈 거야. 난 그 일
> 을 위해 존재해. 난 그 일을 할 거야." 그래서 나는 오래전에 결정
> 했습니다. 내 열정과 목적은 특정 관객들에게 특정한 방식으로 특
> 정한 가르침을 주는 것이라고 말이죠. 하지만 나는 완전히 다른 사
> 람이 될 수도 있었어요. 목표가 달랐더라도 똑같이 열정이 넘쳤을
> 겁니다.[134]

일단 어떤 사람이 되고 싶은지 명확하게 알고 열정을 가졌다면 그 정체성을 강화하는 행동과 제한하는 행동이 무엇인지 알아야 한다. 제한적인 행동은 당신을 과거에 가둔다. 실패와 성공, 타인의 시선에 대한 두려움으로 돌아간다. 아예 행동하지 않거나 잘못된 행동을 하는 악순환에 갇혀 위대함으로 이어지지 못한다. 정체로 이어진다.

정체성을 굳혀주는 행동은 정체성과 일치하는 행동이다. 정체성과 일치하는 행동은 다른 행동과 아무런 차이가 느껴지지 않을 수도 있지만 분명 다르게 나타난다. 피곤해 죽을 것 같아도 자신도 모르게 운동화를 신고 달리고 있다. 정체성이 '나는 러너다'라고 말

하기 때문이다. 정체성이 '나는 기업가다'라고 말하면 밤마다 몇 시간을 투자해 부업을 준비할 것이다. 정체성이 '나는 원만한 결혼생활을 위해 헌신할 것이다'라고 말하면 과거의 고통스러운 감정이 드러날까 봐 불편해도 부부 상담을 받기로 한다. 정체성이 '나는 미래에 대한 주도권을 쥐고 있다'라고 말하면 과거의 실수에 대한 책임을 지고 앞으로 나아갈 것이다.

Tip. 위대함을 위한 연습 과제

위대함으로 가는 여정은 평생의 여정이지만 방금 읽은 내용을 지금 당신의 삶에 적용할 수 있다. 생각과 감정, 행동을 활용하도록 고안된 이 연습법이 도움이 될 것이다.

연습 1. 풍요의 매트릭스

강렬한 감정을 마주했을 때 스스로 할 수 있는 가장 좋은 일은 감정을 그냥 느끼면서 억누르고 싶은 충동을 물리치는 것이다. 지금까지 여러 번 강조했다. 감정을 억누르지 마라! 밖으로 끌어내라!

다음번에 강한 감정(흥분감 같은 좋은 감정도 포함)이나 부정적인 생각(또는 침입적인 생각)이 나타나거나 중요한 결정을 내려야 할 때 이 방법을 써보자.

1단계: 멈추고 호흡하기

감정이나 생각을 들여다보기 전에 먼저 신경계를 점검해보자.

- 똑바로 앉는다.
- 발을 바닥에 평평하게 놓는다.
- 적어도 1분 동안 심호흡을 한다. 차분하고 편안한 기분을 느끼려고 해본다.
- 강력하거나 계속 떠오르는 감정을 알아차린다. 막으려고 하지 말고 제3자가 되어 그저 관찰한다. 생각과 감정이 파도처럼 나를 덮치도록 내버려 둔다.
- 파도가 치는 해변에 서 있는 상상을 해본다. 밀려오는 파도에 몸이 살짝 휘청거릴 수도 있을 것이다. 하지만 당신은 그 힘을 견딜 수 있을 만큼 충분히 강하다. 감정과 생각의 파도는 당신을 넘어뜨리지 못할 것이다.

마음이 차분하게 가라앉으면 2단계로 이동한다.

2단계: 성찰하기

아무리 긍정적인 감정이라도 순간적인 흥분 때문에 방아쇠를 당겨서는 안 된다. 다음의 질문을 통해 감정과 생각을 탐구한다. 스스로 호기심 많은 제3자라고 생각한다.

- 나는 _____한 기분을 느낀다. 이 감정은 나에게 무엇을 보여주려는 것일까?
- 무엇 때문에 이런 감정이 느껴지는 것일까?
- 이 감정에 어떻게 반응해야 자랑스러울 수 있을까?
- 내가 지금 하려는 행동은 나의 의미 있는 사명을 지지하는가, 방해하는가?
- 이 감정이 나에게 도움이 되는가, 아니면 발목을 붙잡는가?
- 이 감정은 치유에서 나오는가, 상처에서 나오는가?
- 어떻게 하면 압도당하거나 얼어붙지 않고 이 감정을 처리할 수 있을까?
- 이 감정이 가져다주는 긍정적인 결과는 무엇인가?
- 이 감정은 나에게 무엇을 보여주려고 하는가? 무엇을 배울 수 있을까?
- 내 최고 버전의 자아는 이 감정에 어떻게 반응할까?
- 이 감정은 풍요의 정체성을 지지하는가?

이 질문들에 답할 때 호흡을 측정해본다. 지금은 마음의 문을 차단하거나 자동으로 반응하거나 방어적으로 굴 때가 아니다. 나는 지금 호기심 많은 제3자임을 기억하라.

어떤 행동을 촉구하는 확실한 증거 또는 정체성의 지표로 바라보지 않고 그저 감정을 평가하는 것이 목표다. 순간적인 감정에 근거하여 자신의 정체성을 파악하는 것을 멈출 수 있다. 진정한 치유를 원한다면 감정을 정체성의 토대로 삼아서는 안 된다. 감정이 제공하는 정보만 사용하라.

3단계: 풍요의 매트릭스 작성하기

감정에 대해 돌아보는 시간을 가졌으니 현재의 생각과 감정을 풍요의 매트릭스에 넣어볼 차례다. 화이트보드나 공책, 일기장 등 생각을 적을 공간이 충분한 곳에 이 매트릭스를 그린다.

	풍요의 정체성	중립의 정체성
사명에 중요함		
사명에 중요하지 않음		

이 매트릭스는 당신이 마음속 깊은 곳의 생각과 감정을 처리하고 싶을 때마다 도움이 될 것이다.

첫 번째 사분면(왼쪽 위)

풍요의 정체성에 속하고, 의미 있는 사명에 중요한 행동으로 이어지는 생각과 감정은 여기에 놓는다. 예를 들어, 당신의 의미 있는 사명을 도와줄 수 있는 사람과의 긍정적인 만남에 대한 흥분감이나 갈고 닦은 새로운 기술에 대한 자부심이 포함될 수 있다. 긍정적인 일들이 너무 빠르게 일어나서 어느 것을 먼저 추구해야 할지 고민스러울 수도 있다.

사명과 그 사명에 따라오는 풍요로움에 중요한 감정과 생각인지를 평가한다. 만약 답이 '그렇다'라면 이 칸에 넣는다.

두 번째 사분면(오른쪽 위)

의미 있는 사명에 꼭 필요하지만 중립적인 정체성에 속하는 감정과 생각이라면, 다시 말해서 중요하지만 특별히 풍요로움을 쌓아주지 않는다면 여기에 놓는다.

이런 감정의 예로는 정당한 분노가 있다. 만약 당신의 의미 있는 사명이 소외된 사람들을 돕는 것이라면, 그 분노를 내면화하지 않고 현재의 제도에 화를 내야 한다. 중립적이지만 사명에 중요한 생각의 또 다른 예는 "스페인어를 배워야 하는데 좀처럼 시간을 내기가 힘들다"가 있다.

지금 예로 든 감정들은 성찰 이전에는 해롭고, 결핍의 마인드셋으로 이어질 수 있다. 하지만 시간을 들여서 그 감정에 대해 살펴본다면 중립적인 성격으로 바뀔 수 있다.

세 번째 사분면(왼쪽 아래)

의미 있는 사명에 중요하지 않지만 풍요의 마인드셋을 가져다주는 생각이나 감정은 여기에 놓는다. 성찰 단계에서는 너무도 지치고 다 그만두고 싶은 마음이었을 수도 있다. 하지만 신경계가 진정된 지금은 한두 가지 활동을 내려놓고 기쁨의 공간을 만드는 것이 해결책임을 깨달았을지도 모른다. 이 깨달음은 당신의 사명에 중요하지 않지만 인생에 휴식과 행복을 위한 자리를 많이 만들어가면 풍요의 정체성이 길러진다.

네 번째 사분면(오른쪽 아래)

의미 있는 사명에 중요하지 않고 풍요의 정체성을 만들어주지도 않는 생각과 감정은 여기에 놓는다. 부정적인 감정이나 시간 낭비에 불과한 생각, 오래된 생각 패턴의 파편들이 해당할 것이다.

매트릭스를 만들면 결정을 내리고 행동을 취할 수 있다.

의미 있는 사명을 위한 우선순위는 왼쪽 위, 오른쪽 위, 왼쪽 아래, 오른쪽 아래 사분면 순이다. 오른쪽 아래의 사분면은 매우 유용하다. 이 사분면은 풍요의 정체성을 이어가기 위해 당신이 개인적으로 해야 할 일을 나타낸다. 당신이 의식적으로 제거해야 하는 것들이다. 이 사분면에는 만약 그대로 두면 중립적이고 제한적인 정체성으로 이어지는 생각과 감정이 들어 있다. 당신의 목표는 중립이 아니다. 당신은 위대함으로 나아가야 한다.

우리가 누구든, 무엇을 성취하든 부정적인 생각과 감정이 슬그머니 들어올 수밖에 없다. 풍요로움의 클럽에 들어오지 못하도록 재빨리 튕겨내 버려야 한다. 부정적인 생각을 가져오는 감정에서 치유되려면 문제를 일으키는 생각은 쫓아내야 한다.

여정에 대한 성찰

생각과 감정에 잘 대처하기 위해 밤마다 성찰하는 습관을 기르는 것도 좋다. 하루를 마무리하기 전에 몇 가지 질문을 하면 된다.

- 오늘 나는 생각에 잘 대처했는가?
  - 풍요의 마인드셋과 풍요의 정체성, 사랑의 정체성, 강력한 정체성에 속하지 않는 생각들이 떠올랐을 때 마음의 집에 머무르게 내버려 두었는가, 아니면 쫓아냈는가?
  - 나는 제한하지 않는 생각으로 마음의 집을 지켰는가, 아니면 생각을 제한하고 결핍의 마인드셋에 얽매이는 것을 허용했는가?

이 질문들에 대답할 때 자신을 가혹하게 비판하거나 불친절하게 대하지 마라. 그냥 데이터를 수집하는 것

위대함으로 가는 여정에서 스스로 코치가 되어줌으로써 의식적으로 자신과의 대화를 긍정적으로 만들자.

뿐이다. 스스로 코치라고 생각하라. 코치는 맡은 선수나 고객의 데이터를 수집하고 피드백을 주어 개선을 돕는다. 우리가 자신과 나누는 대화는 우리의 사명에서부터 건강, 인간관계에 이르기까지 모든 것에 영향을 미친다. 위대함으로 가는 여정에서 스스로 코치가 되어 의식적으로 자신과의 대화를 긍정적으로 만들자.

The
Greatness
Mindset

Part 5

4단계 : 위대함을 위한 게임 플랜

자신이 충분하다는 사실을 진정으로 받아들이기 위해서는 자신을 받아들여야 한다. 부정적인 감정은 배출하고, 이미 충분한 사람이라는 사실을 알고 살아가야 한다. 위대함을 향한 움직임은 결국 마음의 상태다. 세상이 당신을 외면하거나 불가능하다고 말해도 상관없다. 필요한 자원이나 타고난 재능이 없어도 되고, 앞에 그 어떤 장애물이 버티고 있어도 상관없다. 일을 끝내는 것은 단 한 사람, 바로 당신이기 때문이다.

그레이트 마인드셋과 그 정반대인 무력함 마인드셋을 비교해보면 유익하다. 이 둘이 서로 정반대라는 것은 단번에 알 수 있다. 의도적으로 새로운 방향을 선택하지 않는 한 당연히 무력함의 마인드셋으로 살아가게 된다. 그림에서 보듯 무력함의 마인드셋에 놓이면 선택의 여지가 별로 없고, 내일은 더 나으리라는 희망도 없이 아무것도 할 수 없다는 고립된 느낌에 빠진다.

하지만 그레이트 마인드셋이 주는 해방감을 가능하게 해주는 길이 있다. 내가 전환 지대라고 부르는 곳을 지나가야 한다. 이것은 해결이 필요한 문제를 발견하고, 무언가를 해야 할 필요성을 깨닫는 인식에서 시작한다. 그런 다음 우리는 행동하기로 한다.

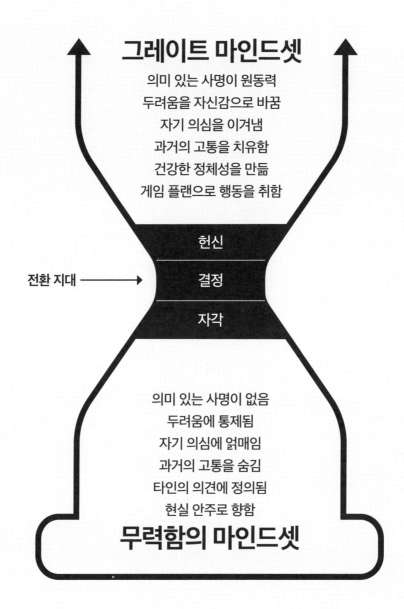

그레이트 마인드셋

의미 있는 사명이 원동력
두려움을 자신감으로 바꿈
자기 의심을 이겨냄
과거의 고통을 치유함
건강한 정체성을 만듦
게임 플랜으로 행동을 취함

헌신

전환 지대 ⟶ 결정

자각

의미 있는 사명이 없음
두려움에 통제됨
자기 의심에 얽매임
과거의 고통을 숨김
타인의 의견에 정의됨
현실 안주로 향함

무력함의 마인드셋

마지막으로 그 어떤 시련이 닥쳐도 계속해나가는 헌신이 필요하다. 이때 위대함을 위한 게임 플랜이 활약한다.

전환 지대를 이해하기 위해 가장 중요한 것은 그 과정이 절대 쉽지 않다는 것을 아는 것이다. 그림에서 보듯 다른 마인드셋으로 옮겨갈 때 길이 좁아질 수 있다. 하지만 마인드셋을 옮겨가 계속 실천한다면 풍요로움의 선택지가 열려 있다. 그러면 당신의 잠재력을 막을 수 없다. 곧 모든 세상이 당신 안의 위대함을 보게 될 것이다! 당신이 전환 지대를 무사히 헤쳐 나가서 무력함의 마인드셋에서 위대함의 마인드셋으로 옮겨갈 수 있기를 바란다.

그동안 의미 있는 사명을 확인하고 위대함의 마인드셋을 연마한 덕분에 지금쯤 긍정적이고 자신감에 차 있기를 바란다. 이런 의문이 들 것이다. '이제 무엇을 해야 할까? 지금까지 배운 것들을 어떻게 하면 매일 의미 있는 사명과 목적을 향해 다가가는 활동으로 바꿀 수 있을까?'

의문을 가져주어서 고맙다. 이제는 실전으로 옮겨갈 시간이다.

위대함을 위한 게임 플랜은 내가 의미 있는 사명을 추구하는 데 사용한 검증된 과정이다. 내가 수년간 만나본 수많은 전문가에 의해 검증된 단계들로 이루어진다.

이 단계들은 의미 있는 사명으로 나아가는 길에서 당신의 길잡이가 되어줄 수 있다. 모든 단계는 이전 단계를 기반으로 하므로 중요한 단계를 놓치지 않도록 1에서 7까지 순서대로 실시하는 것이 좋다.

각 단계를 진행하는 속도는 사람마다 다를 수 있으며, 속도는 전혀 문제가 되지 않는다. 오직 모든 단계를 실행에 옮기는 것만 중요할 뿐이다.

지금부터 시작이다.

Chapter 12

용기 있는 질문을 하라

"무엇이 당신을 의미 있는 사명을 시작하지 못하게 방해하고
있나요?"

"잘하지 못할까 봐 두려운 마음요."

흑인 기업가이자 자수성가한 백만장자이고 『우리는 모두 백만
장자가 되어야 한다(We Should All Be Millionaires)』를 쓴 레이첼 로저스
(Rachel Rodgers)는 소외된 계층에 수백만 달러 매출을 올리는 사업체
를 키우는 방법을 가르쳐주는 헬로 세븐(Hello Seven)을 설립했다. 그
녀가 "소외된 사람들이 돈을 많이 벌면 세상이 더 공평해질 것"이
라는 믿음으로 만든 이 회원제 커뮤니티는 '더 클럽'[135]이라는 애칭
으로 불리게 되었다. 헬로 세븐은 수백만 달러의 매출을 올리며 성

공을 거두었지만 그녀는 사업이 자신의 사명을 완전하게 수행한 다고 느껴지지 않았다.

레이첼은 나의 팟캐스트에 출연했을 때 이렇게 털어놓았다. 당시 그녀는 비영리단체를 만들고 싶다는 생각을 한 지 1년 가까이 되었을 때였다. "저는 회사를 차리고 돈을 버는 방법을 알고 있어요. 하지만 과연 비영리단체를 설립해서 망치지 않고 제대로 운영할 수 있을지 그건 정말 불안해요."[136]

그래서 나는 많은 사람에게 했던 것처럼 그녀에게 질문을 하기 시작했다. 먼저 그녀에게 1,000만 달러가 있으면 무엇을 이룰 수 있을지 물었다. 그녀는 그만한 돈으로 무엇을 해야 하는지 정확히 알고 있었다. 그녀는 흑인 엄마들을 도와주는 비영리단체를 만들고 싶은 꿈을 들려주었다.

그녀가 만들고 싶은 비영리단체는 세 가지 주요 서비스를 제공할 것이다. 출산 전후의 엄마들을 돕고 야간 근무 간호사들을 지원해 엄마들에게 쉴 시간을 주고 육아 보조금을 지급해 경력을 쌓을 기회를 준다. 계산 결과 1,000만 달러는 1,000명 이상의 엄마들에게 서비스를 제공할 수 있는 금액이었다.

그다음으로 물었다. "그러면 기분이 어떨 것 같아요?"

"세상을 다 가진 기분일 거예요."

나는 그녀가 현실 감각을 잃지 않도록 연이은 질문으로 그녀를 압박했다. "당신이 한 엄마를 도와준다고 가정해봅시다. 그 엄마가 지금 이 팟캐스트를 듣고 있다고 해보죠. 그녀는 어디로 연락해야 할까요? 어디로 이메일을 보내면 되죠? 뭐라고 말해야 할까요?"

내가 레이첼을 몰아붙인 데는 이유가 있었다. 그녀는 이미 많은 것을 성취했다. 수익 창출과 팀 구축에는 매우 능숙했지만 실패에 대한 두려움이 그녀를 이도 저도 하지 못하게 만들 위험이 있었다. 나는 그녀의 심장을 뛰게 하고 흥분시키는 열정이 무엇인지, 다음 꿈을 이루기 위해 그녀가 취할 첫 번째 행동이 무엇인지 알고 싶었다.

"이 비영리단체는 필요한 서류 양식을 진짜 간단하게 만들 거예요."[137]

"좋아요. 그럼 어디에서 신청하면 되는지 URL 주소를 지금 바로 대보세요. 며칠 내로 진짜 준비해두시고요."

"HelloSeven.org."

우리는 거기에서 멈추지 않았다. 그녀는 이미 아이디어를 실행할 몇 가지 방법을 생각해두었으므로 나는 그녀에게 두 번째 도전 과제를 주었다.

"오늘 인터뷰가 끝나자마자 비영리단체 운영 경험이 있는 사람 두 명에게 전화를 거세요."

마지막으로 할 일은 아까 말한 1,000만 달러를 현실로 만드는 것이었다. "오늘 당신이 전화해서 10만 달러 수표를 써달라고 부탁할 수 있는 세 명이 누구죠?" 금액은 별로 중요하지 않았다. 가속도가 붙는 것이 목적이므로 나는 계속 그녀를 밀어붙였다. "하루 안으로 양식을 준비하고 24시간 이내에 비영리단체 경험이 있는 친구 두 명에게 전화하고, 후원자 3~5명에게 연락하세요. 그리고 오늘 밤에 저에게 문자 주세요."

레이첼은 내가 제안한 것을 모두 실행했다. 그 결과 20만 달러가 빠르게 모였고, 즉시 40명의 엄마를 도와줄 수 있었다.

그렇게 헬로 세븐 재단이 탄생했다. 레이첼 로저스는 용기 있는 질문을 하고, 목표와 마감일을 정하고, 완벽하지 않지만 중대한 행동을 취함으로써 사명을 다음 단계로 진전시켰다.

사람들은 하고 싶은 일에 대해 생각할 때 '어떻게'에 집중한다. 하지만 우리가 집중해야 할 부분은 '무엇'과 '왜'다. '무엇을, 왜' 하고 싶은지 확실히 알면 '어떻게'는 저절로 따라온다.

다섯 가지 용기 있는 질문

움직이는 마인드셋이 있으면 기분이 정말 좋아진다. 최상의 컨디션이 된다. 올바른 생각과 감정, 행동이 가능성을 열어주기 때문이다. 미래가 밝아 보이기 시작한다.

한동안은 그렇다.

**올바른 질문은 묻고 대답하는 데
진정한 용기가 필요하다.**

어떻게…?

그다음에는 질문이 몰려오기 시작한다. 만약에…? 다른 경우에는…? 그건 어떤 방법으로…?

부정적인 잘못된 질문은 당신을 위대한 여정에서 벗어나게 만든다. 올바른 질문은 묻고 대답하는 데 진정한 용기가 필요하다.

질문은 우리 안에 숨어 있는 가능성이 밖으로 나오게 해준다. 위대함을 위한 게임 플랜이 용기 있는 질문부터 시작하는 이유도 그 때문이다.

위대함의 핵심으로 다가가고 행동을 밀어붙이려면 꼭 대답해야 할 다섯 가지 질문이 있다. 나는 사람들이 두려움과 의심을 이겨내도록 코치해줄 때 이 질문들을 변형해 자주 활용했다. 질문을 원하는 순서대로 살펴봐도 된다. 모든 질문은 행동을 지향하고 가능한 한 빨리 앞으로 나아가도록 영감을 줄 것이다.

1. **순수성 질문**: "100퍼센트 진정한 내가 된다면 무엇을 다르게
   할 것인가?"
   우리는 마치 큐레이터처럼 선별을 거친 버전의 나로 세상을 살아가는 경향이 있다. 아마도 사람들이 '진짜' 버전의 나를 좋아할지 확신할 수 없기 때문일 것이다. 하지만 그런 방법은 우리가 위대해지지 못하도록 발목을 붙잡는다. 이 질문은 직

접 주도권을 쥐고 내가 되고 싶은 사람과 성취하고 싶은 것을 위해 노력하게 해준다.

2. **우선순위 질문:** "만약 앞으로 30일 안에 당신의 목표를 두 배로 늘려야 한다면 가장 먼저 무엇(세 가지)부터 하겠는가?"

나는 이 질문을 던지는 것을 좋아한다. 틀을 벗어나 생각하는 것으로도 모자라 틀을 아예 깨부수어야만 하기 때문이다. 심지어 이런 식으로 묻기도 한다. '만약 30일 안에 목표를 두 배로 성취하지 않을 경우 자신이나 사랑하는 사람이 죽는다면 가장 먼저 무엇(세 가지)부터 하겠는가?'

너무 극단적인 질문처럼 느껴질 수도 있다. 하지만 이렇게 생각해보자. 원하는 목표를 빨리 이루어야 하는 긴급한 상황인데 두려움에 가로막혀 있다면 목표를 이루기 위해 어디에 관심을 집중해야 할까? 남은 시간은 꼭 30일이 아니어도 되고 자신에게 맞게 바꿔도 된다. 핵심은 언뜻 보기에 거의 불가능하게 느껴져야 한다는 것이다.

우리는 긴급함을 느끼며 살아가지 않을 때가 많다. 더 많이 이룰 수 있는 데도 편하다는 이유로 현실에 안주한다. 물론 더 큰 것을 이루지 않아도 누가 죽는 일은 없을 것이다. 하지만 목표를 이루고, 꿈을 실현할 수 있는 시간이 매일 하루씩 줄어든다. 만약 이뤄지지 않은 채 꿈을 내버려 두는 것이 괜

질문은 우리 안에 숨어 있는 가능성이 밖으로 나오게 해준다.

찮게 느껴지지 않는다면 지금과 다르게 생각하고 행동하려는 위험을 감수할 필요가 있다.

3. **가능성 질문**: "만약 내가 _____ 할 수 있다면 무엇이 가능할까?"(여기에 목표/꿈/사명을 적는다.)

이 질문은 당신이 처한 상황의 세부적인 부분을 바꿔서 새로운 현실을 고려할 수 있도록 해준다. 예를 들어, '만약 직장을 그만두고 부업을 키우는 데 전념할 수 있다면 무엇이 가능할까? 만약 가족 관계가 극적으로 개선된다면 나에게 어떤 일이 가능해질까?' 어떤 식의 질문인지 이해될 것이다. 이 질문은 특정한 목표를 달성하면 미래로 나아가는 길이 어떻게 느껴질지 생각해보고 다음 질문으로 넘어가게 해준다.

4. **열정 질문**: "만약 내가 _____ 할 수 있다면 어떤 느낌일까?"(여기에 목표/꿈/사명을 적는다.)

사람은 근본적으로 감정적인 존재다. 이 질문은 자신에게 중요한 분야에서 성공을 거두면 어떤 기분일지 자유로이 탐구하게 해준다. '만약 직장을 그만두고 부업을 성공시키는 데 전념할 수 있다면 어떤 느낌일까? 만약 가족 관계를 극적으로 개선할 수 있다면 어떤 기분이 들까?'

5. **번영 질문**: "만약 오늘 복권에 당첨된다면 무엇을 할 것인가?"
이 질문은 돈의 굴레를 제거함으로써 자원이 부족하다는 이
유로 가능성을 차단하지 않고 정말로 하고 싶은 일에 대해 자
유롭게 생각해볼 수 있도록 한다. 물론 당신이 성장을 기대하
지 않았다면 위대함의 여정에서 여기까지 오지 못했을 것이
다. 하지만 우리는 성장의 목표를 너무 작게 잡고 자신을 속
일 때가 많다. 만약 돈이 전혀 문제 되지 않아서 정말로 큰 꿈
을 꿀 수 있다면 어떻게 하겠는가? 한번 대담하게 꿈꿔보자.

이 질문들은 완전하지 않다. 당신이 용기 있는 결정을 내릴 수
있도록 뒤에서 밀어주고 격려해줄 사람이 누가 있는지도 생각해
보기를 바란다. 하지만 가장 중요한 일은 규칙적으로 용기 있는 질
문을 하는 습관을 기르는 것이다.

정체에서 거대함으로

기업가이자 부동산업계의 거물인 그랜트 카르도네(Grant Car-
done)를 안 지 12년이 넘었다. 그는 내가 진행하는 팟캐스트 「위대
함 학교」에도 여러 번 출연했다. 그의 이력서는 정말이지 놀라운
경력으로 가득하다. 8권의 책을 썼고, 13개의 비즈니스 프로그램

을 제작했고, 7개 사기업의 CEO를 지냈으며 폭스 뉴스와 CNBC와 같은 주요 방송매체에도 자주 출연한다.

나는 그가 용기 있게 행동하고 도전적인 질문을 하는 것을 두려워하지 않는 사람이라고 자신 있게 말할 수 있다. 그는 믿기지 않을 정도로 놀라운 이야기들을 들려주었다. 그중에는 가진 것을 전부 잃고 빈털터리가 되었다가 10배 이상으로 회복한 이야기도 있다. 그런 충격적인 일을 겪으면 사람들 대부분은 되도록 몸을 사리고 비상금을 더욱더 꽁꽁 쥐고 있을 것이다. 하지만 그랜트는 아니었다.

용기 있는 질문을 하는 습관을 길러라.

그랜트는 가진 돈을 거의 다 투자하고 있다. 좀 더 구체적으로 말하자면 저축한 돈이 하나도 없다. 터무니없는 말처럼 들릴지 모르지만 그랜트는 자신의 투자금과 현금 흐름으로 무엇을 할 수 있는지 정확히 알고 있다. 확실히 그는 올인하는 유형이다.

하지만 나는 몇 년 전 팟캐스트에 출연한 그에게 너무 작게 생각한다고 자극했다. 그 당시 그는 부동산 사업으로 수백만 달러를 벌어들이고 있었지만, 나는 그것이 그의 재능을 온전히 나타내지 않는다는 것을 알고 있었다. 나는 그가 현실에 안주하는 것을 원하지 않았기에 질문을 던졌다.

"어떻게 하면 매출을 10억 달러로 올릴 수 있을까요?" 그는 이 질문에 놀란 기색이 역력했다.

"그건 가능하지 않은 일이죠." 그가 대답했다.

지금쯤 눈치챘겠지만 나는 불가능을 순순히 받아들이지 않는다. "가능하지 않다니 무슨 뜻이죠?"

"그러기엔 제 인맥이 충분하지 않아요."

"좋아요. 그럼 뭐가 필요할까요? 누굴 만나야 하나요? 투자금을 빌려줄 만한 사람이 누가 있나요?"

나는 그의 제한적인 생각을 알아차렸기에 절대 포기할 마음이 없었다. 질문을 던지자 제한적인 생각들이 흩어지기 시작하고, 그의 마음에 더 큰 가능성에 열리는 게 보였다.

나중에 그랜트는 그 인터뷰가 커다란 변화를 가져다주었다고 말했다. 그는 '어떻게 하면 더 빨리 성장할 수 있을까?'라는 질문을 계속 던지게 되었다. 자신의 사업이 한정적인 부유층만 상대한다는 것을 깨달았다. 그의 가족들조차 그의 사업에서 이익을 얻을 만한 재산을 갖고 있지 않았다. 그래서 그랜트는 다양한 소득 수준의 사람들이 점진적으로 더 큰 부동산 거래에 투자할 수 있는 펀드를 구상하기 시작했다.

인터뷰를 하고 2년 후 그랜트는 9억 달러의 매출을 올리는 자랑스러운 기업의 CEO가 되어 내 팟캐스트에 돌아왔다. 내가 다시 만난 그에게 어떻게 했을까?

"어떻게 하면 매출이 30억 달러가 될 수 있을까요?"라고 물었다.

"그건 가능하지 않아요. 시간이 없습니다."

"만약 가능하다면요? 어떻게 하면 될까요?"

그랜트가 잠시 생각한 후에 단계를 나열하기 시작했다.

"좋습니다. 그럼 뭘 망설이나요?"

그랜트는 또다시 불가능한 일을 현실로 만들었다. 마지막으로 만났을 때 그의 기업이 올리는 매출은 무려 40억 달러가 넘었다. 이번에는 내가 질문할 필요가 없었다. 그의 기업은 3년 안에 400억 달러로 매출을 끌어올릴 계획이다. 불가능에서 400억 달러로. 그것이 용기 있는 질문의 힘이다. 이 방법은 모두에게 통한다.

의사에서 전업 유튜버로

처음 내 팟캐스트에서 만났을 때 알리 압달(Ali Abdaal)은 영국에서 일하는 시간제 의사였다. 하지만 그의 진짜 열정은 온라인 크리에이터로 향했고, 팟캐스트 출연 당시 유튜브 채널 구독자가 200만 명이 넘었다. 그의 유튜브는 건강과 부, 사랑, 행복, 영향력이라는 다섯 가지 기둥을 중심으로 더 행복하고, 더 건강하고, 더 생산적인 삶을 사는 방법을 다루었다.

하지만 우리가 이야기를 나눈 지 얼마 되지 않아 알리는 의사를
완전히 그만두기로 결정 내렸다. 그가 의사를 그만두기로 한 것은
내가 앞에서 소개한 질문을 변형한 두 가지 질문을 던진 결과이기
도 했다.

"앞으로 30일 안에 의사로 직접 환자들을 일대일로 만나는 일
을 완전히 그만둔다면 어떨까?"

"의사를 그만두기로 한 직후에 어떤 기분이 들까?"

사실 알리는 그동안 의학 분야에 발만 담그고 있는 상황이었
다. 그래도 의료계를 떠나지 말아야 하는 타당한 이유가 많았다.
그는 의사가 되기 위해 8년이라는 시간과 막대한 돈을 쏟아부었
다. 게다가 의사는 모두에게 인정받는 직업이었다. 애초에 그가 유
튜브에서 그만의 브랜드를 만들 수 있었던 것도 의사라는 직업 덕
분이었으니까. 그런데 내가 그에게 의사를 그만두면 어떨 것 같은
지 묻고 있었다.

알리의 대답은 솔직하고 타당했다. "솔직히 아주 무서울 것 같
아요. 대부분은 이기적인 이유에서요. 저는 지금도 유튜브 채널과
관련 사업 등 의사라는 직업을 제외한 모든 것이 단순히 부업에 불
과하다고 생각하거든요."[138]

하지만 그는 시간제 근무 의사로 일해서 버는 것보다 부업으로 훨씬 많은 수십만 달러의 소득을 올리고 있었다. 그리고 그 자신도 인정했듯이 의사보다는 유튜버로서 더 많은 사람을 도와주고 있었다.

> 유튜버라는 새로운 세상의 특권을 위해 의사라는 전통적인 특권을 버린다고 생각하면 두려움이 듭니다. 이기적인 두려움이죠. 사람들에게 영향력을 끼치지 못할까 봐 걱정되지는 않을 것 같아요. 왜냐하면 제가 사람들에게 영향을 주고 있다는 걸 아니까요. 사실 의사로서의 저는 특별하지 않아요. 제가 의사로서 하는 일은 의사라면 누구나 할 수 있는 일이니까요.[139]

내 질문이 그에게 많은 생각을 불러일으키는 것이 보였다. 그래서 나는 그에게 아주 거대한 생각거리를 던졌다. "당신은 정말로 원해서 풀타임으로 일하는 의사들보다 열정이 없는 분야에 시간과 에너지의 10퍼센트를 쓰고 있으니 어떻게 보면 전혀 도움이 안 되는 일을 하는 것과 마찬가지예요."

알리는 "흥미로운 관점이네요. 그런 식으로 생각해보진 못했어요"라고 대답했다.

물론 나는 알리를 매우 존중했다. 아무런 이유 없이 몰아세운 것이 아니었다. 나는 그저 용감한 도전을 하기 위해서는 가끔 우리를 몰아붙일 사람이 필요하다는 것을 아는 것뿐이었다.

의사는 고귀한 소명이다. 그것이 정말로 자신의 소명이라면 말이다. 알리가 하는 말을 들어보니 두려움과 매몰 비용이 그를 가로막고 있는 것 같다고 생각되었다. 그는 의사보다 온라인 크리에이터로서 세상에 더 큰 영향을 미치고 있었다. 우리는 그날 팟캐스트에서 그의 목표와 관련된 몇 가지 질문에 대해 이야기를 나누었다.

- 만약 구독자가 1,000만 명이라면 계속 의사로 일할 것인가?
- 만약 의사로 일하는 한 달에 10시간이라는 시간을 콘텐츠 개발이나 디지털 사업 확장에 쓴다면 어떨까?
- 만약 전적으로 디지털 플랫폼에만 집중한다면 세상에 어떤 영향을 줄 수 있을까?

대화가 끝난 후 알리는 스스로 훨씬 더 용기 있는 질문을 던졌다. 몇 주 후 그는 의료계를 완전히 떠나기로 한 결심이 담긴 영상을 유튜브에 올렸다.[140]

그는 결정을 내리기 전에 스스로에게 던진 질문들 덕분에 마인드셋의 핵심으로 다가갈 수 있었다고 말했다. 그가 답을 찾아야만 했던 질문은 다음과 같았다.

- 만약 전업 유튜버로 성공하지 못한다면 어떻게 할 것인가?

- 안전한 대비책으로 그냥 계속 의사로 일하는 게 어떨까?

- 만약 의사를 그만두었다고 악플이 달리면 어떻게 할 것인가?

- 더 이상 의사라고 말할 수 없으면 유튜브 채널과 사업에 영향을 미치지 않을까?

- 의사와 유튜버 둘 다 파트타임으로 한다면 어떨까?

- 내가 의사를 그만두지 않으려는 이유는 의사라는 명찰을 계속 달고 있으면 다른 유튜버들과 차별화되기 때문은 아닌가?

모두 타당한 질문이다. 하지만 결국 그는 두려움이 위대함의 목표를 가로막아서는 안 된다는 것을 깨달았다. 의사나 유튜버가 아니라도 누구나 변화를 위해 용기 있는 질문을 던질 수 있다. 용기 있는 질문은 지금의 나와 내가 원하는 나를 분명하게 바라볼 수 있게 해줄 것이다. 정말로 하고 싶은 일이 무엇인지 알고 발목을 붙잡는 요소를 제거하면 자유로워지고 열정을 향해 나아갈 에너지가 생긴다. 나는 사랑하는 일에 모든 걸 쏟아붓는 사람들에게 마법 같은 일이 일어나는 것을 몇 번이나 보았다. 마법이 당장 일어나지 않을 수도 있지만 결국은 위대함이 따라온다.

질문에 담긴 용기

위대한 일을 하려고 할 때 쉽고 나태한 질문은 옆으로 제쳐두고 도전적인 질문을 던지면 질문이 적이 아니라는 것을 알 수 있다. 올바른 질문, 즉 용기 있는 질문은 마음속 깊이 파묻혀 있는 무언가를 빠르게 캐내게 한다.

용기 있는 질문은 집중적이고 직접적이다. 정신을 흩트리는 방해물을 없애주는 동시에 가능성의 범위를 넓혀준다. 놓쳤을 수도 있는 것들이 보인다. 신선한 관점과 새로운 지평선을 탐색할 수 있다.

무엇보다 용기 있는 질문은 행동을 선호하게 해준다. 막연히 언젠가 가능할지 모른다고 생각했던 것들이 오늘 당장 가능해진다. 마치 거대한 눈사태가 일어나듯 가속도가 붙는다.

어떤 질문을 해야 위대함의 여정을 시작할 수 있을까? 기다리지 마라. 세상은 당신의 위대함이 필요하다.

사랑하는 일에 모든 걸 쏟아붓는 사람들에게는 마법 같은 일이 일어난다.

Tip. 위대함을 위한 연습 과제

연습: 용기 있는 질문을 하라

가능성을 꿈꿔라. 용기 있는 질문을 하고 답할 시간이다. 각각의 용기 있는 질문에 대해 충분히 생각하고 공책이나 메모 앱에 답을 적는다. 그 과정에서 두려움을 느끼게 하는 다른 질문들을 우연히 마주칠 수도 있다. 그런 질문들도 그냥 지나치면 안 된다. 역시 공책이나 메모 앱에 적고 답을 솔직하게 생각해본다. 장애물이나 두려움, 부정적인 생각에 가로막히지 말고 솔직하게 답하는 것이 중요하다.

의미 있는 사명을 위해 어떤 것들이 가능한지 용감하게 꿈꿔보자.

의미 있는 사명을 위해 어떤 것들이 가능한지 용감하게 꿈꿔보자.

순수성 질문: 100퍼센트 진정한 내가 된다면 무엇을 다르게 할 것인가?

우선순위 질문: 만약 앞으로 30일 안에 목표를 두 배로 늘려야 한다면 가장 먼저 무엇부터 하겠는가? (세 가지)

1.

2.

3.

가능성 질문: 만약 내가 _____
할 수 있다면 무엇이 가능할까? (의미 있는 사명의 다음 단계를 적는다.)

열정 질문: 만약 내가 (목표/꿈/사명을 이룰 수 있다면) 어떤 느낌일까?

번영 질문: 만약 오늘 복권에 당첨된다면 무엇을 할 것인가?

수면 위로 올라온 질문들도 전부 적는다. 만약 필요하다고 느껴진다면 따로 시간을 내어 그 질문들도 곰곰이 생각해보고 용감하게 답한다.

Chapter 13
자신에게 허락하라

투자자문가인 내 친구 로저는 1년 동안 받는 수수료가 8만 달러를 넘기지 못하고 있었다. 그는 직접 회사를 차려 성공시키겠다는 꿈이 있었지만 항상 진퇴양난에 빠지곤 했다. 혼자서도 해보고 파트너와 함께도 해보고 또다시 혼자서도 해봤지만 그 어떤 방법을 써도 좀처럼 변화가 일어나지 않았다. 그는 나에게 "어떻게 하면 투자할 돈이 많은 고객들과 일할 수 있을까?"라고 물었다. 내가 고객 몇 명을 추천해주었지만 그가 찾던 거물들은 아니었다.

그러다 또 다른 친구가 복권에 당첨되어 몇억 달러를 받게 된 열아홉 살 청년의 이야기를 해주었다. 놀랍게도 복권 당첨자가 최근 트위터에 내가 진행하는 팟캐스트 「위대함 학교」의 에피소드에 관한 글을 올린 것이다. 나는 그 젊은이에게 연락해 축하해준 후 앞으로 다가올 난관에 대해 경고했다. 알다시피 복권에 당첨된 사람들의 약 70퍼센트가 몇 년 안에 파산하거나 마약 중독자가 되거나 자살로 삶을 마감한다.[141]

만약 조언이 필요하면 언제든지 연락하라고도 했다.

결국 그는 나에게 도움을 요청했다. 몇 번의 전화 통화를 통해 그의 상황에 대해 알게 되었다. 그의 주변에는 든든한 조력자들이 있는 것 같았지만, 내가 친구 로저를 소개해주겠다고 했다. 다른 조언자들과도 이야기를 나눠보고 믿을 만한 전문가들에게 재정 관련 결정에 도움을 받으라고 격려해주었다. 그도 동의했다.

로저에게 연락해 '이 젊은이에게 그 어떤 상품도 팔려고 하지 말고 전화 상담을 해줄 수 있는지' 물어보았다. 이야기가 잘된다면 고객으로 연결될 수도 있을 터였다. 로저는 그러겠다고 했고, 얼마 지나지 않아 우리 세 사람 사이에 여러 번의 통화가 오갔다. 그 청년은 다른 전문가들에게도 상담을 받은 얼마 후 나에게 로저가 정말로 마음에 든다면서 돈 관리를 맡기고 싶다고 했다.

당연히 나는 잔뜩 흥분해 로저에게 전화를 걸어 소식을 전했다. "친구, 네 인생이 바뀔 거야. 이 고객이 너를 백만장자로 만들어줄 거야." 하지만 돌아온 로저의 대답은 완전히 예상을 빗나갔다.

"난 준비가 안 됐어."

"뭐라고?" 나는 깜짝 놀랐다. "준비가 안 됐다니 무슨 말이야?"

"그렇게 큰 고객은 처음이라서 그 큰돈을 어떻게 관리해야 하는지 몰라."

나는 애정에서 우러나오는 따끔한 충고를 해주기로 했다. "내 말 잘 들어. 네가 위험을 기꺼이 감수하고 이 건을 맡지 않는다면 난 네 친구가 될 수 없을 것 같다. 몇 년 동안 나한테 큰 고객을 소개해달라고 그렇게 부탁했잖아. 그래서 도와줬더니 겨우 한다는 소리가 준비가 안 돼서 못 하겠다는 거야?"

그리고 최후통첩을 날렸다. "네가 도전할 마음이 없으면 나도 더 이상 너하고 일을 안 할 거야."

왜 그렇게 로저한테 짜증을 냈냐고? 인생에서 그렇게 오랫동안 꿈꾸고 바라던 기회가 왔는데, 그가 기회를 잡아도 된다고 자신에게 허락하지 않았기 때문이다. 로저는 자기 의심과 두려움 속에서 살고 있었다. 그래서 의미 있는 사명으로 나아가지도 못했다. 로저는 기회에 대해 다시 한번 신중하게 생각해보겠다고 했다. 며칠 후 그는 새로운 고객을 받아들이되 더 큰 고객을 관리해본 경험과 자원을 가진 다른 기업의 도움도 받기로 했다(파트너사와 수수료를 반반씩 나누기로 했다). 파트너의 영입은 첫 도전에 필요한 안전감을 주었다. 하지만 로저는 2년도 되지 않아 그 청년은 물론이고, 또 다른 새로운 거물 고객들을 혼자 관리할 수 있는 자신감을 키웠다. 수수료 50퍼센트가 아닌 100퍼센트를 챙길 수 있게 된 것이다.

로저는 파트너를 영입함으로써 자신에게 성공의 기회를 절반쯤 나눈 것이나 마찬가지였다. 그는 아직 자기 능력을 완전히 신뢰하지 않았기 때문에 큰 고객을 감당하려면 확실한 능력을 갖춘 사람이 필요하다고 느꼈다.

행동에 대한 의지가 있었기에 로저는 올바른 방향으로 한 걸음을 내디딜 수 있었다. 자신이 의존하는 사람들이 자신보다 그렇게 더 많이 아는 것도 아니라는 사실을 깨달았을 때, 그는 마침내 도전을 완전히 받아들일 수 있었다(다행히 내가 그와 절교하지도 않았다).

스스로 만드는 감옥

요즘 사람들은 대부분 누군가의 허락을 구하려고 하는 것 같다. 심리치료사, 코치, 친구, 고객, 가족 등 우리는 우리에게 허락해 줄 누군가를 찾고 있다.

의미 있는 사명을 추구하는 길에서는 자신에게 세 가지를 허락해야 한다. 원하는 사람이 되어도 된다는 허락, 거절해도 된다는 허락, 감정을 드러내도 된다는 허락. 이 중에서 하나라도 자신에게 허락하지 않으면 문제가 생긴다.

1. 원하는 사람이 되는 것을 허락하기
자신이 생각하는 이상적인 사람이 되도록 허락하지 않으면 질투와 불안의 결과로 이어진다. 가브리엘 번스타인의 말이 잘 표현해준다. "질투는 자신의 개발되지 않은 부분을 목격했을 때 느끼는 거예요."[142] 다른 사람이 가진 재능을 질투할 수도 있지만 나도 얼마든지 같은 재능을 개발할 수 있다. 자신을 긍정하고 원하는 모습이 되도록 허락하기만 하면 된다.

세스 고딘의 말처럼 많은 사람은 선택되기를 기다리고 있다.

선택되기를 기다리는 것은 우리의 문화적 본능입니다. 출판사나 토크쇼 진행자, 블로거의 "당신을 선택하겠습니다"라는 말에서 허락과 권한, 안전을 찾으려고 하는 거죠.

그런 경향을 거부하고 아무도 자신을 선택하지 않으리라는 사실을 깨달으면(백마 탄 왕자님은 다른 공주를 선택했다) 비로소 일에 착수할 수 있습니다.

세상에 해결해야 할 문제가 있고, 그 문제를 해결하는 데 필요한 도구와 허락이 이미 나에게 있다는 것을 깨달으면 세상에 이바지할 기회는 널리고 널렸습니다. 무엇보다 본격적으로 뛰어들어 도전에 맞서고 최선을 다하면 당신은 잠재력을 마음껏 발휘하는 예술가가 될 수 있습니다.

아무도 당신을 선택해주지 않을 겁니다. 내가 나를 선택하세요.[143]

우리가 자신에게 성공을 허락하는 것을 주저하는 이유는 두려움 때문이다. 성공에 대한 두려움은 의미 있는 사명을 추구하는 위대함의 마인드셋이 아니다.

2. 거절을 허락하기

우리는 어수선하게 흐트러진 삶에서 무언가를 제거하도록 허락하는 것을 어려워한다. 사람들이 거절을 어려워하는 이유는 타인의 확인이 필요하다는 생각 때문이다. 정체성 문제로 돌아간다. 당신은 타인의 기대가 자신을 정의하도록 내버려 두는가?

일부 과제를 제거해도 된다고 자신에게 허락하는 연습을 하지 않으면 남들이 부탁한 일들이 넘쳐나 주의가 흐트러질 위험이 있다. 성공한 사람들은 중요한 일에 전적으로 헌신할 수 있도록 어떤 일들은 단호하게 거절한다.

내 친구 로리 바덴(Rory Vaden)은 생산성 전문가다. 『일부러 미루기(Procrastinate on Purpose)』라는 책을 쓴 로리는 시간을 효과적으로 사용하는 생각 시스템을 개발했다. "초점이 흐리면 결과도 흐려집니다."[144] 타인의 인정을 받으려고 애쓸수록 시간이 낭비되므로 실제로 완수하는 일은 적어진다. 삶과 할 일 목록에서 무언가를 제거해도 된다고 자신에게 허락해야 한다. 그래야 나에게 가장 중요한 일에 집중할 수 있다.

3. 감정을 표현할 수 있도록 허락하기

과거를 치유하기 위해서는 그 어떤 감정이라도 전부 다 느끼도록 허락해야 한다. 스스로 감정을 허락하지 않은 적이 있는가? 불편하거나 어색해서 고통스러운 감정을 느끼는 것을 허락하지 않았을지도 모른다.

가브리엘 번스타인도 감정 허락을 다룬다. 그녀는 '허용할 수 없는 감정'[145]이라는 감정의 범주에 대해 이야기한다. 그녀는 사람은 누구나 어느 정도의 트라우마를 경험했으며 그 트라우마 안에는 열등감, 분노, 자기 혐오의 수치스러운 감정이 들어 있다고 말한다.

과거의 상처로부터 자신을 보호하는 유일한 방법이라서 감정을 피할 수도 있다. 하지만 그런 대응 방식은 지속하기 어렵다. 위대함으로부터 멀어지게 하는 행동이나 중독으로 이어질 수 있다. 과거의 상처를 이겨내려면 기억으로 들어가 모든 감정을 다 느끼도록 자신에게 허락해 주어야 한다.

> **성공한 사람들은 중요한 일에 전적으로 헌신할 수 있도록 어떤 일들을 단호하게 거절한다.**

나의 대장은 나

스티븐 R. 코비(Stephen R. Covey)의 책 『성공하는 사람들의 7가지 습관』은 너무도 유명하다. 그 책에 나오는 첫 번째 습관은 "자신의 삶을 주도하라"[146]이다. 그의 아들은 이것을 '나의 대장은 나'[147]라는 말로 표현했는데, 나는 이 단순한 어린이 버전이 훨씬 마음에 든다. 이 단순한 표현을 마음에 단단히 새기면 앞에서 말한 허락의 문제를 피할 수 있다. 이 말은 위대함을 향해 현실을 헤치고 나아갈 힘이 우리 자신에게 있음을 뜻한다. 타인의 허락을 받을 필요가 없다.

코비의 가르침을 이끄는 원칙은 바로 주도적인 태도와 반응적인 태도의 차이점이다. 반응적인 사람들은 '나는 할 수 없다' 또는 '나는 ~해야만 한다'와 같은 표현을 사용해서 환경이 자신의 이야기를 만들게 한다. 그들은 자신이 상황에 얼마나 많은 영향력을 미칠 수 있는지를 간과한다. 반면 주도적인 사람들은 자신에게 일어나는 일 중에는 어쩔 수 없는 것도 있다는 사실을 알지만, 스스로 할 수 있는 일들에 집중한다. 그들은 자신의 이야기를 직접 만들려고 한다. 그것은 위대함의 여정을 직접 진두지휘하도록 자신에게 허락하는 것으로 시작한다.

성공하는 사람들은 충분하지 않다고 자신을 몰아세우지 않고 유연한 마음과 품위로 자신을 대한다.

'내가 나의 대장'이라는 것은 의도적으로 산다는 뜻이다. 예를 들어, 로리 바덴은 "내일 더 많은 시간을 만들어줄 일에 오늘 시간을 할애하도록 허락하는 것"[148]이 시간을 두 배로 늘리는 열쇠라고 설명한다. 그는 이 공식을 '유의성 계산(significance calculation)'이라고 부른다. 스스로 시간에 대한 지휘권을 쥐고 장기적으로 시간을 절약하는 일에 사용한다는 뜻이다.

일정 세우기는 단순히 달력에 표시하고 할 일 목록을 만드는 것이 아니다. 우리의 마음속에는 죄책감과 두려움, 불안, 야망, 원동력 같은 것들이 자리한다. 알아차리지 못할 때도 이런 감정은 결정에 큰 영향을 미친다.

나는 새로운 도전을 망설이는 때가 거의 없다. 보통은 당장 달려들고 싶어서 몸이 근질거린다. 하지만 목표 달성을 위한 속도를 늦추거나 접근 방식을 수정해도 된다고 자신에게 허락하는 것만큼은 왠지 쉽지 않다. 이 책만 해도 원래 계획대로 빨리 끝내지 못한 것에 큰 죄책감을 느꼈다. 처음에 스스로 정한 일정을 엄수하는 것보다 최대한 좋은 책을 만드는 것이 더 중요한 우선순위이므로 마감일을 미뤄도 괜찮다는 사실을 깨닫기까지는 많은 시간이 걸렸다.

압박감을 내려놓자 오히려 의욕이 더 활활 불타올랐다.

목표를 '완벽한' 방법으로 성취하려고 자신을 압박하면 오히려 달성하지 못할 때가 많다. 성공하는 사람들은 충분하지 않다고 자신을 몰아세우지 않고 유연한 마음과 품위로 자신을 대한다.

위대함을 향해 나아가려면 자신에게 허락해야 한다. 한 걸음 앞으로 내디디거나 잠깐 뒤로 물러나거나 옆으로 비켜서거나 필요한 모든 걸음을 걸을 수 있도록 허락해야 한다.

Tip. 위대함을 위한 연습 과제

연습 1. 삶과 죽음의 문제라고 생각해보라

자신에 대한 의심을 내려놓는 것은 절대 쉽지 않은 일이다. 큰 꿈을 꾸지 못하도록 자신을 단념시키는 것이 오히려 책임감 있거나 현실적인 행동처럼 느껴질 때가 있다. 이 연습은 긴급한 상황을 상상함으로써 새로운 관점을 제공해줄 것이다. 일기장이나 메모 앱 등 편한 장소에 답을 기록한다.

1단계: 목표 선택하기

이루고 싶었지만 전혀 진전시키지 못한 목표가 무엇인지 적는다.

2단계: 리스크 올리기

생산성이 뛰어나지 않으면 목숨이 용납되지 않는 세상에서 살고 있다고 상상해보자. 1년에 한 번씩 모든 개인은 재판소에서 성과를 평가받고 운명이 결정된다. 당신이 평가받을 차례가 되었다.

당신은 스스로 정한 목표(1단계의 목표)를 달성하지 못했다. 재판소에서 그 사실이 밝혀지고 당신은 끌려가 처형당하기 직전이다. 당신은 식은땀을 흘리며 무릎을 꿇고 한 번만 기회를 더 달라고 애원한다. 팽팽한 긴장감이 감도는 가운데 당신은 목표를 달성하기 위한 기간을 1년 더 연장받는다. 하지만 어떤 방법으로 달성할 것인지 설득력 있는 계획서를 제출해야 한다.

3단계: 계획 세우기

30분 동안 재판부에 제출할 계획서를 작성한다. 진지하게 임해야 한다. 최대한 현실적이고 설득력 있는 계획이어야 한다.

무슨 일이 있어도 반드시 계획을 세워야 한다.

치러야 할 대가

물론 현실에서 일어날 가능성은 전혀 없는 시나리오지만 이 연습은 새로운 관점으로 시간을 바라보게 해준다. 목표 달성에 실패한다고 목숨을 잃을 일은 없겠지만 원하는 삶은 살지 못할 것이다. 이것이 도전하지 않을 때 치러야 할 대가다. 그렇게까지 절박하지 않더라도 충분히 위험한 일이다.

연습 2. 자신에게 허락하라

1단계: 목표 선택하기

연습 1의 목표를 사용하거나 새로운 목표를 적는다.

2단계: 비판의 목소리 찾기

1단계의 목표를 추구한다고 생각하면 어떤 의심이 생기는가? 아래의 문장 구조를 이용해 목표로 나아가지 못하게 방해하는 비판의 목소리를 적어보자.

- 나는 충분히 _____ 하지 못하다.
- 나는 너무 _____ 하다.
- 이 목표를 추구하는 것은 너무 무책임한/이기적인 일이다. 그 이유는 _____.
- 나는 과거에 _____을 겪었고 _____ (과거의 트라우마를 적는다.)
- 그래서 _____이 두렵다.
- 나는 _____을 느끼지 말아야 한다.

3단계: 자신에게 허락하기

다음의 문장 구조를 이용해 2단계에서 발견된 비판의 목소리에 반박하고 자신에게 허락하는 선언문을 작성한다.

- 나는 나에게 _____을 통제하는 것을 허락한다.
- 나는 내가 _____한 것에 대해 용서하는 것을
  허락한다.
- 나는 _____을 완벽하게 하지 못해도 된다고
  허락한다. (목표를 이루는 데 필요한 행동)
- 나는 _____을 느껴도 된다고 허락한다.

앞으로 넘어져라

누구나 자신에 대한 불신이 있다. 누구나 부족한 기술과 자질
이 있다. 나는 전문 러너가 아니지만 그래도 마라톤을 뛰었다. 전
문 인터뷰어가 아니지만 팟캐스트를 만들었다. 고등학교 때 영어
수업에서 거의 낙제할 뻔했지만 지금은 당당히 「뉴욕타임스」 베스
트셀러 작가가 되었다. 당신은 이렇게 말할 수 있어야 한다. "그래,
난 여전히 그런 사람이 아니야. 그래도 난 나에게 도전을 허락할
거야." 도전하다가 넘어질 수도
있지만 앞으로 넘어져라. 나는
그것도 발전이라고 본다.

**초점을 흐리는 딴짓을 허락하지
않는 것도 중요하다.**

내 사명은 나의 것

　목표 달성에 필요한 행동을 완벽하게 하지 못해도 된다고 허락하는 것만큼 초점을 흐리는 딴짓을 허락하지 않는 것도 중요하다. 자신의 사명을 기억하고 그 사명을 방해하는 것은 그 무엇도 허락하지 말아야 한다. 모든 긍정의 확언은 나에게서 나와야 한다. 나만큼 내 사명을 중요하게 생각하는 사람은 세상에 없을 테니까.

Chapter 14

도전을 받아들여라

발표 공포증을 극복하기 위해 토스트마스터즈에 가입했을 때 모든 회원이 반드시 도전해야만 하는 열 가지 유형의 스피치가 담긴 워크북을 받았다. 각각의 스피치는 5~7분 분량이었고 다양한 기술을 연습하지 않으면 안 되었다.

첫 번째 스피치는 '어색한 분위기를 누그러뜨리는 스피치'였다. 자신에 대한 흥미로운 이야기를 5분 동안 하는 것이 목표였다. 정말이지 너무 겁이 났다. 5분 동안 멍하니 있거나, 말을 더듬지 않을 자신이 없었다. 그래도 모든 것을 쏟아부었고 결국 해냈다.

나머지 스피치를 위해 소품과 프레젠테이션을 활용하는 연습을 했고, 억양과 스타일을 만드는 것에 초점을 맞췄다. 하지만 토스트마스터즈 미팅에서 가장 무서웠던 것은 '테이블 토픽'이라는 연습이었다. 리더들이 즉석에서 회원들에게 무작위로 주제를 지정해주면 한 명씩 자리에서 일어나 그 주제에 대해 1분간 말해야 했다. 전혀 준비되지 않은 상태에서 말이다. 고문이 따로 없었다! 어쨌든 하기는 했다. 사업에서 성공하려면 내 메시지를 말로 전달할 수 있어야 했고, 그러려면 사람들 앞에서 말하는 것에 대한 두려움을 극복해야만 했으니까.

목표를 정했다. 3개월 안에 토스트마스터즈 이외의 장소에서 첫 무료 강연을 할 것, 9개월 안에 첫 유료 강연을 할 것. 불가능한 목표처럼 느껴졌지만 도전했다. 일주일에 다섯 번 토스트마스터즈 미팅에 나갈 때도 있었다.

토스트마스터즈를 권해준 멘토는 첫 스피치 대상을 자신이 가장 무서워하는 집단으로 정하라고 조언해주었다. 내가 연사로서 처음 나가는 전장이 될 터였다. 전문 연사들의 모임에 대해 알게 되었을 때 이런 생각이 들었다. '젠장, 저기가 바로 내가 서야 할 곳이구나.'

24세의 애송이였던 내가 양복 차림의 40대, 50대 전문 연사들과 같은 방에 있었다. 나는 1년 동안 집착에 가까울 정도로 이 그룹의 모임에 참석하면서 프레젠테이션 기술을 가다듬었다. 그리고 그 일이 일어났다. 링크드인을 통해 처음으로 강연을 하게 되었다. 지역에서 이루어진 30분짜리 강연이었다. 별로 대단한 일은 아니었다. 하지만 목표를 향해 한 걸음을 내디뎠다. 그다음에는 500달러짜리 강연이 잡혔다. 그리고 어느새 한 건에 5,000달러가 넘는 돈을 받으면서 강연을 하게 되었다!

강연으로 돈을 벌게 되었지만 사람들 앞에서 말하는 게 결코 쉬워진 것은 아니었다. 끊임없이 사람들에게 메시지를 보내고 인맥을 쌓으면서 나 자신을 홍보해야만 했다. 그 과정에서 나는 나에게 전문 연사가 되도록 허락했다. 예전에는 도저히 불가능한 일이라고 생각했지만 도전을 받아들였고, 나 자신을 끊임없이 불편한 상태로 몰아붙였다.

스피치에 대한 두려움을 비롯해 우리가 느끼는 사회적 두려움은 대부분 공동체의 바운더리와 관계 있는 듯하다. 우리는 자신이 속하지 않은 공동체를 보면 이렇게 생각한다. '난 여기에 어울리지 않아. 여긴 내가 속한 곳이 아니야. 난 이곳에 받아들여지지 않았어. 이 사람들이 쓰는 언어는 나와 달라.'

내가 외부인이라는 사실을 절실하게 느낀 것은 살사 춤을 배울 때였다. 솔직히 복잡한 발놀림을 제대로 따라가지 못해서 고생했다. 춤 못 추는 키 큰 백인이라는 사실을 스스로도 분명하게 느끼고 있었다. 여성들에게 같이 춤을 추자고 할 때마다 수없이 거절당했다. 일주일에 3~4일 두려움과 마주하기를 석 달 반, 나는 나 자신을 사랑하는 법을 배우게 되었다. 그러자 아무리 남들에게 거절당해도 상관없었다.

목표에 전념하는 법을 배웠고, 결국 살사 춤을 능숙하게 잘 추게 되었다.

불편함에서 재미를 찾는다면 두려움을 절반쯤 극복한 것이나 마찬가지이다.

우리는 공동체가 나를 받아줄 것인지에 너무 신경 쓰는 나머지 새로운 일에 도전하지 못한다. 나는 어느 정도의 성공을 거둔 지금도 일부러 나 자신을 불편한 상황에 놓으려고 노력한다. 내가 타인의 시선에 대한 두려움을 감당할 수 있게 된 것은 나 자신을 받아들이는 법을 배운 덕분이었다. 내가 이미 나의 모든 것을 인정했으므로 새로운 것을 배울 때 타인에게 거절당할까 봐 두려워하지 않고, 문제가 생겨도 끝까지 해낼 수 있다.

나는 현재 스페인어를 배우고 있다. 아직 내가 완전히 속하지 않은 공동체여서 불편함을 느낀다. 하지만 나는 내 억양이 틀릴 수도 있다는 사실을 알면서도 여자 친구와 그녀의 친구들, 가족들에게 스페인어로 말하면서 도전을 계속하고 있다.

언제든 새로운 도전을 마주할 때는 불편할 수밖에 없다. 하지만 불편함에서 재미를 찾는다면 두려움을 절반쯤 극복한 것이나 마찬가지이다.

스피치를 처음 연습하기 시작했을 때 나보다 열다섯 살이나 많은 노련한 연사가 일대일로 지도해주었다. 그는 토스트마스터즈에서 내 스피치를 듣는 사람들은 전부 내가 성공하는 모습을 보고 싶어 한다는 사실을 분명하게 말해주었다. 실수뿐 아니라 미루는 습관에 대해서도 자신을 용서할 수 있도록 옆에서 힘을 실어주었다.

우리는 자신이 있어야 한다고 생각하는 곳에 있지 않다는 이유로 자신에게 커다란 수치심과 죄책감을 안긴다. 그러면 전진이 미뤄질 뿐이다. 몇 년 전에 도전하지 않았어도 괜찮다. 지금 도전하고 있지 않은가. 과거에 망설였다는 이유로 자신을 꾸짖지 말고 이렇게 말해주는 것이 훨씬 도움이 된다. '예전에는 도전을 받아들일 도구와 용기, 자신감이 없었지만 지금 나는 완전히 올인하고 있어.'

나는 즐거움을 누려도 된다고 나 자신에게 허락한 덕분에 관계의 불편함을 다루는 방법을 배울 수 있었다. 사업가들이 모인 자리에 갈 때마다 나는 가장 나이가 어리고 가장 경험이 부족한 사람이었다. 직업도 없고 아무것도 없었다. 하지만 스스로 상황을 즐긴 덕분에 테이블로 다가가 대단한 사람들을 만날 수 있었다. 농담을 하고 우스꽝스러운 질문도 던졌다. 호기심이 많았기에 일종의 놀이처럼 생각했다. 나 자신에게 재미있는 도전 과제를 주었다. '강연이 끝난 뒤에 어떻게 하면 무대 위의 연사를 만날 수 있을까? 어떻게 하면 연사와 같은 공간에 있을 수 있을까?'

이 접근법 덕분에 멋진 기회의 문이 열렸던 적이 있다. 도전을 받아들이고 즐겼기에 가능한 일이었다. 당시 나는 인지도가 전혀 없는 사람이었는데, 팀 페리스가 한 콘퍼런스에서 「뉴욕타임스」 베스트셀러를 쓴 비결을 모조리 공개할 예정이라는 사실을 알게 되었다. 문제는 입장권 비용이 1만 달러라는 것이었다.

나는 생각했다. 이 행사에 정말 가고 싶은데 입장권을 구매할 형편이 안 돼. 어떻게 하면 무료로 입장할 수 있을까? 아니, 이 행사에서 연사로 서려면 어떻게 해야 할까? 아니, 팀 페리스가 무대에서 나를 인터뷰하게 하려면 어떻게 해야 할까? 거의 불가능에 가까운 일이었지만 감히 이런 질문을 던졌다. '이 일이 가능해지려면 어떤 일이 일어나야 할까?'

원하는 것에 도전할 수 있도록 자신에게 허락하고 도전을 받아들이고 모든 것을 쏟아부어라.

나는 콘퍼런스에서 몇 번 만난 적 있는 팀 페리스의 비서인 찰리가 행사 준비를 도와주고 있다는 사실을 알게 되었다. 책 마케팅과 출판에 관한 모든 것을 다루는 행사가 될 것이라고 했다. 나는 비서 찰리에게 "유명하고 대단한 사람들이 전부 오는데 가상 북 투어에 관한 이야기는 하나도 없네요"라고 말했다. 그때 나는 아직 책을 낸 적이 없는 상태였지만 가상 북 투어에 익숙했고, 그 주제에 관한 완벽한 사례 연구까지 보유하고 있었다. 게리 바이너척(Gary Vaynerchuk)과 함께한 웨비나에서 그의 책을 홍보해 800권을 팔기도 했다.

나는 그 과정을 상세하게 분석한 사례 연구 자료를 찰리에게 보여주었고, 가상 북 투어라는 주제가 관객들에게 매우 유익할 것이라고 강조했다. 팀 페리스에게 그 아이디어를 전달해달라고 부탁하면서 만약 승낙한다면 무료로 해주겠다고 했다.

놀랍게도 머지않아 팀, 찰리와 3자 통화로 내 아이디어를 설명하는 기회가 주어졌다. 그들은 "좋아요, 한번 해봅시다"라고 말했다. 세상에, 이게 지금 꿈이야, 생시야?

그렇게 나는 1만 달러를 내고 모인 관객들 앞에 마련된 무대에 앉게 되었다. 정말로 팀 페리스가 나를 인터뷰했다. 가진 것 하나 없고, 그저 '어떻게 하면 가능해질까?'라는 질문을 던졌을 뿐인 애송이를. 이것이 위대함을 추구하는 방법이다. 원하는 것에 도전할 수 있도록 자신에게 허락하고 도전을 받아들이고 모든 것을 쏟아부어라.

도전의 가치

평소 내 활동을 지켜보는 사람이라면 잘 알겠지만 나는 도전을 사랑한다. 30일, 60일, 90일 챌린지에 도전하고 해내면서 힘을 얻는다. 두려움 없는 사람이 되고 싶으면 두려움 리스트(166쪽)에서 항목을 하나씩 제거해나가야 한다. 그렇게 도전하다 보면 결국 모든 두려움이 사라진다. 나는 한 번에 하나씩 두려움에 맞서는 도전으로 시작한다.

나는 어렸을 때 여자들과 대화하는 것이 두려웠다. 나 자신에게 물었다. '어떻게 하면 이 어려움을 이겨낼 수 있을까?' 여름 방학 내내 한 여학생에게 매일 말을 걸기로 다짐했다. 여름이 끝나갈 무렵에는 자신감이 넘치다 못해 흘러넘쳤다. 열일곱 살 때는 40대 여성들과 편안하게 이야기를 나누었는데, 단순히 내가 과연 할 수 있을지 알아보기 위한 도전이었다.

두려움을 하나씩 정복할 때마다 다음 두려움을 이겨내는 도전에 대한 자신감이 커지는 것을 발견했다. 여자들과의 대화에 대한 두려움을 극복한 덕분에 살사 춤을 배우면서 거절의 두려움을 똑바로 마주하는 힘이 생겼다. 두려움의 세세한 내용은 중요하지 않았다. 두려움을 극복할 수 있다는 것을 스스로 증명한다는 사실이 중요할 뿐이었다. 두려움을 이겨내고 여성들과 대화하고 살사 춤을 배운 덕분에 생긴 자신감은 사람들 앞에 서는 연사가 되고 웨비나를 성공시키고 베스트셀러를 쓸 수 있다는 믿음으로 이어졌다.

가장 큰 두려움이 뭔지 확실하게 파악한 후에는 그 두려움에 맞서서 모든 것을 쏟아부을 수 있다. 나를 지배하는 두려움과 똑바로 마주하는 것보다 우리에게 큰 힘을 실어주는 것은 없다. 두려움을 극복하는 열쇠는 자기 평가와 행동이다. 30일, 60일, 90일 챌린지로 모든 두려움에 하나씩 도전하라. 자신감이 로켓처럼 치솟을 것이다.

도전과 올인의 적은 미루는 습관이다. 앞에서 소개한 친구이자 작가인 로리 바덴은 이 문제에 대해 잘 알고 있다. 그는 심

나를 지배하는 두려움과 똑바로 마주하는 것보다 우리에게 큰 힘을 실어주는 것은 없다.

리학자들이 말하는 미루는 원인이 자기 비판이라는 사실을 알려주었다.[149]

내면의 목소리가 이렇게 말하기 시작한다. '나는 충분하지 않아. 나는 충분히 똑똑하지 않아.' 그러면 어느덧 우리는 '그런데 왜 애쓰는 거야?'라고 생각하는 자신을 발견한다. 하지만 내가 지금 이대로도 충분하다는 사실을 깨달으면 그 이상이 되려는 발걸음을 내디딜 수 있다.

사명에 실패하고 싶은 사람은 세상에 한 명도 없을 것이다. 하지만 이도 저도 못 하고 꼼짝없이 갇힌 것처럼 느끼는 사람들이 너무 많다. 왜 우리는 원하지 않는 곳에 계속 머물러 있을까? 펜실베이니아 대학 와튼 스쿨의 경제학 교수 케이티 밀크먼은 흥미로운 시각으로 이 문제를 조명한다. 그녀에 따르면 우리에게는 '마음의 장벽'이 있는데, 그중에서도 가장 큰 장벽은 현상 유지 편향이다. 우리는 자신이 아는 길로만 가려는 경향이 있다. 그 길에서 조금만 벗어나도 위험하게 느껴진다. 위험을 견디기가 너무 힘든 나머지

더 좋은 것을 누릴 수 있는 데도 익숙하다는 이유만으로 원래의 길을 고수한다. [150]

내 경험상 '좋은' 삶은 빠져나가기 가장 힘든 삶이다. 자기 삶에 80퍼센트 만족하면 그 좋은 삶에서 느끼는 편안함이 너무 커서 위대한 삶에 도전하는 위험을 감수하기 어려워진다.

지금 바로 행동하라!

로리 바덴은 도전에 대한 유용한 사고방식을 알려주었다. 그에 따르면 모든 사람은 고통을 피하고 싶어 하는데 지루함 같은 종류의 고통도 예외가 아니다. 우리가 미루는 이유는 불쾌함을 피하기 위함이다. 하지만 현실적으로 불편함을 경험할지를 항상 선택할 수 있는 것은 아니다. 지금 불편함을 겪든, 나중에 더 큰 고통이 쌓였을 때 겪든, 둘 중 하나밖에 선택할 수 없을 때도 있다. 이 사실을 알면 더 풍요로운 미래에 지급하는 단기 계약금일 뿐, 불편함 속에서 보내는 시간이 희생처럼 느껴지지 않는다.

로리는 이 방법을 '계단 오르기'라고 부르며 "편안한 삶으로 가는 가장 짧고 확실한 길은 가장 힘든 일을 가능한 한 빨리 해치우는 것"[151]이라고 설명한다. 이 방법의 핵심은 더 열심히 하는 것이 아니라는 점에 주목하자. 이 방법대로 하면 오히려 더 쉬운 길을

택하는 것이다. 필요한 것은 자제력이다.

『에센셜리즘(Essentialism)』,『최소 노력의 법칙(Effortless)』같은 베스트셀러를 쓴 그렉 맥커운(Greg McKeown)의 주장도 비슷하다. 그렉은 본질적인 소수에 집중하라고 말한다. 그래야 우선순위가 흐릿해지지 않을 수 있다. 사소한 것들은 전부 희생하고 중요한 몇 가지에만 집중해야 한다. 초점이 흐트러지려 하면 지금 힘든 일을 해야 나중에 더 힘들어지는 것을 피할 수 있다는 사실을 기억해야 한다. 지금 거대한 행동을 밀어붙여 속도를 내면 변화가 일어난다.

한 가지 혹은 여러 가지 형태의 미루기로 고전하고 있다면 자신을 너무 가혹하게 비판하지 마라. 그저 인간의 기본적인 생존 법칙에 따라 움직이고 있는 것뿐이다. 에너지를 절약하려는 것은 지극히 정상적인 본능이다. 하지만 로리에 따르면 미루기는 신체적인 에너지만 보존해줄 뿐인데, 의사결정에 관련된 에너지는 대부분 감정적인 에너지다. 운동이 완벽한 예라고 할 수 있다. 운동을 하기 위해 체육관까지 가는 데 소비되는 감정적 에너지가 실제로 운동에 사용되는 신체적 에너지보다 더 크다. 우리가 과제를 미루고 고통스러움을 과장하기 때문이다.

하나도 숨김없이 솔직하게 말하겠다. 도전은 고통스러울 수도 있지만, 미지의 영역으로 도약하기 위해 두려운 일을 해야만 한다.

케이티 밀크먼과 동료 연구자들은 도전을 도와주는 '새로운 시작 효과'[152]라는 현상을 발견했다. 변화의 동기는 다양한 요인(비즈니스, 에너지, 낙관주의 등)에 따라 달라지는 경향이 있다. 요인이 워낙 다양해서 무작위로 보일 수도 있지만 케이티가 이끄는 연구진은 패턴을 발견했다. 사람들이 새로운 시작을 알리는 특정한 순간에 반응한다는 것이다. 그 순간은 새해, 생일, 새 직장 출근 첫날, 심지어 월요일이 될 수도 있다. 이런 순간에 우리는 뒤로 물러나 삶이나 목표, 우선순위를 되돌아보는 경향이 있다.

새로운 시작은 정체성의 변화처럼 느껴질 수도 있다. 예를 들어, 18세가 된 아이는 법적으로 성인이 되었으므로 무언가 변화를 느낄 것이다. 이 변화는 새로운 규칙과 책임, 특권이 생긴다는 뜻이지만 다른 변화를 촉발할 수도 있다. '새로운 시작 효과'에 담긴 힘을 알면 의식적으로 더 자주 새로운 시작을 추구함으로써 그 힘을 최대한 활용할 수 있다.

도전에 달려들게 해주는 또 다른 방법으로 「뉴욕타임스」 베스트셀러 작가 숀 아처(Shawn Achor)의 '20초 법칙'이 있다. 이 법칙은 모든 활동에 필요한 에너지의 양을 전략적으로 통제하게 해준다. 더 자주 하고 싶은 일인지, 덜 하고 싶은 일인지를 토대로 에너지의 양을 정하면 된다.[153] 예를 들어, 넷플릭스를 보는 시간을 줄이고 싶다면 컴퓨터에서 앱을 삭제해 자동 로그인을 막을 수 있다.

그러면 넷플릭스를 보고 싶을 때 웹사이트를 검색하고 아이디를 입력해서 로그인해야 한다. 이런 작은 노력이 아무 생각 없이 넷플릭스를 시청하는 것을 막아줄 수 있다.

만약 집에서 자주 요리하고 싶다면 미리 씻어서 잘려 나온 채소나 밀키트 같은 것을 이용해 요리에 들어가는 에너지의 양을 줄일 수 있다. 다시 말해서 당신은 두려움을 극복하거나 삶의 커다란 변화를 만드는 도전에 대하여 스스로 생각하는 것보다 훨씬 더 많은 주도권을 가지고 있다.

얼마 전 나는 LA 마라톤 대회에 도전했다. 준비하는 동안 지구력 훈련에 많은 시간을 쏟기는 했지만, 실제로 전체 코스를 뛰어본 적은 한 번도 없었다. 대회 출전 일주일 전에 뛴 거리가 약 20킬로미터(전체 마라톤 거리의 절반)였는데 그것만으로도 죽을 뻔했다. 몸이 너무 쑤셔서 대회를 일주일 남겨놓고 전혀 뛰지 못했다. 솔직히 자격도 없고 준비도 부족해서 그만두는 편이 맞는 것처럼 보이는 상황이었다. 하지만 나는 준비 과정에서 이미 나 자신에게 행동이 완벽하지 않아도 된다고 허락했고, 그저 도전에 모든 것을 쏟아부었다.

내가 끝까지 도전을 이어갈 수 있었던 이유는 나 자신에게 이렇게 말했기 때문이었다. '마라톤은 어렵지 않을 거야. 재미있을 거야.' 마라톤을 재미있게 즐기려고 계획까지 미리 짜두었다. 오르막길이 나오면 급수대가 나올 때까지 걸어가기로 결심했다. 드디어 대회 당일이 되었고 나는 그 계획을 지켰다. 오르막길이 나올 때마다 걸었고, 물과 음료가 제공되는 급수대가 나오면 물을 마시면서 계속 걷다가 다시 달리기 시작했다.

전체 거리 약 42.195킬로미터를 완주하는 동안 피켓을 든 사람들을 보며 미소 지었고 하이 파이브도 했다. 내 몸이 해내고 있는 일에 놀라고 웃음도 나왔다. 경주하고 있다는 생각은 전혀 없었다. 그저 그 과정을 즐겼다. 결과가 어땠는지 아는가? 생각했던 것보다 빠른 기록으로 코스를 완주했고 기분이 정말 좋았다.

마라톤에 처음 도전했을 때만 해도 다시는 마라톤을 하지 않을 것이라고 생각했다. 하지만 LA에서의 첫 번째 마라톤 대회를 완주하고 불과 며칠 후 뉴욕시 마라톤에 참가 신청서를 냈다.

도전은 우리가 되고 싶은 사람에 다가갈 수 있도록 도와준다. 체육관에서 같이 복싱을 하는 사람 중에서 10년 동안 계속 체중이 엄청나게 늘었다 줄었다 하는 남자가 있다. 트레이너에게 이유를 물어봤더니 도전을 끝내자마자 바로 다른 도전을 하지 않으면 곧바로 이전의 생활방식으로 돌아가기 때문이라고 했다. 지금 그는 중요한 권투 시합을 앞두고 훈련하고 있는데 올바른 식단을 따르고 있어서 체중이 많이 줄어들었다. 하지만 그는 이 도전이 끝나고 다른 도전에 뛰어들지 않으면 다시 살이 찔까 봐 걱정하고 있다.

도전은 우리가 되고 싶은 사람에 다가갈 수 있도록 도와준다.

도전하라. 도전은 삶에 일관성을 주고 자기 성찰로 이끌고 자신감을 길러준다. 항상 두 가지 도전이 있어야 한다. 지금 하는 도전, 그다음에 곧바로 뛰어들 도전.

첫 번째 도전을 찾고 받아들이도록 도와주는 몇 가지 방법을 소개하겠다.

Tip. 위대함을 위한 연습 과제

연습 1. 불가능 추구하기

나는 청중 앞에 마련된 무대에서 팀 페리스와 마주 보고 앉을 수 있는 말도 안 되는 기회를 직접 만들었다. 처음에는 터무니없는 꿈이었다. 하지만 이런 질문을 던진 덕분에 불가능을 현실로 바꿀 수 있었다. '이것이 가능해지려면 무엇이 필요할까?'

나는 거대한 꿈을 꿔도 된다고 나 자신에게 허락했고, 결과가 어떻게 될지 모르는 상태로 도전했다. 이 연습법은 불가능한 꿈에 도전하는 계획을 세우도록 도와줄 것이다.

1단계: 도전을 찾아라

의미 있는 사명 선언문(237쪽)을 다시 읽는다. 당신의 사명을 완수하도록 이끌어주는 가장 중대한 성취가 무엇인지 생각해본다.

한계를 두지 말고 최대한 불가능한 것처럼 느껴지는 일을 적는다.

2단계: 무엇이 필요한지 생각하기

팀 페리스와 인터뷰하는 꿈을 이루려면 그의 비서와 인맥을 쌓을 필요가 있었다. 그래서 내가 처음 한 일은 몇 번 만나 안면을 튼 사이임을 이용해 비서에게 먼저 연락한 것이었다. '당신의 불가능한 꿈이 가능해지려면 무엇이 필요할까? 불가능한 꿈에 조금이라도 가까워지기 위해 지금 할 수 있는 행동은 무엇인가?' 가능한 한 구체적으로 적는다.

1.
2.
3.
4.

3단계: 불편함을 재미로 바꾸기

방금 나열한 행동들은 전부는 아니더라도 분명 당신을 움츠러들게 할 것이다. 토스트마스터즈에 가입한 것은 나에게 최악의 악몽과도 같았지만 초청받아 무대에 서는 연사가 되겠다는 도저히 불가능해 보이는 목표를 달성하기 위해 꼭 필요한 단계였다. 불편한 과제를 놀이로 만들면 그나마 견딜 만해진다. 자신의 최고 신기록을 세우려고 하거나, 제한 시간을 정해놓고 작은 목표를 달성해보자. 불편하거나 힘든 상황에서 웃음을 주는 부분을 찾아보는 놀이를 할 수도 있다. 2단계에서 작성한 것 중 하나를 골라서 재미있는 놀이로 바꾸는 계획을 세워보자.

호기심을 이용하라

마지막 단계는 꽤 힘들 수도 있다. '루이스, 모르겠니? 난 이 도전이 정말 두렵단 말이야.' 이렇게 생각할지도 모른다. 그렇다면 그 두려움에서 흥미를 자극하는 부분이 있는지 한번 찾아보라. 나 같은 경우에는 영화에서 멋지게 연설하는 장면이 나오면 흥미진진하다는 생각이 든다. 무대에 서서 사람들에게 긍정적인 영향을 줄 수 있다면 기분이 어떨까 생각하게 된다. 너무 두려웠던 토스트 마스터즈의 테이블 토픽 시간 때 바로 그 호기심을 떠올리려고 노력했다.

연습 2. 30일 게임 플랜

뇌는 이야기식으로 생각하게 되어 있다. 삶이 이야기라고 생각한다면 새로운 시작은 모두 새로운 '챕터'가 된다. 생일은 새로운 시작이고, 졸업도 새로운 시작이다. 새로운 아침 역시 새로운 시작이 될 수 있다. 이 연습은 일정표에 기준점을 넣어 케이티 밀크먼의 새로운 시작 효과를 활용한다.

1단계: 목표 선택하기

다음 달에 이루고 싶은 목표를 선택해서 적는다.

2단계: 목표 나누기

더 작은 목표들로 나눈다. 예를 들어, 만약 큰 목표가 열정과 일치하는 직장으로 이직하기라면 작은 목표는 이력서 업데이트하기, 대표 구직 사이트들에 알림 설정해두기, 지원 가능한 일자리 검토하기, 지원하기 등이다. 더 큰 목표를 위해 이루어야 하는 작은 목표들을 전부 적는다.

1. _____
2. _____
3. _____
4. _____
5. _____
6. _____
7. _____
8. _____
9. _____
10. _____

3단계: 작은 목표들을 정리하라

작은 목표 중에서 3일 안에 완료할 수 있는 것은 무엇인가?

1.
2.
3.
4.
5.

작은 목표 중에서 일주일 안에 완료할 수 있는 것은 무엇인가?

1.
2.
3.
4.
5.

작은 목표 중에서 30일 안에 완료할 수 있는 것은 무엇인가?

1.
2.
3.
4.
5.

4단계: 새로운 시작 표시하기

달력에 3일, 1주, 30일 체크포인트를 눈에 띄게 표시한다. 스티커나 기호 또는 의미 있는 단어를 사용하면 된다. 축하할 만한 일을 선택해보자. 이것이 당신의 새로운 시작이다!

체크포인트를 계속 확인하면서 작은 목표들을 하나씩 이루어 나간다.

5단계: 성찰하기

3일, 1주, 30일 후에 이 페이지로 돌아온다. 그 시간을 어떻게 보냈는지 돌아보고 생각을 적는다. 생각이 막힐 때 다음의 질문을 활용하면 도움이 될 것이다.

- 자신이 성취한 것에 대해 어떤 생각이 드는가?
- 이 시간 동안 다르게 해야 했다고 생각되는 일들이 있는가?
- 한 가지 일에 너무 많은 시간을 쓰지 않았는가?
- 이 마감 일정을 지키면서 어떤 점이 힘들었는가?
- 다음 마감일에는 다르게 하고 싶은 것이 있는가?

시간을 아껴라

가능한 마감일은 촉박하게 정하는 것이 좋다. 그래야 행동이 완벽하지 않아도 받아들일 수 있다. 예를 들어, 블로그 게시물을 작성하는 과제라면 3일 동안 초안을 작성하고 수정한 후 게시한다. 실제로 행동에 옮겨서 어떤 결과가 나오는지 보는 것이 목표다. 이렇게 하면 시간을 아낄 수 있을 뿐만 아니라, 목표를 이루고 새로운 시작점에 이를 때마다 자신감이 올라가고 가속도가 붙는다.

Chapter 15

위대함의 목표를 정하라

나는 어릴 때부터 하계 올림픽을 볼 때마다 가슴이 뛰었다. 깁스를 풀고 누나네 집 소파에서 신세 진 지 몇 달째, 2주 동안 밤낮으로 2008년 베이징 올림픽 경기를 시청했다. 마이클 펠프스(Michael Phelps) 선수는 정말로 대단했다. 출전하는 종목마다 족족 메달을 따냈다. 모든 종목에서 올림픽 신기록이 깨졌다. 소파에서 올림픽을 지켜보며 내가 과연 두 번 다시 선수로 뛸 수 있을지 의문이었다.

그러다가 어느 날 새벽 3시쯤에 핸드볼의 경기 하이라이트를 보게 되었다. 나는 그 스포츠에 완전히 매료되었다. 처음 보는 스포츠였지만 호기심이 잔뜩 생겼고, 핸드볼팀에 대해 할 수 있는 검색은 모조리 다 했다.

핸드볼은 유럽에서는 꽤 활성화된 스포츠이지만 미국에서는 그렇지 않다. 농구와 라크로스/풋볼이 합쳐진 경기이지만 손을 사용한다. 매우 빠른 속도로 진행되며 경기 시간은 총 60분밖에 되지 않는다. 선수들은 작은 축구공을 작은 축구 골대로 던지면서 상대 팀보다 많은 골을 넣으려고 한다. 농구와 비슷하지만 공을 가지고 세 걸음까지만 움직일 수 있으며 그 안에 드리블, 패스, 슛을 해야 한다.

핸드볼이야말로 내 운명의 스포츠라는 확신이 들었다. 이제 막 풋볼에서 은퇴했지만 내가 운동선수로서 끝났다는 생각은 들지 않았다. 그래서 검색을 더 해보고 여기저기 이메일을 보내고 문의 전화를 걸어 미국 핸드볼팀에 대해 알아보기 시작했다. 올림픽에 나가고 싶었다. 미국 핸드볼 국가대표 선수가 되고 싶었다.

알아보니 내가 사는 오하이오에는 핸드볼팀이 없었다. 미국에 핸드볼 프로 리그가 하나도 없었다. 전국에 클럽팀들만 있었는데 그중 최고의 팀은 뉴욕시에 있었다. 돈을 받고 뛰는 선수는 한 명도 없었다. 전부 다 취미로 핸드볼을 하는 것이었다. 하지만 상관없었다. 나는 돈을 많이 버는 방법을 찾아야 했다. 뉴욕시로 이사가서 핸드볼을 배우고, 클럽 팀에 들어가고, 국가대표 선수가 되어 올림픽에 나갈 수 있도록.

짐작하겠지만 나는 도전을 받아들였고 올인했다. 거의 집착 수준에 가까웠다. 미국 핸드볼협회에 계속 연락했지만 전화 연결이 거의 되지 않았고, 이메일 회신도 받을 수 없었다. 그렇게 2년이 지난 2010년 초, 나는 온라인 마케팅 사업으로 마침내 뉴욕에 갈 수 있을 만큼의 돈을 벌었다. 여전히 연락은 닿지 않았다. 뉴욕시 핸드볼 클럽의 웹사이트는 찾았지만 이메일 주소도 전화번호도 나와 있지 않았다. 선수들이 연습하는 장소만 기재되어 있었다.

강연이 있어서 한 달간 뉴욕에 머물게 되었고, 클럽에 한번 찾아가 보기로 했다. 막상 가보니 미국에서 태어난 미국인은 나밖에 없었다. 선수들이 30명 정도 있었는데 유럽의 다양한 국가 출신이고 다양한 언어를 사용했다.

나는 정면으로 부딪혔다. "안녕하세요. 저는 오하이오에서 온 루이스라고 합니다. 핸드볼을 배워 미국 국가대표팀에 들어가 올림픽에 나가고 싶어서 왔습니다."

내 말에 모두가 웃음을 터뜨렸다.

각양각색의 언어로 자기들끼리 이야기하기 시작했다. 영어로 말하는 사람은 한 명도 없었다. 마침내 누군가가 통역을 해주었다.

"당신은 누군데 갑자기 와서 허무맹랑한 소릴 하는 거예요? 우리 팀은 지난 주말에 전국 선수권 대회에서 우승했고, 오늘이 올해의 마지막 연습 날이에요. 우린 그냥 재미로 핸드볼을 하는 거예요. 오늘은 축구를 할 거고. 핸드볼은 안 할 거라고. 연습이 시작되는 3개월 후에 다시 와요."

그때 다시 오겠다고 말하고 몇몇 선수와 인맥을 쌓기 시작했다. 한 명이 다음번에 더 잘 준비하는 팁을 알려주기도 했다. 나는 뉴욕에 계속 머물게 되었고, 몇 달 후에 함께 연습하기 시작했다.

나는 도전을 받아들였다. 새로운 도시로 이사 와서 다른 배경과 문화 경험을 가진 사람들과 한 번도 해본 적 없는 스포츠를 배워야 하는, 불편하기 짝이 없는 상황으로 뛰어들었다. 사용하는 언어조차 달랐지만 내 결심은 단호했다.

나는 꾸준히 연습하기 시작했다. 축구 기술을 가지고 있었지만 숙련된 핸드볼 선수는 아니었다. 몇 년 전의 수술로 신체 능력이 완전하지도 않았다. 그래도 원래 운동신경이 있는 편인데다 아무리 힘들어도 기꺼이 부딪힐 의지가 있었다.

뉴욕으로 날아간 지 9개월 후, 나는 미국 핸드볼 국가대표팀에 들어갔고 아르헨티나 부에노스아이레스에서 열린 팬아메리칸 대회(Pan-American Championships)를 통해 처음으로 국제 대회에 참가했다. 꿈에 한 걸음 가까이 다가갔고 열정은 더더욱 커졌다.

9년 동안 사업을 키우면서 핸드볼 국가대표팀에서도 뛰었다. 스페인의 프로팀에서도 잠깐 뛰었다. 나는 핸드볼에 모든 것을 쏟아 부었고 이스라엘, 런던, 룩셈부르크, 브라질, 우루과이, 멕시코, 캐나다 등 세계 각지와 미국 전역에서 열린 경기에 참여했다.

올림픽 출전이라는 도전에 성공하는 방법은 4년마다 팬아메리칸 대회라는 토너먼트에 출전하는 자격을 얻는 것뿐이었다. 보통 올림픽 종목은 국가에서 팀이나 개인 선수를 대표로 내보내지만 핸드볼은 좀 다르다. 북아메리카와 남아메리카에서 한 팀만이 올림픽에 출전할 수 있다. 북미와 남미의 국가들이 올림픽 대표를 뽑기 위해 모여서 대결을 펼친다. 어떻게 보면 하프 올림픽인 셈이다. 핸드볼 국가대표로 올림픽에 나가려면 팬아메리칸 대회에서 우승해야 한다.

브라질, 아르헨티나, 칠레에는 프로 리그가 있다. 그곳 선수들은 오랫동안 핸드볼을 했고 정말로 재능이 뛰어나지만, 미국 선수들은 모두 아마추어였다. 혼자 아무리 잘해도 소용없다. 팀이 이겨야 하는 거니까. 올림픽 출전은 불가능하지는 않지만 상당히 힘든 일이다. 하지만 올림픽 개최국은 자동으로 출전 자격을 갖게 된다. 미국은 2016년과 2020년 올림픽을 유치하려고 했지만 성공하지 못했다. 하지만 2028년 하계 올림픽이 로스앤젤레스에서 열리게 되었으니 무엇이든 가능하다! 어쨌든 내 인생에서 가장 자랑스러운 순간은 미국 핸드볼 국가대표 선수가 되어 경기에 나간 것이었다.

목표를 정하지 않으면

목표를 정하지 않으면 위대함을 달성하기 힘들 것이다. 목적지가 분명히 그려져 있지 않기 때문이다. 방향이 분명하게 보이지 않으면 목적지에 도달하기 위한 전략을 세울 수 없다. 예를 들어, 축구에서는 축구공을 골대에 넣어 상대보다 많은 점수를 얻어야 이긴다. 무엇을 해야 하는지 알려주는 목표와 어떻게 할 것인지 알려주는 전략이 없다면 선수들은 그냥 정처 없이 축구장을 떠돌 것이다. 하는 사람도, 구경하는 사람도 재미가 없다.

나는 운동선수라면 목표가 있는 것이 현명하다고 생각한다. 나는 인생에서도, 스포츠에

목표를 정하지 않으면 위대함을 달성하기 힘들다.

서도 모든 시즌마다 목표를 가지고 있었다. 목표는 가고 싶은 곳으로 갈 수 있는 집중력과 결단력을 제공해주었다.

프로 선수를 그만두고 앞으로 남은 인생을 어떻게 살아갈지 고민할 때, 내가 경기장 밖에서는 안에서와 달리 자신감이 크지 않다는 사실을 깨달았다. 목표와 전략을 확실하게 안다는 것이 내 자신감의 큰 부분을 차지했다. 그런데 성취할 목표가 없으니 정처 없이 방황할 수밖에 없었다. 비슷한 경험을 해본 사람이 많을 것이다.

정해진 목표와 그것을 달성하기 위한 집중력과 추진력이 필요하다. 만약 원하는 결과가 나오지 않고 있다면 목표와 초점을 다시 점검해볼 필요가 있다. 명확한 목표가 없으면 타인의 가치와 목표가 우리의 초점을 흩트려 놓는다. 역시나 로리 바덴은 곧바로 핵심을 짚어주었다.

어떤 목표를 향해 기꺼이 달려갈지 확실하게 정해야 합니다. 그리

고 그 목표를 성취할 때까지 나머지 모든 것은 주의를 산만하게 할 뿐이라는 것을 깨달아야 합니다. 초점이 힘입니다. 초점이 흐리면 결과도 흐려집니다. 대부분의 사람은 흐린 결과를 얻고 있습니다. 충분히 똑똑하지 않거나 잘하지 못해서가 아니라 초점이 없기 때문입니다. 시간과 집중, 자원이 흩어졌기 때문이죠. 우리에게 필요한 것은 돌파구를 만들어줄 집중된 에너지입니다.[154]

흐릿한 초점은 흐릿한 결과와 같다. 성공을 거둘수록 주의를 흐트러뜨리는 일들이 늘어나고, 우선순위의 경쟁도 치열해지면 더욱 그렇게 된다. 의미 있는 사명에 초집중하지 않으면 절대로 원하는 결과가 일어나지 않을 것이다.

목표에 전혀 진전이 없다고 느끼는 사람이 많은 이유도 그 때문이다. 댄 설리번(Dan Sullivan)과 함께 『갭 & 게인(The Gap and the Gain)』을 쓴 벤저민 하디 박사는 다음과 같이 설명했다.

사람들이 지치는 이유는 많은 에너지를 소비하고도 아무런 진전이 이루어지지 않는 것 같아서입니다. 나는 목표를 달성하면 에너지가 넘칩니다. 목표를 달성하면 에너지가 생기죠. 신이 납니다. 스스로 마감일을 정하고 결과를 내고 성공을 거두면 그런 자신을 보면서 자신감이 쌓입니다. 최종적인 목표와 지금의 나를 비교하는 게 아니라, 이 목표를 이루어내기 전의 나와 지금의 나를 비교하기 때문이죠. 앞으로 나아가는 게 보이면 흥분이 됩니다. 성공은 자신감과 동기부여로 이어집니다. 자신이 크고 작은 승리를 거두는 모습을 보면 에너지가 생깁니다.[155]

군대만큼 초점 있는 전략이 중요한 곳은 없을 것이다. 네이비실 출신인 제이슨 레드먼에 따르면 네이비실 대원들은 목표물을 발견하는 순간 분석에 들어간다. 그래야 자신이 무엇을 상대하고 있는지, 무엇을 목표로 삼아야 하는지 알 수 있기 때문이다. 또한 그들은 목표 지점으로 가는 경로를 정확하게 정한다. 모든 행동을 자세하게 분석하고 만일의 사태를 위한 대비책을 세워서 계획에서 벗어나는 일이 없도록 한다. 다시 말해서 목표를 세우고 행동 계획으로 목표를 지원하는 것이다.

제이슨은 어렸을 때 네이비실에 들어가겠다고 결심했을 때도 비슷한 과정을 거쳤다. 목표를 확실하게 알고 있는 덕분에

원하는 결과가 나오지 않고 있다면 목표와 초점을 다시 점검해볼 필요가 있다.

목표 달성을 위한 분명한 전략을 세울 수 있었다. 해군에 들어가 네이비실에 합격하고 선별 검사와 필기시험에 통과해 최종적으로 네이비실에 들어가는 것.[156]

그는 이런 식으로 여정을 세분화한 덕분에 목표를 이루기 위해 가야 할 길이 어디인지 알기 쉬웠다. 이 방법은 당신에게도 효과적

이다. 목표 달성에 필요한 단계를 한 번에 하나씩 밟다 보면 원하는 곳으로 갈 수 있다.

목적 없이 방황하지 말고 목표를 찾고 달성하는 전략을 세워서 의미 있는 사명에 다가가라.

내가 목표를 설정하는 방법

나는 풋볼 코치로부터 목표 달성을 위한 일정을 세우는 것의 중요성을 배웠고 줄곧 그 기술에 열광해왔다. 코치는 시즌을 앞두고 우리에게 다음의 질문을 던져서 팀의 목표를 세웠다.

"우리 팀의 목표는 무엇이지? 우리가 이루고 싶은 것은 무엇이지? 챔피언십에서 우승하는 것? 결승에 진출하는 것? 몇 경기에서 이기고 싶지? 모든 포지션의 기량을 올리고 싶은가?"

우리는 이 질문을 짚어보면서 공통의 목표를 세웠다.

연습 첫날 사물함에는 일정표가 들어 있었다. 라커룸의 모든 사물함에 일정표가 있었다. 그때 나는 열다섯 살이었는데 목표를 이루기 위해 그날그날 의도적으로 해야 하는 일들이 분 단위로 적혀 있는 달력을 본 것은 처음이었다. 물을 마시는 5분 휴식, 스트레칭을 위한 10분 휴식 시간이 정해져 있었다. 공격 부문과 수비 부문을 위한 일들도 따로 있었다. 그 일정표는 목표를 측정했고, 우리가 목표와 얼마나 멀리 떨어져 있는지 또는 얼마나 가까운지를 한눈에 보여주었다. 무엇 하나 의도적으로 계획되지 않은 것이 없었다.

'아, 내 인생에도 이런 식으로 계획을 세워야겠다'라고 생각했고, 쭉 그 방법을 활용하고 있다.

프로선수 생활을 마무리한 뒤 나는 사람들이 왜 원하는 목표를 이루기 위한 행동의 일정표를 만들지 않는지 이해되지 않았다. 나는 그 시스템을 지난 20년 동안 사용했다. 내가 원하는 것은 전부 달력에 들어가야 한다. 어머니에게 전화하는 것조차 일정표에 들어가 있다. 운동을 해야 하면 그것도 일정표에 넣는다. 책 원고를 쓰는 일도. 오늘 할 일의 리스트만 만들어놓고 딴 데 정신이 팔리면 안 된다. 나는 분 단위로 일정표에 따라 움직인다. 덕분에 삶의 명확성이 커지고 목표 달성에 필요한 단계를 확실히 밟아나갈 수 있다.

나는 하루를 어떻게 시작하느냐가 일정표에 가장 큰 영향을 미친다는 사실을 깨닫게 되었다. 그래서 매일 일관적으로 생산성을 도와주는 나만의 아침 루틴을 개발했다.

다음은 하루를 제대로 시작하기 위해 나에게 필요한 것들이다.

- 수면: 하루의 에너지와 집중력을 위해 7~8시간의 숙면이 매우 중요하다.

- 이부자리 정리하기: 아침에 일어나자마자 작은 일을 해내면 성공적인 하루로 나아가는 가속도가 생긴다.
- 몸 움직이기: 운동은 몸과 마음을 개운하게 해준다.
- 찬물로 샤워하기: 찬물 샤워는 정신을 깨우고 살아있다고 느끼게 하고 면역력 개선에도 좋다.
- 명상: 긴장을 풀고 감사함을 느끼면 머릿속이 맑아진다.

자동적 반응이 아닌 주도적인 태도를 가지면 직접 원하는 삶을 만들어나갈 수 있다. 삶이 부정적인 방향으로 나를 끌고 가도록 내버려 두지 않는다.

좋은 아침 루틴은 그날 하루가 긍정적인 출발선상에 놓이게 한다. 하루의 일정을 좀 더 안정적으로 세우고 통제할 수 있다. 하루의 시작이 긍정적일수록 남은 시간도 더욱더 효율적으로 보낼 수 있다. 자동적 반응이 아닌 주도적인 태도를 가지면 직접 원하는 삶을 만들어나갈 수 있다. 삶이 부정적인 방향으로 나를 끌고 가도록 내버려 두지 않는다.

나는 꿈과 목표를 향해 달려가는 수많은 최고의 성과자를 인터뷰했다. 그들이 일정한 구조를 갖춘 일정표를 만들어 책임감을 키우고 자신을 코치함으로써 꿈과 목표에 투자한다는 사실을 발견했다.

케이티 밀크먼에 따르면 원하는 결과가 일어나겠거니 막연하게 기대하는 것이 아니라 일정표를 세워서 실천하면 원하는 결과가 나올 확률이 더 높다는 사실은 과학적으로도 증명되었다. 성공을 위한 계획을 세우는 것이 핵심이다. 언제 무엇을 할 것인지 말이다. 밀크먼은 '만약을 위한' 계획을 세워두는 것도 중요하다고 말한다. 목표를 계획하는 방법에 대한 피터 골위처(Peter Gollwitzer)의 연구에 따르면 목표를 끝까지 해내는 사람일수록 구체적이고 자세한 구조로 이루어진 계획을 세운다. 그들은 '만약 X이면 나는 Y를 한다'는 규칙을 통해 목표를 달성하는 경우가 많았다. '월요일 오후 5시에는 체육관에 가서 마라톤 대회 출전을 위한 훈련을 한다'라는 식이다. 결과에만 집중하고 할 일이 무엇인지만 알고 있지 말고 구체적인 시간과 세부 사항을 적어놓으면 실행 가능성이 커진다.

목표의 진행 과정을 추적하고 행동이 만드는 변화를 두 눈으로 직접 확인하는 것은 행동을 변화시키는 핵심이기도 하다. 밀크먼은 앞으로 나아갈 때 자신에게 보상을 주는 것이 성취감에 매우 중요한데 자신이 여정의 어느 지점에 있는지 쉽게 알 수 없으면 보상을 주기가 어려워진다고 설명한다. [157]

위대함 수행 시스템

목표는 인생의 단계마다 바뀔 수 있다. 운동선수였을 때 내 목표는 최고의 컨디션을 유지하는 것이었다. 누나네 집 소파에서 신세 질 때의 목표는 소파에서 일어나 생산적인 삶을 사는 것이었다.

지금 이 시점의 목표는 의미 있는 사명 선언문으로 시작한다. 의미 있는 사명을 분명하게 알지 못하는 것이 위대함의 적이라는 것을 기억하라. 의미 있는 사명에 도움 되는 목표를 세울 때는 반드시 적어놓고 눈에 잘 보이는 곳에 두어야 한다. 일정표가 없으면 당신을 이끌어주는 지침도, 나아갈 방향도, 노력할 목표도 아무것도 없다. '당신은 누구인가? 무엇을 이루고자 하는가?' 자신의 비전과 사명, 목표를 통제하면 의식적으로 하루를 살 수 있고 자신에게 이렇게 물어볼 수 있다. '나는 내 사명을 위해 오늘 무엇을 하고 있는가?'

나는 숫자 3의 단순함에 큰 힘이 들어있다는 사실을 발견했다. 그래서 성과에 대해서도 3을 이용해서 생각하는 방법을 고안해냈다. 세 명의 선수, 세 개의 목표, 세 개의 질문. 이 시스템을 이용해 위대함 수행 시스템(Greatness Performance System, GPS) 또는 인생의 게임 플랜을 고안했다.

나는 일, 관계, 건강이라는 삶의 영역이 이 순간 경기장에 나가서 뛰는 세 명의 선수라고 생각한다. 이 중에서 한두 가지에만 집중하게 되기 쉽지만, 지속적인 성공을 위해서는 세 가지가 모두 중요하다. 만약 건강이 좋지 않으면 결국 일과 관계도 나빠질 것이다. 관계에 활기가 없으면 집중이 흐트러지고 일도 부진해질 것이다. 하지만 건강과 관계가 활기를 띠면 일이나 직업의 꿈에도 날개가 달린다. 나는 위대함으로 나아가는 가장 유리한 조건을 유지하기 위해 이 세 선수를 가장 우선시하고 있다.

모든 선수가 균형 잡히고 바람직한 상태를 유지하도록 세 가지 영역에 모두 관심을 기울여야 한다.

- 일: 소득, 영향력, 임팩트
- 관계: 개인, 일, 공동체
- 건강: 신체 건강, 마인드셋, 정신 건강

나는 각 영역에서 가장 중요한 목표를 찾는 과정을 거친다. 그래서 총 목표는 아홉 가지가 된다. 하지만 가짓수가 많다 보니 제대로 집중하기가 쉽지 않을 것이다. 그래서 각 선수(일, 관계, 건강)에게 가장 중요한 목표를 하나씩 선택해 이 세 가지 목표에만 집중하고 하나씩 달성한다.

목표에 대해 생각할 때 꼼짝없이 갇힌 듯한 기분을 느끼는 사람이 많은데 목표를 정확하게 설정하지 않기 때문이다. 목표가 너무 많아도 마찬가지다. 할 일이 너무 많아 도저히 감당할 수 없는 것처럼 느껴질 수밖에 없다. 직관에 어긋나는 것처럼 느껴질 수도 있지만 많이 성취하려면 적은 목표에 집중해야 한다. 그렇다고 삶의 어떤 영역을 아예 무시하라는 것은 아니다. 당신이 추구하는 목표의 관점에서 가장 집중적인 관심이 향하지 않을 뿐이다.

나는 각 선수에게 가장 중요한 목표를 하나씩, 총 세 개의 목표를 선택한 후에는 세 가지 중요한 질문을 던진다.

- **내가 원하는 것은 무엇인가?** 이 질문에 답하면 마음의 비전과 목적이 선명하게 드러난다.
- **나는 그것을 왜 원하는가?** 이 질문에 답하면 의미 있는 사명과 다시 이어지고, 심오하고 강력한 행동 동기를 활용할 수 있게 된다. 이 질문의 답이 선뜻 나오지 않을 때도 있는데, 그것은 다른 질문을 할 필요가 있다는 뜻이다. 나는 정말로 이것을 원하는가?
- **다음 단계는 무엇인가?** 이 질문에 답하면 앞으로 나아가기 위해 현실적으로 어떤 움직임이 필요한지에 집중할 수 있다. 앞으로 6개월 후에 무엇을 해야 하는지 몰라도 된다. 계속 앞으로 나아가기 위해 지금 당장 할 일이 무엇인지만 알면 된다.

위대함 수행 시스템(이하 GPS)에서 숫자 3의 힘을 활용하면 삶의 모든 영역뿐만 아니라 위대함에 이르는 구체적인 목표에 집중할 수 있다. 목표를 매일 실행 가능한 단계들로 나누어 일정표를 세우면 된다. 실제로 위대함 코칭(Greatness Coaching) 커뮤니티의 회원들은 이 입증된 GPS 프로세스를 삶과 비즈니스에 적용하여 획기적인 성공을 경험하고 있다. 이 책을 읽는 당신도 위대함의 여정에서 이 방법의 효과를 누리기를 바란다.

Tip. 위대함을 위한 연습 과제

위대함 코칭 프로그램에 참여하는 사람들은 내가 목표를 설정하고 달성하는 과정을 도와주기 위해 고안한 위대함 플레이북(Greatness Playbook) 전체를 이용할 수 있다. 여기에서는 전체 활동의 일부분만 소개하지만 방금 소개한 방식으로 목표를 설정하고 일정표를 만드는 데 큰 도움이 될 것이다.

연습: GPS 목표 설정 계획

세 명의 선수와 9개의 영역에 대하여 다음 질문에 답하라.

1. 이 영역이 3년 후 어떤 모습이기를 바라는가?

꿈에 대한 이 질문은 당신의 상상력에 시동을 건다. 꿈이 이루어지지 못하도록 방해하는 것이 하나도 없다는 가정하에 답을 생각해보자. 형식에 구애받을 필요가 없다. 완벽한 문장으로 깔끔하게 쓰지 않아도 된다. 그저 마음껏 상상력을 발휘하라.

2. 나는 이것을 왜 원하는가?

무언가를 원한다고 생각했지만 원하는 이유를 깊이 파고들어 보면 예상 밖의 답이 나올 때가 많다. 진정으로 원하는 것이 아님을 알게 되기도 한다. 그런가 하면 오히려 그것을 원하는 심오한 동기가 발견되어 목표를 추구하는 원동력으로 활용할 수도 있다. 진정한 동기를 파악할 수 있을 때까지 이 질문을 여러 번 해야 할 수도 있다.

3. 지금까지 나온 답을 고려할 때 9개 영역에서 가장 중요한 목표는 무엇인가?

하위 영역 아래의 첫 번째 줄에 목표를 쓴다. 최소 두 줄의 공간을 남겨둔다.

일

소득

목표:

영향력

목표: _____

_____

임팩트

목표: _____

_____

관계

개인

목표: _____

_____

일

목표: _____

_____

공동체

목표: _____

_____

건강

신체 건강

목표: _____

_____

마인드셋

목표: _____

_____

정신 건강

목표: _____

_____

4. 선수(일, 관계, 건강)**마다 목표를 하나씩만 선택한다.** 그리고 나서 각 목표에 대하여 다음의 세 가지 질문을 던지고 행동을 준비한다. 다음 단계로 넘어갈 때마다 이 과정을 반복하면 앞으로 나아가는 동안 계속 명확성을 잃지 않을 수 있다.

• 내가 원하는 것은 무엇인가?

• 나는 그것을 왜 원하는가?

• 다음 단계는 무엇인가?

Chapter 16

지원군을 모아라

스포츠가 언제나 내 삶에서 큰 부분을 차지한 이유는 공동체 의식을 느끼게 해주었기 때문이다. 나를 지지해주는 팀이 있다는 것만으로 시련 앞에서도 강해질 수 있었다. 시련이 닥쳐도 힘을 실어주는 동료들이 있었고 나 역시 그들에게 목표를 향해 나아가도록 힘을 보태줄 수 있었다.

스포츠계를 떠난 뒤로 공동체의 지지가 그리웠는데 크로스핏에서 다시 찾았다. 같이 운동하는 사람들의 모임에서 서로에게 책임을 다해야 한다는 마음을 다시 느꼈고, 일주일에 4~5일씩 헬스장에 나가기 시작했다. 물론 수업을 지도하고 지원해주는 코치가 있었지만 모든 동료가 서로를 격려하고 응원하며 앞으로 나아갈 수 있도록 도와주었다. 크로스핏은 수년간 내가 건강 목표에 책임을 다할 수 있게 해준 일등 공신이었다.

일, 관계, 건강 분야의 목표가 무엇이든 책임과 지원은 성공과 실패를 좌우하는 마법의 열쇠가 되어줄 수 있다.

어쩌면 당연하겠지만 나는 책임에 세 가지 측면이 있다고 생각한다.

- 자신에 대한 책임
- 다른 사람에 대한 책임
- 공동체에 대한 책임

자기 자신에 대한 책임 책임의 첫 번째 측면은 스스로 하겠다고 약속한 일을 한다는 자부심과 진실성이다. 이 측면의 가치를 과소평가하는 사람들이 많은데, 자신을 과소평가하기 때문이다. 자신의 목소리와 자신과의 약속을 지키는 자부심을 대수롭지 않게 여기는 것이다. 하지만 지금 내가 누구이고 앞으로 어떤 사람이 되고 싶은지 알면 자신과의 약속을 존중하고 지켜나가는 진실성의 힘을 활용할 수 있다. 당신은 진실성에 따라 정체성을 만들어가고 있는가? 다시 말하자면 당신은 스스로 하겠다고 말한 것을 지키는 사람인가? 아니면 특히 자신을 위한 일에 대하여 말과 행동이 다른 사람인가?

우리가 자신에게 하는 말은 정말로 중요하다. 스스로 한 말을 지키면 자존감과 자신감, 자기애가 길러진다. 매일 하루를 보내고 이렇게 말할 수 있다면 어떨까? "나는 하겠다고 한 일을 해낸 내가 자랑스러워." 책임에서 자신에 대한 자부심과 진정성의 측면이 바로 이것이다. 이것이 책임의 가장 기본적인 토대가 되어야 한다. 살다 보면 여러 도전과 할 일이 따르는 법이다. 그래서 다른 두 가지 측면의 책임도 필요하다.

다른 사람에 대한 책임 나는 이 사람을 목표 친구(accountability buddy, 목표를 공유하고 서로 동기부여를 해주는 친구 _역주)라고 부르고

> **지금 내가 누구이고 앞으로 어떤 사람이 되고 싶은지 알면 자신과의 약속을 존중하고 지켜나가는 진실성의 힘을 활용할 수 있다.**

싶다. 친구, 파트너, 배우자, 코치, 어떤 분야의 전문가 등이 여기에 포함된다. 예를 들어, 운동량을 늘리기로 하고 친구와 매일 아침 걷기 운동을 하기로 했다면 그것이 바로 목표 친구다. 요점은 목표 달성의 다음 단계를 수행하기 위해 다른 사람들의 도움을 구한다는 것이다. 특히 자신에 대한 자부심과 진정성만으로 몸을 움직이기 힘든 날(누구나 그런 경험이 있을 것이다), 목표 친구는 당신이 계속 목표를 향해 나아가도록 책임을 묻고 지원해준다.

케이티 밀크먼은 책임이 무엇이고 왜 효과가 있는지 설명하면서 '이행 장치(commitment devices)'[158]라는 개념을 소개했다. 이행 장

치는 우리가 하겠다고 말한 것을 지키기 위해 자신에게 부과하는 결과 또는 벌칙을 말한다. 우리는 남들이 우리에게 부과한 제약(속도 제한과 속도위반 벌금을 생각해보라)을 지키는 것에는 익숙하다. 하지만 자신에게 스스로 부과하는 제약과 결과에도 잘 반응하는 것처럼 보인다. 내가 목표를 이루기 위한 행동을 제대로 하는지 누군가에게 책임을 물어달라고 하라. 그러면 목표에 해로운 행동을 하거나 그 사람을 실망시킬 때 당혹감이나 수치심이라는 벌을 받게 되는 이행 장치가 만들어진다.

내 인생이 바닥을 쳤을 때 (선수생활을 하다가 부상을 입고 직업도 없이 크나큰 자기 불신에 빠져 있었을 때) 누나와 형이 책임이라는 놀라운 선물을 주었다. 누나는 말했다. "루이스, 네가 내 집 소파에서 잔 지도 이만하면 오래된 것 같다. 내 집에서 나가든지, 집세를 보태든지 둘 중 하나를 선택해."

처음에는 그냥 형의 집 소파로 옮기면 된다고 생각했는데 형도 똑같은 말을 했다. 보탤 돈은 한 달에 겨우 250달러였지만 그 돈을 마련할 계획을 세우고 실행하지 않으면 안 되었다. 돈을 내지 못하면 나는 실패하는 것이고, 내 실패를 형제들이 모두 알게 될 터였다. 실패하면 느끼게 될 당혹감이 변화를 행동에 옮겨야 하는 불편함보다 훨씬 컸다. 그래서 나는 몸을 바쁘게 움직였다.

374

공동체를 돕는 책임 공동
체는 클럽, 회원 모임, 교회, 자
조집단 등 다양할 수 있다. 공

식적이거나 비공식적일 수도 있고, 상부구조일 수도 있고, 임시적
일 수도 있고, 필요에 따라 자주 만나거나 소통할 수도 있고, 그렇
지 않을 수도 있다. 인간은 긍정적인 동류 집단 압력에 잘 반응하
는 공동체적인 존재라는 사실을 아는 것이 중요하다. 다른 사람들
이 나에게 의지하고 있다는 것을 알면 할 일을 건너뛰지 않게 된
다. 그들에 대한 헌신이 부족하다는 사실을 인정하는 셈이 되기 때
문이다.

생산성 전문가 토마스 프랭크(Thomas Frank)에 따르면 책임을 공
유하는 공동체 안의 하위 그룹은 책임을 공유하는 팀이다. 나의 성
과에 따라 그룹의 성공이 좌우된다. 여기에는 사업 파트너, 직장
동료 또는 가족 구성원이 포함될 수 있다. 팀의 책임 공유 효과가
강력한 이유는 내가 실패하면 모든 팀원이 알게 될 뿐만 아니라,
내 실패가 곧 그들의 실패가 되기 때문이다. 그래서 팀의 성공과
밀접한 관련이 있는 목표를 함께 추구하는 것이 효과적이다. [159]

예를 들어, 사람들과 팀을 이루어 30일간의 체중 감량 챌린지에
참여한다고 해보자. 성공하면 함께 보상을 누리고, 실패하면 함께
실패의 쓴맛을 보아야 한다. 팀의 책임 공유 효과는 모든 구성원이

성공을 위해 노력하는 강력한 동기부여가 된다. 위대함의 목표를 추구할 때 공동체의 힘을 활용하면 큰 도움이 될 수 있다.

책임의 여러 측면이 어떻게 작동하는지 몇 가지 예를 들어보겠다. 풋볼 선수였을 때 나에게는 이번 시즌에 터치다운 득점을 몇 점 하겠다 등 개인적인 목표가 있었다. 그 목표를 달성하기 위해 나 자신을 몰아붙였다. 이것이 나 자신에 대한 책임이었다. 그리고 코치는 내가 매일 훈련에 대한 책임을 다하도록 이끌어주었다. 훈련에 참석하지 않거나 100퍼센트를 쏟아붓지 않으면 벌칙으로 몇 킬로미터를 달리거나, 다음 경기에서 벤치 신세가 되는 등의 결과가 따랐다. 그리고 나는 최선을 다하지 않아 팀원들을 실망시키는 일을 만들고 싶지 않았다. 공동체의 지원이 내가 계속 앞으로 나아가도록 동기부여를 했다.

또 다른 예는 여자 친구와의 관계다. 여자 친구는 내가 내 길을 잘 가고 있는지 피드백을 주는 중요한 사람이다. 먼저 나는 자신의 감정을 살펴보면서 내가 진정한 나에게 충실하고 진정성 있게 행동하는지 점검한다. 그다음에는 여자 친구와 대화를 나누고 서로의 감정을 함께 짚어보면서 책임을 공유한다. 이렇게 하면 내가 여자 친구와의 관계에 최선을 다하고 있는지 실시간으로 확인할 수 있다. 우리의 관계에서 나 자신의 정서적 가용성(상대가 어려운 일이 있거나 감정을 공유하고 싶어 할 때 곁에 있어 주는 것을 말함 _역주), 친밀함, 존재감을 돌아보는 것이다. 만약 이런 부분에서 한동안 문제가 발견된다면 우리의 관계는 단절될 것이다.

그리고 나는 감정을 다루고 지금의 내 모습을 돌아보고 새롭게 가다듬기 위해 2주에 한 번씩 심리치료사에게 도움을 얻는다. 마지막으로, 나는 친구들과 어울리고 이 공동체로부터도 피드백을 받는다. 나에 대해 솔직하게 이야기해주고 걱정스러운 부분이 보이면 용감하게 지적해줄 친구들과 어울리려고 노력한다.

삶의 모든 영역에서 세 가지 측면의 책임에 의식적으로 관심을 기울이자. 그러면 의미 있는 사명을 이루기 위해 하겠다고 다짐한 행동을 반드시 실천할 수 있다.

전문가의 도움

나는 항상 전문가들에게 도움을 받는다. 여기에서 말하는 전문가에는 심리치료사, 코치, 사제, 멘토 등이 포함될 수 있다. 이들은 우리가 책임을 다하는 데 필요한 기술을 가진 전문가들이다. 전문가의 지원은 당신의 성공에 절대적으로 중요할 수 있다. 새로운 기술을 배울 기회를 주거나 평소의 관점에서 벗어나 새롭고 귀중한 관점을 제공해주기 때문이다. 하지만 이들을 목표 친구가 아닌 코치로 생각하는 것이 더 도움이 될 것이다.

우리가 책임을 다하도록 도와주는 전문가의 또 다른 특징은 대개 금전적으로 큰 비용이 든다는 것이다. 나는 몸을 만들기 위해 전문 트레이너에게 일대일 도움을 받는 데 분명히 효과가 있다. 돈을 내고 이용하는 만큼 빼먹거나 소홀히 한다면 자신이 바보처럼 보일 것이다. 하지만 전문가를 고용할 여유가 없다면 지역 단체나 비영리 단체 등 도움을 받을 수 있는 다른 선택지가 있는지 알아본다.

"올림픽 선수들에게도 코치가 있습니다. 그런데 왜 우리는 코치 없이 할 수 있을 거라고 생각할까요?" 베스트셀러 『사는 게 귀찮다고 죽을 수는 없잖아요?(You Are a Bad-Ass)』의 작가 젠 신체로(Jen Sincero)는 나와의 인터뷰에서 이렇게 멋진 질문을 던졌다.[160] 우리는 완전히 백지상태에서 새로운 기술을 배울 때 실패하면 왜 그렇게 놀라는 것일까? 한걸음 뒤로 물러서서 바라보면 자존심 때문이라는 것이 분명하게 보인다. 최고의 풋볼 선수 톰 브레이디(Tom Brady)에게도 코치와 각종 전문가가 줄줄이 붙어 있다.

내 팟캐스트 「위대함 학교」에 두 번 출연한 유명 테니스 선수 노박 조코비치(Novak Djokovic)도 마찬가지다. 나는 그를 돕는 전문가 팀을 실제로 본 적이 있다. 전문가들은 그가 스트레칭이나 회복에 대한 책임을 소홀히 하지 않고 경기 후에 충분히 잠을

책임이 여러 겹일수록 목표를 위한 행동을 미루지 않을 가능성이 커진다.

378

자도록 지원한다. 노박은 사우나와 체력 관리에 필요한 모든 것을 포함해 완벽한 회복 시스템이 갖춰진 전용 버스를 타고 이동한다.

젠 신체로는 전문가를 이용하려면 적지 않은 비용이 들지만 혼자 힘으로 할 때보다 훨씬 빨리 진전이 이루어지므로, 장기적으로는 돈과 시간이 절약된다고 말한다. 나 역시 어떤 영역에서는 혼자서도 발전을 이룰 수 있지만, 그렇지 못한 영역도 있다는 것을 경험으로 깨달았다. 혼자서는 모든 걸 다 알 수 없는 데다, 특히 무엇을 모르는지 모른다. 전문가는 우리가 모르는 것을 알려주고 배울 수 있는지조차 몰랐던 것을 배우도록 도와줄 수 있다. 그래서 나는 일, 관계, 건강의 개선에 스스로 책임을 다할 수 있도록 종종 전문가들의 도움을 받는다.

우리가 책임을 다하도록 도와주는 전문가는 꼭 사람이 아닐 수도 있다. 나는 여행할 때 운동 루틴과 식단을 제공하고 마인드셋과 명상, 수면에 관한 조언을 해주는 온라인 앱을 이용한다. 그 앱은 운동해야만 하는 날짜가 적힌 달력을 제공함으로써 내가 책임을 다하도록 도와준다. 운동을 다 하고 나면 목표를 달성했음을 증명하기 위해 사진을 찍어야 한다. 나는 그 사진을 반드시 찍고 싶다.

Mint.com 같은 개인 금융 관리 앱과 같은 도구를 이용하는 것도 책임을 다하기 위해 전문가의 도움을 받는 것이다. 전문가들의 지원을 받을 수 있는 선택지는 무궁무진하다. 장담하건대 위대함의 여정에서는 어떤 식으로든 전문가의 지원이 필요해질 것이다.

인지 신경과학자 캐롤라인 리프(Caroline Leaf)는 내 팟캐스트에 출연했을 때 최고의 지원 시스템으로 심리치료를 추천했다. 나 역시 심리치료사가 얼마나 큰 도움을 주는지 여러 번 강조했지만 치료사가 당신이 할 일을 대신 해주지는 않는다는 사실을 알아야 한다. 캐롤라인은 이렇게 말했다. "당신과 24시간 살아가는 사람은 바로 당신입니다."[161] 그러므로 전문가의 도움을 받더라도 책임의 모든 측면을 다 고려해야 한다. 앞에서 말했지만 내 인생의 대장은 바로 나다. 잘된 일이다! 책임이 여러 겹일수록 목표를 위한 행동을 미루지 않을 가능성이 커진다. 자신에게 가장 잘 맞는 방법으로 조합해서 실험해보자.

피해야 할 위험

지원과 책임을 활용할 때 몇 가지 고려해야 할 점이 있다. 문제가 발생하는 경우는 거의 드물지만 혹시 모를 과속 방지턱을 피할 수 있도록 내가 터득한 팁을 알려주겠다.

첫째, 재미없는 책임 파트너를 선택하지 마라. 별것 아닌 것처럼 들릴 수도 있지만 목표를 달성하기 위해 노력하는 과정이 두렵기만 하라는 법은 없다. 내 경험상 재미있을수록 포기하지 않고 끝까지 할 가능성이 훨씬 크다. 그런데 그 과정의 재미는 함께하는 사람이 좌우한다. 예를 들어, 지금 나는 위대한 권투 선수이자 올림픽 동메달리스트인 토니 제프리스(Tony Jeffries)와 함께 훈련하고 있다. 그는 매번 힘들어 죽을 것 같은 수준의 훈련을 시킨다.

힘들기만 하고 재미없는 훈련이 될 수도 있었지만 오히려 우리는 즐기면서 하고 있다. 나는 글러브를 끼는 순간, 그를 놀리기 시작한다. "어이, 이제 곧 제자한테 질 텐데 기분이 어때? 올림픽 메달리스트가 애송이한테 한 방 먹고 나가떨어질 텐데, 기분이 어떠신가?" 그러면 그도 장난스러운 반박을 시작하고 어느새 우리는 웃으면서 즐겁게 훈련을 한다. 그는 매번 나를 쓰러지기 직전까지 고생시키지만 그 경험을 즐겁게 만들어준다. 함께 있으면 즐거운 코치와 멘토, 책임 파트너를 찾는 것은 분명히 노력해볼 가치가 있는 일이다.

둘째, 긍정적이 아닌 부정적인 태도를 보이는 파트너를 피하라. 부정적인 사람과 같이 있으면 에너지만 고갈될 뿐 아무런 도움도 되지 않는다. 책임을 다하도록 도와줄 파트너를 구할 때는 그 사람과 그 사람의 행동이 당신에게 기쁨과 건강을 가져다주는지 생각해봐야 한다. 만약 그렇지 않고 앞으로도 그럴 가능성이 없어 보인다면 다시 생각해보라.

목표를 세우고 잔뜩 기대와 흥분에 부풀었지만 친구에게 공개했을 때 부정적인 반응이 돌아와서 의지가 확 꺾였던 경험이 있는가? 기억하고 싶지 않은 그런 경험을 여러 번 했을 것이다. 당신의 성장을 방해하는 공동체와는 거리를 두어야 한다. 괜찮다. 당신이 성장하고 변화함에 따라 어차피 그들과의 관계에도 변화가 불가피해질 테니까.

셋째, 당신의 성공을 중요시하지 않는 사람들을 피하라. <u>스스로에게 이렇게 물어봐야 한다. '나의 성공이 이 사람에게 얼마나 중요한가?'</u> 당신의 실패를 바라거나 당신의 성공에 무관심한 사람에게 책임 파트너를 맡기면 안 된다. 토마스 프랭크는 좋은 파트너와 나쁜 파트너의 차이를 완벽하게 보여주는 이야기를 들려주었다.

토마스는 매일 25분씩 논픽션 서적을 읽겠다는 목표를 세웠다. 그는 꼭 목표를 이룰 생각으로 단 하루라도 빠뜨리면 친구에게 100달러를 주기로 했다. 이 친구는 모두가 원하는 바람직한 책임 파트너의 태도를 보여주었다. 그는 토마스에게 "난 자네가 실패해서 그 코 묻은 돈을 받고 싶지 않아. 그러니까 절대로 실패하지 마"라고 말했다. 그런가 하면 또 다른 '친구'라는 인간은 오히려 토마스에게 돈내기를 제안했다. 100달러를 챙기려고 그의 실패를 적극적으로 응원한 것이다. 이 이야기가 주는 교훈은 나의 실패를 기뻐하지 않을 사람으로 책임 파트너를 신중하게 선택하라는 것이다.[162]

넷째, 무관하거나 요청하지 않은 조언에 집착하지 마라. 원치 않는 사람이 우리 인생에 개입할 때가 있다. 당신의 방식에 대해 부탁하지도 않은 조언을 던지는 사람들이 분명히 있을 것이다. 하지만 그 말을 새겨들을지, 한 귀로 흘려버릴지는 우리의 선택에 달려 있다. 전직 미국 비밀경호국 특수요원 에비 품푸라스(Evy Poumpouras)는 이 선택을 의식적으로 하는 방법을 알려주었다.

에비는 누군가가 의견을 제시할 때마다 자신에게 묻는다. '이 사람은 누구이며, 내가 왜 이 사람의 말에 귀 기울여야 하는가?' 이 질문에 좋은 대답이 나오지 않는 사람의 비판은 그냥 흘려버린다. 에비는 사람들이 상대가 아닌 자신의 상황을 토대로 의견을 제시한다는 사실을 발견했다.[163] 그래서 자신의 가치관과 의미 있는 사명에 계속 자신을 맞추는 것이 더더욱 중요하다. 우리의 가치관이 비판자의 가치관과 다르다면 당연히 결정도 서로 다를 것이다.

무관한 타인의 조언에 영향받는 일을 피하는 또 다른 방법은 자신의 사명에 대해 철저하고 신중하게 생각하는 것이다. 조던 피터슨은 우리의 마음에 의심이 있을 때마다 다른 사람들의 의견이 영향을 미친다는 사실을 발견했다. 철저하게 계획하고 준비한다면 비판에 대응할 수 있다. 스스로 충분하고 준비가 되어 있으며, 할 수 있다는 것을 확실하게 알고 있으니까. 내가 그 사실을 믿으면 그 누구도 나를 막을 수 없다.[164]

다섯째, 너무 극단적인 태도로 목표를 추구하지 마라. 모든 인생 영역의 목표를 한꺼번에 극단적인 방법으로 추구하려고 하면 실패할 수밖에 없다. 예를 들어, 재정 목표와 신체 건강 목표를 동시에 똑같이 열정적으로 추구한다면 이렇게 다짐해야 할 것이다.

> 나는 앞으로 3개월 동안 돈을 한 푼도 쓰지 않을 것이다. 출근길에 커피를 사 마시지 않겠다는 뜻이다. 식사는 무조건 집에서 해결할 것이고, 매일 직접 요리할 것이다. 신선하고 건강에 좋은 재료를 사용하기 위해 며칠에 한 번씩 장을 볼 것이다. 돈도 절약하고 건강한 식사를 하고 모든 것을 완벽하게 해낼 것이다. 그리고 운동도 매일 할 것이다. 하루에 두 번씩!

이것이 바로 극단적인 방식이다. 분명히 처참하게 실패해 큰 좌절에 빠질 것이다. 극단적인 방식은 변화가 단계적인 과정을 거쳐 이루어지는 삶의 자연스러운 흐름에 어긋난다.

예를 들어, 건강을 위해 큰 변화가 필요해서 고강도의 90일 챌린지에 올인한다고 해보자. 하지만 이 방법이 감정적인 피해를 일으키고, 앞으로의 인생에 영향을 미칠 수도 있다는 것을 알아야 한다. 이 챌린지를 지원하려면 다른 영역 목표는 강도를 약간 줄여야 할 것이다. 그렇지 않으면 심신이 너덜너덜해져서 다른 목표들에는 책임을 다하지 못하고, 장기적으로는 피해가 막심해진다. 한두 번씩 건너뛰는 일이 발생한다면 그 핑계로 아예 포기해버리기 쉽기 때문이다.

Tip. 위대함을 위한 연습 과제

연습 1. 무관하거나 요청하지 않은 조언에 대처하라

누군가의 조언에 따르기 전에 그 사람에 관한 중요한 질문을 해봐야 한다. 아니, 애초에 당신의 목표를 누군가에게 공유하는 것부터 신중하게 생각하라고 말하고 싶다. 당신의 의미 있는 사명을 공개하기 전에 과연 그가 당신과 그 사명을 존중할 것인지를 알아야 한다. 잠재적인 책임 파트너를 평가하고 반응하는 방법을 연습해보자.

우리는 자신의 인생에 영향을 미치는 사람을 까다롭게 선택할 권리가 있다.

1단계: 확인하기

현재 당신이 의미 있는 사명에 관하여 내리려는 결정이 무엇인가? 투자에 관한 결정일 수도 있고, 다음의 적절한 단계가 무엇인지 알려는 것일 수도 있고, 사명을 추구하기 시작하려는 선택일 수도 있다. 이 결정에 영향을 미칠 수 있는 사람은 누구인가? 배우자? 부모? 친구? 나에게 영향을 미치는 사람이 꼭 내가 조언을 구하고 싶은 사람이 아닐 수도 있음을 알아야 한다. 사람들은 묻지 않아도 자신의 생각을 이야기할 것이다. 심지어 그들의 행동이 당신에게 영향을 줄 수도 있다. 다른 사람을 위해 좋은 방법인 것 같다는 이유로 무언가를 선택한 적이 있는가? 그 결정이 무엇이었고, 누구와 관련 있었는지 적어보자.

2단계: 평가하기

우리는 자신의 인생에 영향을 미치는 사람을 까다롭게 선택할 권리가 있다. 당신은 트레이너, 치료사, 재무설계사 등 전문가의 도움을 받고 있을지도 모른다. 이 사람들을 신뢰하기 전에 충분한 조사를 거쳤을 것이다. 책임 파트너 역시 까다롭게 선택해야 한다. 1단계에서 이름을 쓴 사람(들)에 대해 아래 질문에 답해보자.

- 이 사람이 이 분야에 대해 조언할 자격이 있는가?
- 그 사람의 조언은 나의 상황을 고려한 것인가, 아니면 자기 경험(좋은 것이든 나쁜 것이든)에 근거한 것인가?
- 이 사람에게 내 성공이 중요한가?
- 내가 실패하거나 노력하지 않으면 이 사람이 얻을 것이 있는가?
- 이 사람은 코치인가, 비판자인가?

3단계: 반응하기

'조사를 통해 무엇을 알게 되었는가? 이 사람(들)은 당신의 책임 파트너가 될 자격이 있는가?'

만약 대답이 '그렇다'라면 그들이 어떤 식으로 책임 파트너의 역할을 해주기를 바라는가? 반드시 이행 장치를 만들어놓아야 한다. 목표를 위한 행동을 하지 않으면 금전적 지출을 해야 하는 방법이 있을 수도 있다. 만약 당신이 언행일치를 중요하게 생각하는 사람이라면 자존심에 타격을 입을 것이다. 그 밖에도 약속을 지키지 않으면 곤란해지는 방법이 여러 가지가 있을 수 있다. 아래에 계획을 적는다.

만약 대답이 '아니다'라면 이 사람이 내 목표에 개입하지 못하도록 제거하는 방법은 무엇인가? 이 사람을 당신의 삶에서 완전히 제거해버리고 싶지는 않아도 의미 있는 사명에 관한 이야기를 나누고 싶지 않을 수도 있다. 이 사람이 사명에 관련된 질문을 할 때 어떻게 반응할 것인지 지금 계획해둔다. 최대한 모호하게 대답하고 곧장 다른 주제로 넘어가는 것도 한 방법이다.

잠재력을 끌어내 주는 사람

당신은 위대함으로 가는 길에서 책임을 다하도록 도와주고 조

책임 파트너는 잠재력을 끌어 내 주는 사람이어야 한다. 언해줄 훌륭한 파트너를 만날 자격이 있다. 책임 파트너는 당신의 잠재력을 끌어내주는 사람이어야 한다. 적어도 최선을 다하도록 도와주어야 한다. 진정한 나, 최고의 내가 될 수 있도록.

연습 2. 나의 가장 신랄한 비판자가 되어라

비판이 아픈 이유는 우리의 마음에 의심이 있기 때문이다. 모든 문제가 그렇듯, 미리 준비해두는 것이 나중에 문제를 피할 수 있는 가장 좋은 방법이다. 이 연습은 튼튼한 기초를 쌓아 어떤 비판이라도 자신 있게 마주 보도록 해준다.

1단계: 비판하기

당신은 의미 있는 사명에 대한 굳은 믿음이 있을 것이다. 꼭 그러기를 바란다. 하지만 믿음을 잠시 제쳐두고 자신이 비판자라고 생각해보자. 당신의 사명을 비판하는 말을 생각나는 대로 전부 다 적어본다. 자신에 관한 것이든, 사명 자체에 관한 것이든 가장 불안하게 느껴지는 부분을 공격하면 쉬울 것이다.

2단계: 문제 해결하기

1단계에서 최선을 다했다면 상당히 마음이 불편해졌을 것이다. 잘했다! 이 불편함은 나중에 필요할 때 자신감이 되어준다.

이제 불안감을 이겨내고 비판에 맞서려면 무엇을 해야 할까? 조사를 더 해야 할까? 자료를 비롯한 다른 형태의 증거가 필요한가? 비판의 목소리를 반박할 전문 지식이 없다면 새로운 팀원이 필요할 수도 있다.

예를 들어, 당신의 사명이 신제품 디자인이라면 엔지니어의 조언이 필요할 수도 있다. 아이디어의 약점을 해결하기 위한 계획을 적는다. 계획을 끝까지 실행할 수 있도록 필요한 도움을 받을 수 있는 최적의 시간이다.

건설적인 비판

우리는 위대한 사명을 원한다. 우리가 사명을 선택하는 이유는 모든 것을 쏟아부을 만큼 그 일에 대한 강력한 믿음이 있기 때문이다. 사명에 열정이 있는 만큼 그것을 이루려는 계획이 별로 훌륭하지 못하다고 생각되면 고통스러울 것이다. 하지만 내가 내 계획을 먼저 비판해보지 않으면 다른 누군가가 비판할 것이다. 사명에 너무 깊숙이 들어가 있어서 문제점이 잘 보이지 않는다면 믿을 수 있는 사람에게 솔직하게 비판해달라고 부탁하자.

연습 3. 게임화하기

노력과 헌신만으로는 목표를 이루기에 한계가 있다. 성공을 보장하는 가장 좋은 방법은 과정을 즐기는 것이다. 스스로 재미를 느낄 수 있도록 목표를 구성해야 한다는 뜻이다. 그러려면 우선 자신이 무엇에 재미를 느끼는지부터 알아야 한다. 그리고 목표를 위한 실행 과제에 그 재미를 반영할 수 있다. 그것이 바로 이 연습의 목표다.

1단계: 재미 찾기

일반적으로 재미에는 어떤 유형이든 보상이 따른다. 부모들은 아이들이 집안일을 재미있게 도울 수 있도록 상이나 스티커를 준 적이 있을 것이다. 운동선수들은 승리의 보상에서 동기를 부여받기도 하고 자신의 최고 기록을 깨는 것이 가장 큰 보상일 수도 있다. 당신에게 동기를 부여하는 것은 어떤 종류의 보상인가? 해당 항목에 동그라미를 친다.

- 물질적 보상
- 진전에 대한 물리적 증거
- 타인의 긍정 확언
- 돈
- 치팅(치팅 데이 등)
- 자신의 최고 기록 경신
- 다른 사람을 이기는 것

2단계: 도전에 재미 요소 넣기

목표를 위한 행동 과제에 동그라미 친 보상 요소를 포함하는 방법을 찾아본다. 도움이 될 만한 몇 가지 아이디어를 제안한다.

- **물질적 보상**: 안타깝게도 어른들에게 작은 물건이나 스티커를 상으로 줄 사람은 없지만 스스로 비슷한 방법을 써볼 수 있다. 자신이나 타인에게 해를 끼치지만 않는다면 가끔 자신에게 작은 사치를 허용하는 것도 나쁘지 않다. 다만, 형편에 맞지 않는 지출을 하거나 해로운 대응 기제에 탐닉해도 된다는 의미가 아님을 알아야 한다. 꽃을 좋아한다면 자신에게 꽃다발을 사주고, 힘든 일주일을 보내고 즐기는 영화 한 편으로 스트레스가 풀린다면 그렇게 하라.

- **전진의 물리적 증거**: 거의 무한한 선택지가 존재한다. 그래프, 체크리스트, 사진, '완성된' 파일 또는 폴더로 진행 과정을 추적할 수 있다. 달력은 매일 반복되는 작업에 대한 시각적인 보상으로 활용하기 좋다.

- **타인의 긍정 확언**: 책임 파트너의 지원이 큰 도움이 된다. 책임 파트너는 당신에게 긍정적인 태도를 보여주고 칭찬해줄 수 있는 사람이다. 하지만 가장 중요한 확언은 그 누구보다

도 자신에게서 나와야 한다는 사실을 기억하라. 자신에게 긍
정적인 메모나 편지를 써두고 상황이 어려워질 때마다 참고
하는 방법이 있다.

• **돈**: 목표를 지키지 않으면 금전적 지출을 해야만 하도록 하
는 방법이 있다. 성공하면 돈을 벌거나 절약할 수도 있을 것
이다. 당장 명백하지 않지만 금전적 이익을 얻고 있다는 사
실을 떠올려도 좋다. 예를 들어, 건강에 좋은 식단을 추구하
는 것이 목표라면 외식을 피함으로써 돈을 절약하는 부수적
인 효과도 얻을 수 있다.

시간이든 돈이든, 관계든 행복에 대한 투자는 장기적인 성공에 대한 투자라는 것을 기억하라.

• **치팅**(치팅 데이): 제한적인 타협
점을 마련한다. 필요하다면
마리사 샤리프의 '비상시를
위한 예외' 전략을 다시 살펴
보자(115쪽).

• **최고 기록 경신**: 행동 과제를 측정하는 방법을 찾는다. 시간,
생산, 속도, 수익 등을 추적할 수 있다. 이 숫자들을 추적해서
자신을 어디까지 밀어붙일 수 있는지 확인한다. 스스로 '불
가능한' 도전 과제를 던져주고 어떻게든 해내는 방법을 찾아

볼 수도 있다.

• **다른 사람을 이기는 것**: 책임 파트너와 친절한 경쟁을 해보자. 단, 비현실적인 상대와 자신을 비교하면 보상이 오히려 독이 되므로 주의해야 한다.

현명하게 투자하라

시간이든 돈이든 관계든, 행복에 대한 투자는 장기적인 성공에 대한 투자라는 것을 기억하라.

Chapter 17
일을 끝내라

스테판 커리(Stephen Curry)가 농구공을 던지는 모습을 본 적이 있는가? 예술 작품이 따로 없다. 농구를 잘 모르는 사람을 위해 설명하자면 3점 슛 라인은 농구 코트의 양쪽 끝에 있는 농구 골대를 둘러싼 활 모양의 선이다. 가장 먼 거리는 골대로부터 23피트 9인치(약 7미터) 떨어져 있다. 3점 슛 라인에서 공을 던져 성공시키는 선수들은 공이 네트 안으로 경쾌하게 들어가는 소리를 보상으로 받는다.

커리의 3점 슛 실력은 정말로 대단하다. 연속으로 3점 슛 105개를 성공시키고 처음 실패하는 유튜브 영상이 올라와 있을 정도다.[165]

그의 비결은 무엇일까? 머리가 핑핑 돌 정도의 훈련 루틴이다. 절대로 쉬지 않는다. 슛 훈련, 발놀림, 지구력 훈련, 거꾸로 되짚어서 실수를 바로잡는 과정, 한 번에 농구공 두 개로 드리블하기,[166] 한 손으로 테니스공을 튕기면서 한 손으로 농구공을 드리블하기, 특수 고글을 사용한 신경인지 훈련까지,[167] 경기 전에 이루어지는 훈련은 상상을 초월한다. 물론 연습도 매우 중요하지만 스테판 커리도 결국은 경기장으로 나가서 뛰어야 한다.

당신은 지금 있는 곳에서 원하는 곳으로 가기 위한 여정을 진행해왔다. 위대함을 향한 자신만의 여정이었다. 의미 있는 사명을 찾았고, 세상을 위해 그 사명을 이루어야 하는 이유도 발견했다. 이제는 준비해야 할 때와 실행해야 할 때가 있다는 사실을 알아야 한다. 세상의 위대한 사람들은 전부 다 아는 사실이다.

그것이 바로 이 장에서 다룰 내용이다. 게임에 뛰어들 준비를 하고 스테판 커리가 말하는 몰입 상태를 느끼는 실용적인 방법을 살펴볼 것이다. "내가 공을 던지는 순간의 리듬은 항상 똑같습니다. 솔직히 아무 생각도 하지 않고 그저 던질 뿐입니다."[168]

자, 이제 당신은 위대함을 실행하기 위한 준비가 되었으니 시작해보자!

1퍼센트 법칙

위대함을 추구할 때 끊임없이 계속해야 하는 싸움이 있다. 바로 완벽함과의 싸움이다. 완벽함은 가치 있는 목표처럼 보이지만 오히려 적일 수도 있다.

위대함은 완벽하지 않지만 거대한 행동에서 발견된다.

브레네 브라운은 말한다. "우리는 완벽주의를 제대로 이해하지 못하고 있습니다. 우리는 완벽함이 최고 버전의 나라고 생각하죠. 하지만 완벽주의는 사실 '완벽하게 보이고 완벽하게 행동하고 완벽하게 성취하면 수치심과 판단, 비난을 피하거나 최소화할 수 있다'라고 말하는 방어 기제입니다. 그러니 완벽주의는 탁월함을 위한 노력도 아니고 최고의 자신이 되는 것도 아닙니다. 우리가 스스로 보호하는 방법이에요."[169]

뼈아픈 진실이다. 완벽해지려는 시도가 문제인 이유는 위대함을 추구할 때는 완벽하게 준비되었다고 느끼기 전부터 행동해야 하기 때문이다. 완벽을 추구하면 학습 모드나 연습 모드에 갇혀 있기 쉽다. 그 상태가 안전하고 편안하게 느껴진다. '망쳐도 괜찮아. 나를 받아줄 게 있으니까'라고 말하는 안전망과 같다. 하지만 위대함은 거기에 있지 않다. 위대함은 완벽하지 않지만 거대한 행동에서 발견된다.

생산성 전문가 토마스 프랭크는 "내가 가장 좋아하는 완벽주를 극복하는 방법은 '1퍼센트 법칙'입니다"[170] 라고 말한다. 나는 완벽주의를 이기기 위해 1퍼센트 법칙을 이렇게 활용한다. 창작, 학습, 성장, 전진 등의 일정표를 세우고 매번 1퍼센트씩만 더 잘하려고 한다. 아주 간단하지 않은가?

1퍼센트 규칙은 처음부터 완벽할 수 없지만 1퍼센트는 나아질 수 있다고 말한다. 1퍼센트씩 나아지는 건 누구나 할 수 있다. 실전에서 이 법칙은 이런 모습이다.

- 운동: 팔굽혀펴기 자세를 1퍼센트 개선하려고 노력
- 음악: 음을 1퍼센트 더 잘 제어하려고 노력
- 비즈니스: 고객 서비스 이메일을 1퍼센트 더 잘 쓰려고 노력
- 글쓰기: 한 문단에서 1퍼센트 더 강력한 문장을 쓰려고 노력
- 관계: 대화할 때 상대방과 1퍼센트 더 눈 맞추기

이것은 개선의 방향으로 조금씩 계속 나아가면서 자신에게 유예 기간을 주는 매우 간단한 방법이다. 1퍼센트의 법칙은 시작의 두려움과 미루기를 해결해준다. 브레네 브라운은 완벽주의를 지적하는 강연을 "우리가 해야 할 질문은 나는 무엇

지금 당장은 목표와 너무 거리가 멀고 미래를 알 수 없어서 불안하겠지만 그 불안함이 전진을 방해해서는 안 된다.

을 두려워하는가?'입니다"[171]라는 말로 마무리한다. 두려움이 위대함의 적이라는 것을 다시 한번 확인할 수 있다.

지금 당장은 목표와 너무 거리가 멀고 미래를 알 수도 없어서 불안하겠지만 그 불안함이 전진을 방해해서는 안 된다. 어차피 언젠가는 두려움을 떨쳐내고 지금보다 나아지기 위해 노력하고 앞으로 나아가야 한다. 준비되지 않았다고 느껴도 그래야 한다.

사실 준비되었다고 느껴지는 순간은 오지 않을 것이다.

할 수 있는 일을 해라

실행에 관한 내 신조는 '실행하는 것이 완벽한 것보다 낫다'이다.

완벽함은 말이야 좋지만 불가능한 목표이다. 스테판 커리는 5분 동안 3점 슛을 연속으로 105개나 기록했지만 106번째에서는 빗나갔다. 완벽해질 때까지 기다리는 것은 헛수고다. 커리가 3점 슛을 단 한 번도 놓치지 않을 때까지 경기 출전을 거부한다고 생각해보라. 그런 일은 절대 없을 것이다.

실행하는 것이 완벽한 것보다 낫다.

나는 지금까지 팟캐스트, 여러 권의 책, 코칭 프로그램, 라이브 이벤트, 사업체 등 많은 것을 창조했지만 완벽한 상태로 내놓은 제품은 단 하나도 없다. 하지만 내가 세상에 내놓은 많은 것이 위대하다고 느낀다. 위대해지기 위해, 영향력을 발휘하고 사람들을 도와주기 위해, 의미와 성취감을 느끼기 위해, 뭔가를 예술적으로 강력하게 표현하기 위해, 큰 성과를 올리기 위해 꼭 완벽할 필요는 없다. 언제든지 더 낫게 만들 수 있다. 하지만 완벽하지 않다는 이유로 시작이 가로막혀서는 안 된다.

실행하는 것이 완벽한 것보다 낫다.

하지만 완벽주의를 이겨낼 때 쉽지 않은 부분이 있다. 의미 있는 사명과 이어져 있어야만 두려움을 극복할 수 있다는 것이다. 만약 당신의 목표가 자아에 얽매어 있으면(내가 남들 눈에 어떻게 보일지, 내 생각을 남들이 어떻게 생각할지) 늘 부족한 느낌이 들어서 완벽주의를 이겨낼 수 없을 것이다. '연습'이나 '준비'를 하는 것이라고 자신을 납득시키면서 결코 행동으로 넘어가지 못한다. 결국은 이도 저도 못 하게 된다.

작가 존 에이커프(Jon Acuff)는 이렇게 표현한다.

> 완벽주의는 두 가지 두드러진 방해물을 제공합니다. 바로 숨을 곳과 고귀한 장애물이죠. 숨을 곳은 목표가 아닌 것에 집중하는 행동이고, 고귀한 장애물은 일을 끝내기 위해 노력하지 않는 그럴듯한 이유를 뜻합니다. 둘 다 일을 끝내는 능력이 독이 됩니다.[172]

당신은 어디에 숨어 있는가? 고귀한 이유처럼 보이지만 사실은 변명에 불과한 것 아닌가? 지금 당신이 잘할 수 있는 일 중에서 나중에 유익하고 의미 있고 성취적이고 예술적 표현으로 거대한 결과로 이어질 일은 무엇인가? 브레네 브라운도 이렇게 말한다. "당신이 세상에 이바지할 수 있는 것을 그 누구도 대신 할 수 없습니다."[173] 세상에는 당신이 채워주기만을 기다리고 있는 큰 공백이 있다.

첫 번째 책을 출간한 것은 나에게 엄청난 일이었다. 학교 다닐 때 영어 점수가 늘 바닥이었다. 그래서 『루이스의 특별한 수업(The School of Greatness)』이 출판되어 「뉴욕타임스」 베스트셀러가 되었을 때 얼마나 자랑스러웠는지 모른다. 하지만 다음 책은 '~해야만 한다'라는 높은 기대가 생겨버린 것도 사실이었다. 두 번째 책 『남자다움의 가면』이 출간되었을 때는 팟캐스트 청취자도 더 늘어난 상태였다. 이전에 성공을 거두었으니 새 책도 「뉴욕타임스」 베스트셀러가 될 것이라고 생각했다. 하지만 결과는 그렇지 않았다.

솔직히 말해서 며칠 동안 충격에서 헤어나지 못했다. 큰 도움을 받았다고 말하는 사람들이 많았는데도 속상하고 상처받고 화도 났다. 솔직히 그런 내 모습에 주변 사람들도 짜증이 났을 것이다. 나는 일어나지 않은 일을 바라고 있었다. 품었던 기대가 완전히 빗나가 버렸다. 한마디로 '기대' 후유증에 시달리고 있었다. 하지만 머지않아 내가 그 책을 쓴 가장 큰 이유는 베

> 지금 당신이 잘할 수 있는 일 중에서 나중에 유익하고 의미 있고 성취적이고 예술적 표현으로 거대한 결과로 이어질 일은 무엇인가?

스트셀러에 오르기 위해서가 아니라 사람들이 더 나은 삶을 살 수 있도록 도와주기 위해서라는 것을 깨달았다.

게다가 책이 베스트셀러가 되는 것은 내가 통제할 수 없는 일이었다. 물론 베스트셀러 목록에 올라갈 수 있도록 내가 할 수 있는 일들이 많았고 실제로 최선을 다했다. 하지만 「뉴욕타임스」의 서평 이사회를 포함하여 내가 통제할 수 없는 요소들이 많았다. 어쨌든 내 책은 다른 훌륭한 베스트셀러 목록들에 올랐다.

일을 끝내기 위해 꼭 기억해야 할 사실은 우리가 통제할 수 있는 것과 통제할 수 없는 것이 있다는 것이다. 그 차이가 무엇이고, 어디에 초점을 맞춰야 하는지 분명히 알아야 한다.

성취와 자신감을 한데 묶어서 생각하면 통제할 수 없는 것에 초점이 맞춰진다. 그보다는 가장 큰 노력과 영향력, 창의적 표현, 일관성에 집중하는 것이 좋다. 이것은 우리가 통제할 수 있고 자랑스러움을 느끼게 해주는 것들이다.

내 팟캐스트를 예로 들어보자. 이 글을 쓰는 지금 주간 팟캐스트 「위대함 학교」를 진행한 지도 10년이 되었다.

올바른 일을 실행에 옮기려면 자신이 통제할 수 있는 것과 통제할 수 없는 것의 차이를 알아야 한다.

한 우물을 파기에 절대로 짧지 않은 시간이다. 물론 내 팟캐스트는 세계 최고도 아니고(전 세계 팟캐스트 100위 안에 자주 들긴 하지만), 상을 받은 적도 없다. 나보다 늦게 시작해서 더 크게 키운 사람들도 있다.

만약 내가 오로지 성취를 통해서만 자신감을 느꼈다면 분명 실망했을 것이다. 하지만 나에겐 선택권이 있다. 가지지 못한 것에 집착하거나 내가 가진 것과 이대로도 충분하고 그 이상이 되어가는 중이라는 사실을 되새길 수 있다.

나는 매주 1억 명을 도와주겠다는 의미 있는 사명으로 열심히 일하고 있다. 이게 바로 내가 가진 것이다. 내가 사명을 위해 어떤 일을 수행하느냐고? 나는 지구상에서 가장 멋지고 똑똑한 사람들을 인터뷰하고 그들의 지혜를 청취자들에게 공유한다. 나는 팟캐스트 다운로드 횟수나 순위, 소셜 미디어 공유 횟수를 통제할 수 없다. 하지만 지난 10년 동안 한 주도 빠지지 않고 한결같이 노력을 쏟아붓고, 청취자들에게 영향력을 미쳤다는 사실을 매우 자랑스럽게 생각한다. 한결같은 노력만큼은 내가 통제할 수 있는 부분이다. 그 누구도 나에게서 빼앗아갈 수 없다. 큰 상을 받은 적도 없고, 업계나 동료들로부터 인정받는지도 잘 모르겠지만, 나는 내가 사람들을 위해 무엇을 만들고 있는지 알고 있다.

"나는 내 일이 직접적인 영향을 미친다는 사실을 안다."
"나는 내 일이 내 삶과 공동체에 미치는 영향을 안다."
"이 일이 우리 팀의 삶에 어떤 영향을 주는지도 안다."

올바른 일을 실행에 옮기려면 자신이 통제할 수 있는 것과 통제할 수 없는 것의 차이를 알아야 한다. 그리고 의미 있는 사명을 향해 나아가는 자신의 한결같은 노력을 칭찬하라.

그렇게 하면 당신은 성공할 것이다.

일을 끝내는 열쇠

의미 있는 사명을 향해 나아가는 현실적인 방법에 대해 몇 가지 살펴보자.

먼저 어디서부터 시작해야 할지를 생각해봐야 한다. 위대함은 당연히 작지 않다. 그러므로 의미 있는 사명도 매우 많은 움직이는 부분들로 이루어질 것이다. 시작점으로 삼을 수 있는 것도 많다.

첫 번째 단계는 어디에서부터 시작해야 하는지 알아내는 것이다. 위대함의 목표를 세울 때 강조한 것처럼 지금 당장 할 수 있는 올바른 일이 무엇인지 생각해보라. 너무 버거울 때는 (완벽주의가 다시 추악한 고개를 들 때가 많으니까) 그냥 단순하게 그다음에 해야 하는 올바른 일을 하면 도움이 된다. 굉장한 일이 아니어도 된다. 물론 앞으로 나아가는 데 도움은 되어야 할 것이다. 나

> **너무 버거울 때는 (완벽주의가 다시 추악한 고개를 들 때가 많으니까) 그냥 단순하게 이다음으로 해야 하는 올바른 일을 하면 도움이 된다.**

는 앞으로 나아가기 위해 4단계 프로세스를 활용한다. 일정 만들기, 자동화하기, 제거하기, 축하하기.

1단계: 일정 만들기

"일정이 잡혀 있는 일은 끝나게 되어 있다"라는 말을 들어보았을 것이다. 사실이다. 그 사람이 무엇을 중요하게 생각하는지를 알려주는 두 가지가 있다. 그것은 바로 지갑과 어디에 시간을 쓰느냐다. 위대함의 목표를 향해 나아가려면 무엇이 중요한지 미리 계획해두어야 한다. 예를 들어, 나는 앞으로 4~5개월 동안 심리치료 일정이 잡혀 있다. 왜냐고? 감정의 민첩성을 위해 내면 상태를 최적화해놓아야만 제대로 기량을 발휘할 수 있기 때문이다. 일정을 세워두면 의사결정의 스트레스가 사라진다. 그냥 달력에 적어놓고 계속 앞으로 나아가기만 하면 된다.

나는 건강을 위해서도 같은 방법을 쓴다. 아침에 일어나자마자 운동을 하지 않으면 나중에 시간이 날 때 할 가능성이 50퍼센트밖에 되지 않는다는 것을 잘 알고 있다. 내가 열심히 노력하는 것을 좋아한다는 사실도 잘 알고 있다. 나는 완전히 집중하는 상태로 직장에 출근하고 싶다. 인터뷰를 진행하고 글을 쓰는 것을 비롯해 사업 관련 업무를 전부 처리하려면 많은 에너지가 필요하다. 체육관에 가서 운동을 하는 것은 내가 일에서 최고

일정은 에너지를 관리하는 루틴을 만드는 데 도움이 된다.

의 기량을 발휘하기 위해 매우 중요하다. 나는 매일 운동이나 신체 활동을 할 때마다 가장 큰 자신감과 자부심, 자기애, 기쁨, 건강을 느낀다. 그래서 운동을 매일 아침의 첫 번째 일정으로 넣는다. 아침에 일어나면 굳이 생각할 필요도 없이 자연스럽게 운동을 한다.

일정은 에너지를 관리하는 루틴을 만드는 데 도움이 된다. 토마스 프랭크는 자신의 하루 루틴을 이렇게 설명한다. "나는 낮 동안의 에너지가 제한되어 있습니다. 그래서 자기 절제가 필요한 일이 있으면 그것부터 먼저 합니다. 그다음에는 외부적인 규율과 책임감으로 나머지 하루를 힘차게 버텨나가는 거지요."[174]

무엇이 당신에게 힘을 주는가? 회복 수단은 무엇인가? 무엇이 당신을 위대함으로 나아갈 준비가 되게 하는가? 루틴인가?

일정표와 가장 친한 친구가 되면 어떨까? 가장 중요한 일을 위한 시간을 확보해두어라. 중요한 일들을 우선 처리하고 작은 일들은 그 후에 챙겨라. 그래야만 중요한 것에 좀 더 가까워질 수 있다.

2단계: 자동화하기

프로세스의 두 번째 단계는 자동화이다. 반복 작업을 자동화하는 것은 공항의 무빙워크를 걷는 것과 같다. 같은 양의 노력으로 두 배나 많은 일을 처리할 수 있다! 자동화가 가능한 반복 작업이 있는지 찾아보자. 식사 준비, 공과금 납부, 이메일 회신, 구독 또는 운동 루틴 같은 것들이 있다. 나는 가능한 한 많은 일을 자동화하려고 노력한다. 재정 영역에서는 공과금 납부를 자동화하거나 선납해서 투자 목표를 극대화한다. 팀원들과의 작업에서도 가능한 부분을 자동화해 개인 시간을 절약한다. 팀원들이 비즈니스 성장을 위해 효율적이고 효과적으로 일할 수 있도록 팀 교육도 자동화한다.

당신이 매일, 매주, 매달, 매년 하는 일들을 살펴보라. 반복적인 일이 뭐가 있는가? 자동화가 가능한 행동인데 시간만 낭비되고 있지는 않은가? 굳이 내가 하지 않아도 될 일을 누구에게 위임할 수 있을까? 자동화를 루틴의 핵심 전략으로 활용하면 더 많은 일을 끝낼 수 있다!

3단계: 제거하기

제거하기는 매우 중요하다. 우리는 중요하지 않은 일이나 다른 사람에게 맡겨도 충분히 (또는 더) 잘 해낼 수 있는 일에 너무 많은 시간을 소비한다.

당신이 기업가라면 모든 회의와 이메일 대화, 토론과 결정에 빠짐없이 참석할 필요가 없다. 모든 것을 직접 관리하려고 하지 마라. 팀원들이 각자 잘하는 일에서 강점을 발휘할 수 있도록 힘을 실어주고 당신 역시 잘하는 일을 맡아야 한다. 나는 직접 하지 않아도 되는 일들을 일정표에서 신중하게 제거한다. 그 시간에 회사와 모든 사람의 성장에 도움이 되는 일에 더 집중할 수 있다.

제거하면 일에 가속도가 붙는다. 줄이고 벗겨내고 간소화하여

버릴 것들을 찾아라. 없어져도 전혀 아쉽지 않을 것이고, 앞으로 나아가는 속도가 더 빨라질 것이다.

4단계: 축하하기

마지막으로 사신의 승리를 축하하는 것은 좋은 일이다! 중요한 일의 일정표를 만들고 쓸데없이 에너지를 빼앗는 일을 자동화하고, 하지 말아야 할 일을 제거하면 무척 기분이 좋을 것이다! 그래서 나는 하루를 끝내고 스스로에게 이렇게 말한다. "나는 오늘 해야 할 일들을 끝내서 정말로 감사하다."

오늘 해낸 일들을 마음속으로 다시 짚어보면서 인정해주고 내일을 준비한다. 이렇게 하루의 끝에 감사를 되새기면 자신의 마음에 드는 환경과 프로세스가 만들어진다. 에너지가 생기고 자신감도 샘솟는다. 목표에 더 가까이 다가가기 위해 오늘 내가 한 노력에 자부심이 생긴다.

이 모든 일은 시간이 지남에 따라 정체성의 토대를 이룰 것이다. 젠 신체로는 "습관을 들이는 습관은 정말 중요합니다"[175] 라고 말한다. 원하는 만큼 큰 성과가 나오지 않거나 일관성이 살짝 떨어져도 피곤할 정도로만 실행하면 좋은 습관이 만들어질 수 있다. 이것이 바로 습관을 들이는 습관이다. 시간이 지날수록 점점 더 쉬워질 것이다.

계속 앞으로 나아가라. 그다음에 옳은 일을 하라. 그리고 일을 끝내라.

유의성 루틴

많은 고성과자는 매일 같은 옷을 입고, 같은 음악을 반복해서 듣고, 아침마다 정해진 메뉴를 먹고, 저녁에 똑같은 만트라를 읊는다. 루틴은 집중력을 유지해줄 뿐만 아니라 작은 의사결정을 내려야 하는 데서 오는 부담감과 산만함을 최소화해준다.

최고 중의 최고들은 효과적인 루틴을 가지고 있다. 『훔쳐라, 아티스트처럼(Steal Like an Artist)』의 저자 오스틴 클레온(Austin Kleon)은 그의 '노트 습관'에 대해 말해주었다.

"나는 매일 노트에 글을 씁니다. 무슨 일이 있어도 아침에 3페이지 정도를 쓰죠. 나의 창작 인생에서 절대로 빠뜨릴 수 없는 부분이에요. 무슨 일이 있어도 읽고 씁니다."[176]

『빚 없는 학위(Debt Free Degree)』의 저자 앤서니 오닐(Anthony O'Neal)은 부자들의 습관에 대해 이렇게 말했다. "내 주변의 부자들을 보면 월요일부터 금요일까지 매일의 루틴이 있습니다."[177]

프로 스케이트보드 선수 출신

최고 중의 최고들은 효과적인 루틴을 가지고 있다.

의 사업가이자 방송인 롭 드리덱(Rob Drydek)도 같은 생각이다. "목적지에 도착하려면 자기 규율이 있어야 합니다. 규율과 일관성만큼 힘든 게 없죠. 어떻게 하면 규율과 일관성이 커질까요? 자신이 어디로 가고 있는지 분명하게 알아야죠."[178]

목적지가 어디인지 분명하게 알지 못하면 아무리 바쁘게 뛰어도 위대함을 향해 나아가지는 못할 것이다. 다른 사람들의 일에 휘둘리고 휘말리게 된다. 위대함에는 희생이 필요하다. 전직 올림픽 스키 선수 린지 본(Lindsey Vonn)은 이렇게 말했다. "어떤 분야에서든 성공하고 싶다면 희생해야만 합니다. 가장 성공한 사람들은 가장 재능 있는 사람들이 아니에요. 가장 똑똑한 것도 아닙니다. 그들은 다른 사람들보다 좀 더 멀리까지 달리는 사람들이에요."[179]

당신은 어느 분야에서 남보다 더 멀리 뛸 마음이 있는가?

위대함은 당신이 어떻게, 어디에서 시간을 보내는지에 대해서도 많이 생각해보게 만든다. 『계단으로 가라(Take the Stairs)』의 저자 로리 바덴이 값진 지혜를 나눠주었다. "한 단계 높은 결과에는 항상 한 단계 높은 사고가 필요합니다."[180] 특히 로리는 중요성에 대한 생각을 바꿀 필요가 있다면서 '유의성 계산'이라는 것을 가르쳐주었다.

긴급성은 어떤 문제가 얼마나 빨리, 얼마나 중요한지를 나타냅니다. 우리는 긴급함의 세상에서 살고 있어요. 지금 무슨 일이 행해져야 하는지가 가장 중요하죠. 중요성은 긴급성과 다릅니다. 중요성은 무언가가 얼마나 중요한지를 나타냅니다. 그런데 유의성은 또 중요성과 다릅니다. 유의성은 무언가가 얼마나 오랫동안 중요한지를 나타냅니다. 유의성 계산은 내일과 다음 날에 대해 생각하지 않고도 엄청난 변화를 가져다줍니다. 시간을 배로 늘려주는 효과가 있어요. 내일 더 많은 시간을 만들어줄 일을 오늘 함으로써 시간이 불어나게 되죠.[181]

목적지가 어디인지 분명하게 알지 못하면 아무리 바쁘게 뛰어도 위대함을 향해 나아가지는 못할 것이다.

위대함을 향한 여정에는 할 일이 무척 많을 것이다. 따라서 긴급하고 중요한 일과 목표를 진전시키는 의미 있는 일을 따로 구분해주는 루틴과 프로세스가 반드시 필요하다.

위대함을 향한 움직임은 결국 마음의 상태다. 결승선이 없다. 세상이 당신을 외면하거나 불가능하다고 말해도 상관없다. 필요한 자원이나 타고난 재능이 없어도 되고, 앞에 그 어떤 장애물이 버티고 있어도 상관없다. 일을 끝내는 것은 단 한 사람, 바로 당신이기 때문이다.

• 심호흡하고 어깨를 펴고 앞으로 나아가라. 습관을 평가하라.

- 효과적인 습관은 무엇이고 효과적이지 않고 바꿀 필요가 있는 습관은 무엇인가?
- 당신의 루틴을 돌아보라. 최적화되어 있는가? 도움이 되는가, 아니면 해로운가?
- 완벽주의를 거부하라. 어디에서부터 시작하면 될까? 이 정도로 충분한가? 언제 시작하면 될까?
- 유의성을 추구하라. 정말로 중요한 것이 무엇인가? 지속적인 의미가 있는 것은 무엇인가? 무엇이 시간을 늘려주는가?
- 성공을 축하하라. 무엇이 자랑스러운가? 무엇이 감사한가? 탁월하게 잘한 것은 무엇인가?

만약 자신을 믿고 매일 그 믿음과 행동을 확인하는 습관을 실천한다면 못 할 것이 없다. 당연히 위대함에 도달할 수 있다.

Tip. 위대함을 위한 연습 과제

연습 1. 유의성 전략

1단계: 완벽주의 지수 평가하기

행동하기 전에 완벽주의가 얼마나 당신의 발목을 잡고 있는지 알아볼 필요가 있다. 완벽주의 지수를 평가해보면 된다. 각 항목에 1~10점으로 답해보자.

☐ 나는 성공에 대한 확신이 들 때까지 일을 미루는 경향이 있다.

☐ 나는 도저히 가능하지 않을 것 같은 거대한 목표를 자주 세운다.

☐ 나는 "처음에 제대로 해야 한다"라고 자신에게 심한 압박을 가한다.

☐ 나는 실패하거나 실수했을 때 심하게 자책한다.

☐ 나는 내 기술과 능력에 대해 비판적이다.

☐ 나는 새로운 것을 시도할 때 타인의 시선을 걱정한다.

☐ 나는 작은 것들에 집중하느라고 큰 그림을 보지 못할 때가 있다.

☐ 나는 일단 시작한 다음에 개선을 위해 노력한다.

☐ 나는 내가 어디로 가려고 하는지 알고 있고, 그곳에 도착하는 데 도움이 되는 체크리스트도 가지고 있다.

☐ 내 옆에는 목표에서 빗나가지 않도록 도와주는 사람들이 있다.

☐ 나는 필요한 과제의 완수를 도와주는 프로세스를 만든다.

이 항목들에 점수를 매겨보면 완벽주의가 얼마나 큰 방해물로 작용하고 있는지 기준점이 생긴다. 각 항목의 점수를 1점과 가깝게(0은 더 좋고!) 내리는 것을 목표로 삼는다.

2단계: 1퍼센트 정의하기

앞으로 나아갈 때 명심해야 할 가장 중요한 사실은 위대함은 마라톤이지 단거리 달리기가 아니라는 것이다. 작지만 끊임없는 개선을 위해 노력해야 한다는 뜻이기도 하다. 그러려면 개선이 필요한 영역을 세분화해야 한다.

1. **신체적 개선:** 운동, 움직임, 건강을 말한다. 현재 체력 수준이 어떻고 1퍼센트 개선이 무엇을 뜻하는지 알아야 한다. 어디서부터 시작하는지는 중요하지 않다. 매일 1퍼센트씩 더 나아지는 방법을 적는다.

2. **관계적 개선:** 이 영역은 다른 사람들과 관계를 맺는 방법을 가리킨다. 배우자, 연인, 동료, 친구, 길거리의 낯선 사람일 수 있다. 각각의 관계에서 그 관계를 1퍼센트 더 개선하는 방법에 대해 생각해보고 적는다.

3. **정신적 개선:** 여기에는 생각과 정신적 회복력이 포함된다. 당신의 하루를 이끄는 생각들을 찾아 긍정적인지 부정적인지를 알아보아야 한다. 부정적인 생각을 1퍼센트 개선한다는 것은 긍정적인 쪽으로 이동한다는 뜻이다. 긍정적인 생각은 더 좋게 만드는 방법을 찾는다.

4. **지적 개선:** 여기에는 자기계발의 방식이 포함된다. 당신이 소비하는 정보와 그것이 행동에 어떤 영향을 미치는지 살펴본다. 받아들이는 정보와 그 정보를 이용한 결과에서 모두 1퍼센트의 개선을 이뤄낸다.

3단계: 루틴 만들기

고성과자들은 성과를 몇 배나 높여주는 루틴을 가지고 있다. 루틴을 처음 만드는 방법에는 '일정 만들기, 자동화하기, 제거하기, 축하하기'의 네 가지가 있다.

1. **일정 만들기:** 일정은 일을 끝내도록 도와주는 첫 번째 도구다. 유의미한 일을 가장 중요한 우선순위로 삼고 중요한 일들도 끼워 넣는다. 다음 과정을 거쳐서 스케줄을 세워보자.

- **매일 하고 싶은 일들:** 파트너와 의미 있는 시간 보내기, 운동,

독서, 야외 활동 등이 있을 수 있다. 이 항목들을 가장 먼저 일정표에 넣는다. 기량을 발휘하는 데 도움이 될 것이다.

- **매일 해야만 하는 일들**: 일과 생활을 중심으로 꼭 해야만 하는 일들이다. 어떤 일들이 있는지 리스트를 만들어서 하고 싶은 일들 주변에 배치하라.

- **다른 모든 일**: 병원 예약, 다른 사람들의 할 일 목록에 있는 일, 회의 등 나머지 모든 일이 포함된다. 현실적으로 이런 일들은 우리가 해낼 수 있는 수준보다 많은 법이다. 가능한 시간에 끼워넣되 창의성과 생산성이 가장 활발한 시간은 피해야 한다.

2. **자동화하기**: 자동화를 통해 작업을 간소화하는 방법을 찾는다. 노력을 들일 필요가 없는 일에 시간을 낭비하지 않는 것이 목표다. 주변 사람이나 직장 동료의 도움으로 시간이 낭비되는 일을 함께 찾아보면 좋다. 내 눈에는 보이지 않는 경우가 있을 수 있으므로 신선한 시각이 필요하다.

3. **제거하기**: 내 주의를 필요로 하지 않는 일들에 시간을 낭비하지 않는 것이 목적이다.

다음의 질문을 통해 제거할 일들을 찾아보자.

- 내가 시간을 가장 효율적으로 사용하는 일은 무엇인가?
- 그 일을 나만 할 수 있는 이유는 무엇인가?
- 다른 사람에게 맡겨도 잘 해낼 수 있는 일은 무엇인가?
- 내 진짜 목표에 방해되는 일은 무엇인가?
- 내가 빠져도 되는 회의나 이메일 대화는 무엇인가?
- 나의 강점이 아닌 약점인데도 맡은 일은 무엇인가?
- 내가 좋아하지 않는 일 중에서 다른 팀원에게 더 적합한 일이 있는가?

4. **축하하기:** 마지막으로 축하할 시간을 마련한다. 목표를 이룬 것은 자신에게 보상을 주어야 하는 이유가 된다. 나를 행복하게 해주는 것들을 적는다. 완벽주의의 유혹을 이겨내고 일을 끝낸 자신을 칭찬해주자!

4단계: 유의성 정의하기

이 연습에서 가장 개인적이고도 가장 중요한 일이다. 지금까지의 삶을 돌아보고 지금 의미를 추구하기 위해 무엇을 하고 있는지 생각하는 시간을 가져본다. '지금 나는 의미 있는 일들에 시간을 보내고 있는가?'

10년 후 내가 무엇을 이루었는지, 그것이 왜 중요했고 어떻게 의미로 이어졌는지에 대한 선언문을 써보자. 그다음에 하루의 시간을 어디에 쓰는지 돌아보고 조정해야 할 부분을 찾는다.

Chapter 18
축하하라, 나는 충분하다!

　예전에는 내가 이룬 것을 축하하지 않았다. 축하받을 가치가 있는 사람이라고 생각되지 않았기 때문이었다. 아무리 큰 성공을 이루어도 축하받을 가치가 충분하다는 생각이 들지 않았다. 두 번이나 올-아메리칸 선수에 오르고 프로 선수가 되고 세계 신기록을 경신하는 목표를 달성했을 때도 나는 스스로 충분하다고 생각하지 않았기 때문에 축하를 허락하지 않았다. 무조건 지금보다 더 크고 더 훌륭한 일을 해내야 한다고 생각했다.

　9년 전에 치유의 여정을 시작한 후에야 성공을 축하해도 된다고 나 자신에게 허락하게 되었다. 최종 목적지에 도착해 모든 도전이 끝나서 하는 축하가 아니었다. 내가 해낸 일을 축하하면서 사명을 이루기 위해 아직도 해내야 할 일이 많다는 것을 깨닫는 시간이었다.

나는 절대로 멈추고 싶지 않다. 계속 성장하고 배우고 발전하고 창조하고 싶다. 축하는 내가 충분하지 않은 사람이라서 더 열심히 해야 한다는 압박감을 느끼지 않고도 성취의 강렬한 순간을 오롯이 즐길 수 있게 해준다.

나는 이대로 충분하지 않으니 더 잘해야 한다고 나 자신을 압박하지 않고, 아무리 작은 성공이라도 잠시 멈추고 감사하는 법을 배

의미 있는 사명을 이루기 위한 매일의 노력을 축하하는 것이 중요하다.

웠다. 예를 들어, 나는 지난 10년 동안 '더 락' 드웨인 존슨을 팟캐스트에 꼭 출연시키고 싶었다(앞에서 그의 이야기를 소개했다). 하지만 아직 이루지 못했다. 그런데 최근에 그가 인스타그램에서 나를 팔로우했다. 현재 그의 인스타그램 계정 팔로워는 3억 명이 넘지만 그가 팔로우하는 계정은 불과 500명 정도밖에 안 된다. 예전 같으면 '목표를 아직도 이루지 못하다니 좀 더 열심히 해라!'고 나 자신을 나무랐을지도 모른다. 하지만 지금의 나는 그 목표에 한걸음 더 가까워졌다는 사실을 축하하고 기뻐할 줄 알게 되었다.

더 락은 나를 팔로우한 다음 날 인스타그램에 내가 그의 친구 제이 글레이저(Jay Glazer)를 인터뷰하는 팟캐스트 영상을 올렸다. 그는 인터뷰의 강력한 메시지를 언급하면서 나를 태그했다. 내가 계속 목표를 향해 나아가고 있고, 더 락을 인터뷰하는 날에 또한

걸음 가까워졌음을 다시 한번 축하했다. 우리는 얼마든지 여정을 긍정적인 시선으로 바라볼 수 있다.

좋은 방법은 매일 저녁 자신에게 이렇게 물어보는 것이다. '오늘 감사할 일은 무엇인가? 오늘 축하할 일은 무엇인가?' 내일 할 일이 있다는 사실을 알지만 오늘의 성공과 성장의 순간을 음미하라.

예전에 나는 작은 성공을 축하하면 현실에 안주하게 된다고 생각했지만 지금은 틀렸음을 잘 알고 있다. 단단하게 디디고 설 수 있는 의미 있는 사명이라는 토대가 있으므로, 사랑받을 가치가 있고 충분한 사람이라는 것을 느껴야만 한다는 욕구에 구애받지 않는다. 성공을 축하한다고 안일함에 빠지지 않는다. 평화와 충만함, 기쁨 속에서 흥분하고 갈망할 수 있다. 앞으로 내가 만들어나가야 할 것이 더 남아 있다는 것을 알기에 새로운 에너지가 생긴다.

어떤 날은 그저 오늘 하겠다고 다짐한 것들을 지켰다는 사실을 알아주기만 한다. '오늘 건강 목표를 위한 일들을 지켰다는 사실에 감사해. 관계와 사업 목표를 지킨 것도 감사해.' 오늘 내가 한 세 가지 일이 나를 목표에 더 가까이 다가서게 해준 사실을 음미하는 것이다.

내일 또다시 감사하고 축하하고 싶은 행동은 무엇인가?

그래서 나는 매일 밤 감사한 일을 세 가지 떠올린다. 나의 노력과 꾸준함, 실행을 축하하는 순간이다. 물론 더 큰 성공이나 이정표도 축하해야 한다. 하지만 의미 있는 사명을 이루기 위한 매일의 노력을 축하하는 것이 더 중요하다.

매일 밤 그날 있었던 세 가지 일을 축하하라. 어떤 날은 인생의 세 가지 영역 중 하나일 수 있다. 건강이나 관계 영역에만 관련된 일일 수도 있다. 가족들과 시간을 보낸 것이 될 수도 있다. 무엇이든 그날의 좋은 일을 알아주고 넘어가라. 이 질문을 떠올리는 것을 루틴으로 삼는다. 오늘 내가 감사하고 축하할 수 있는 세 가지는 무엇인가?

그다음에는 의미 있는 사명을 계속 추구하기 위해 내일 할 일은 무엇인지 생각해본다. 내일 또다시 감사하고 축하하고 싶은 행동은 무엇인가? 내일 밤에는 무엇을 축하할 계획인가?

당신은 이대로 충분하고 그 이상이 되고 있다

"옷도, 소지품도, 전리품도, 아무것도 없이 혼자 들판에 홀로 있더라도 당신은 충분합니다. 지금까지도 항상 그랬고 앞으로 무슨 일이 있어도 그럴 것입니다." 유명 댄서 데릭 허프(Derek Hough)는 누군가에게 이 말을 들었을 때 자신이 진정으로 충분하다는 것을 깨달았다.[182]

그전에는 충분한 사람이 되기 위해서는 무언가를 해야 하거나 가져야만 한다고 느꼈다. 있는 그대로 충분하다는 사실을 받아들인 후에는 진정으로 즐기는 일을 하기 시작했고, 커리어에도 가속도가 붙었다. 자신에 대한 믿음과 기쁨의 태도로 함께하자 일도 날개를 날았다. 그는 더 이상 충분해지려고 노력하지 않았다. 이미 자신이 충분하다는 것을 알기에.

작가이자 심리치료사인 로리 고틀립(Lori Gottlieb)도 같은 생각이다. "엉망진창이어도, 실수하고 완벽하지 않아도 당신은 충분합니다."[183] 정말 그렇다. 당신은 있는 그대로 충분하다. 중요한 사람이 되려고 뭔가를 할 필요도 없고, 추가로 더 무언가를 해야 할 필요도 없다.

자신이 정말로 충분한지 지금까지 이룬 것들을 따져보지 않아도 된다. 노력 자체가 나의 가치를 드러낸다는 것을 알아야 한다.

자신이 정말로 충분한지 지금까지 이룬 것들을 따져보지 않아도 된다. 노력 자체가 나의 가치를 드러낸다는 것을 알아야 한다. 당신이 누구인지는 자신의 재능과 예술적 표현을 통해 행동에서, 존재에서, 만들어가는 모습에서 드러난다. 남이 뭐라고 하는지는 중요하지 않다. 사라 제이크스 로버츠는 "성공은 결과가 아니라 과정에 있습니다"[184] 라고 말한다. 과정은 보상이다.

자신을 사랑하라

자신이 충분하다는 사실을 진정으로 받아들이기 위해서는 자신을 받아들여야 한다. 부정적인 감정은 배출하고, 노력하지 않아도 이미 충분한 사람이라는 사실을 알고 살아가야 한다.

나는 모두가 서로를 사랑하는 공동체에서 자라지 않았다. 남자는 강해야 한다는 미국 중서부의 문화 속에서 타인의 기대에 부응하는 법을 배웠다. 그런 방식이 약 22년 동안 몸에 배어 있었다. 덕분에 운동을 즐기고 승리욕이 치열한 사업가로 성장할 수 있었지만, 늘 두려움을 바탕으로 결정을 내렸기에 성취감을 느끼지 못했다. 상처받았고 외롭고 슬펐고 질투와 불안, 두려움을 느껴야 했다.

인생의 많은 부분이 허물어지고 나서야 뭔가 잘못되었다는 것을 깨달았다. 돈도 많이 벌고 겉으로는 좋아 보이는 삶을 살고 있었지만, 내면에는 고통뿐이었다. 그래서 치유의 여정을 시작했다.

어린 시절로 돌아가 감정을 되짚어보고 온전히 느껴보았다. 그러자 감정을 내려놓고 가장 고통스러웠던 기억들의 숨은 의미를 받아들일 수 있었다. 정말 굉장했다. 예전에는 무겁기만 했던 것들이 한층 가벼워졌다는 것을 느꼈다.

> 사람들이 자신과 사랑에 빠지는 기술을 터득한다면 세상은 훨씬 더 좋은 곳이 될 것이다.

나는 기꺼이 나 자신의 연약한 부분을 드러내고 표현하는 용기를 길러야 했다. 할 말을 하고 진정한 나를 표현하는 것이 점점 더 쉬워졌다. 물론 문제나 어려움이 없었던 것은 아니지만, 터널의 반대편으로 나온 느낌은 정말 굉장했다. 내가 모든 면에서 충분한 사람이고 좋은 것을 누릴 자격이 있음을 알게 되었다.

만약 사람들이 자신과 사랑에 빠지는 기술을 터득한다면 세상은 훨씬 더 좋은 곳이 될 것이다. 평생 연습해야 하지만 모두가 배워야 하는 기술이다.

모든 성공을 축하하라

위대함 게임 플랜을 실행할 때는 목표를 세우고, 이뤄냈다면 반드시 성공을 축하하는 시간을 가져야 한다. 행복은 과정에 들어 있다. 이만큼 멀리 왔음을 확인하고 자신이 이루어낸 성공을 축하하라.

니콜 린(Nicole Lynn)은 최고 NFL 선수를 담당하는 최초의 여성 에이전트가 되었다. 그녀는 최연소 최고 스포츠 에이전트 중 한 명이다. 최고의 운동선수들을 관리하는 에이전트로 성공하고 그 어느 때보다 많은 돈을 벌고 있었지만, 그녀는 너무나 불행했다. 그녀는 "성공이 곧 행복이 아님을 깨달았어요"라고 말했다. 그녀에게 가장 큰 행복을 준 것은 성과가 아니었다. 그 성과를 이루기까지의 여정이었다. "지금 저는 현재에 머무르는 방법을 배우려고 노력 중입니다. 목표에 도달하면 '다음엔 뭐지?'라고 생각하지 않고 축하해줍니다. 의식적으로 성공을 음미하는 시간을 가져요." [185]

당신도 그래야 한다. 열심히 노력해서 이룬 성공과 업적을 축하하는 시간을 가져야만 과정에서도 행복을 찾을 수 있다. 최종 목표를 너무 걱정하지 말고, 궁극적인 승리로 가는 과정에서 이루는 작고 멋진 성공을 즐기자.

> **성공을 축하하는 시간을 가져야 한다. 행복은 과정에 들어 있다.**

축하의 힘

승리를 축하하는 것이 얼마나 중요한지 말해주는 연구 결과가 많다. 내 팟캐스트 「위대함 학교」에서 이반 조셉(Ivan Joseph) 박사는 새로운 상황에 들어가거나 새로운 일을 시작할 때 자랑 리스트를 만든다고 말했다. 자신이 얼마나 강한지 스스로 일깨워주는 리스트다.

나도 그 기술을 즐겨 사용하고 있고, 큰 결과(Big Results), 성취(Accomplishments), 목표(Goals)로 '자랑'을 뜻하는 BRAG의 약자까지 만들었다. BRAG(자랑) 리스트를 만들 때는 학창 시절, 대학교, 그 이후까지 자신이 한 일을 전부 적으면 된다. 큰일을 하지 않은 지 오래되었다고 생각할 수도 있지만 고등학교나 대학을 무사히 졸업한 것만 해도 성취다. 최근에 직장에서 승진한 것, 오랫동안 꿈꿔왔던 여행을 다녀온 것, 부업으로 사업을 시작한 것, 그 어떤 성공도 당연하게 여기지 마라. 이 리스트는 자신감을 올려줄 것이다. 자신이 얼마나 능력이 있는 사람인지 기억하게 될 것이다.

Tip. 축하하기와 미래의 약속

연습: 자랑(BRAG) 리스트 만들기

지금까지 일과 삶에서 이룬 크고 작은 성공에 대해 조용히 생각해본다. 예상이 적중했거나 원하는 결과를 얻었거나 결승선을 통과했거나, 아니면 그저 뿌듯했던 때를 떠올려보라! 그 모든 것이 지금 이 자리에 오기 위한 디딤돌이었다!

그 어떤 성공도 당연하게 여기지 마라.

다음 범주로 나누어서 적어보자.

- 학창 시절(중고등학교)
- 고등학교 이후(대학, 기술 학교 등)

- 커리어 초기(첫 직장, 20대 초중반)

- 20대 후반~현재

위대함이 있는 삶에 헌신하라!

축하한다! 위대함의 여정에서 당신과 함께 걸을 수 있어서 영광이었다. 하지만 아직 끝나지 않았다. 아니, 이제 시작이다. 그레이트 마인드셋을 받아들이고 의미 있는 사명을 향해 나아가는 당신의 이야기를 앞으로 계속 들을 수 있기를 기대한다.

나의 의미 있는 사명:

위대함의 게임 플랜을 실행하기 위한 다음 단계는 무엇인가?

서문에서 이 책을 과거의 나에게 바친다고 했습니다. 저는 과거의 나를 인정하는 것이 중요하다고 생각합니다. 세상에 태어나 수많은 불확실함을 마주해야 했던 나이니까요. 그래서 저는 희망이 없는 것처럼 느껴질 때도 모든 고통을 똑바로 마주하고 치유하는 법을 배우는 용기를 가진 과거의 나에게 감사합니다. 과거의 내가 있기에 지금의 내가 있을 수 있었다고. 암울한 날에도 할 일을 계속하고 평화와 진실을 향해 나아가려고 했던 용기에 감사한다고요.

어머니, 당신의 건강과 저, 세상을 위해 노력하는 어머니는 빛입니다. 당신의 사랑은 나를 일으켜 세웁니다. 제가 이 책을 쓴 해에 돌아가신 아버지, 지금 저에게 많은 도움을 주는 씨앗들을 심어주셔서 감사합니다. 모든 가르침과 사랑, 믿음에 감사하고 항상 꿈을 크게 꾸라고 격려해주셔서 감사합니다.

크리스, 하이디, 캐서린에게 고맙습니다. 내 인생에 어떤 일이 일어나도 내가 책임을 다할 수 있도록 도와주고, 내 개성을 인정해주고, 나를 사랑해주는 형제자매가 있다는 사실이 정말 감사합니다.

팀 그레이트니스(Team Greatness), 이 여정을 가능하게 해준 열정적이고 헌신적인 팀원들에게 감사를 전합니다. 여러분은 매일 제가 의미 있는 사명을 수행하도록 영감을 줍니다. 한 분 한 분께 감사드립니다. 여러분과 이 여정을 함께해서 영광입니다.

이 놀라운 여정에 나란히 함께해준 매트 세사라토(Matt Cesaratto)와 사라 리빙스톤(Sarah Livingstone)에게도 감사드립니다. 여러분 없이는 모든 게 불가능했다는 것을 잘 아시죠!

마사 히가레다(Martha Higareda), 노력하는 사랑과 파트너십이 무엇인지 알려주어서 고마워요. 나의 사명과 비전, 있는 그대로의 나를 온전히 받아주어서 고마워요. 사랑합니다.

글쓰기 파트너 빌 블랭크샨(Bill Blankschaen)과 그의 스토리빌더스(StoryBuilders) 팀, 내 생각을 담아주고 이 책에 즐겁고 흥미로운 생명력을 불어넣어 준 것에 특별한 감사를 드립니다.

이 책이 세상에 나올 수 있도록 애써주고 세상에 진정한 변화를 만들어가기 위해 헌신하는 리사 쳉(Lisa Cheng), 모니카 오코너(Monica O'Connor), 패티 기프트(Patty Gift), 리드 트레이시(Reid Tracy)를 비롯해 헤이 하우스(Hay House) 출판사의 모든 팀에게 감사를 전합니다. 여러분은 세계 최고입니다!

오랜 세월 저에게 너무도 많은 것을 주신 모든 코치와 선생님, 멘토, 가이드 여러분, 자신조차도 믿지 않았던 녀석을 믿어주셔서 감사합니다.

제가 진행하는 팟캐스트 「위대함 학교(The School of Greatness)」에 출연해주신 모든 게스트와 앞으로 출연해주실 게스트('더 락' 드웨인 존슨, 당신을 기다리고 있습니다!)에게도 감사드립니다. 많은 사람이 치유하고 활력을 얻고 위대함으로 나아가도록 격려해주는 이야기와 지혜를 나눠주셔서 (그리고 앞으로 나눠주실 것에) 감사드립니다.

모든 친구와 지지자도 빠뜨릴 수 없습니다. 여러분의 의미 있는 사명을 위해 다음 단계로 용감하게 나아가주셔서 감사합니다. 여러분은 저에게 영감을 줍니다!

미주

Chatper 1

1) Viktor E. Frankl, Man's Search for Meaning (Boston: Beacon Press, 2006).
2) Paul Conti, Trauma: The Invisible Epidemic: How Trauma Works and How We Can Heal From It (S.L.: Vermilion, 2022).
3) John Maxwell, "One Is Too Small a Number," John Maxwell, May 31, 2011, https://www.johnmaxwell.com/blog/one-is-too-small-a-number/.

Chatper 2

4) "Anxiety Disorders-Facts & Statistics", Anxiety & Depression Association of America, June 27, 2022, https://adaa.org/about-adaa/press-room/facts-statistics
5) "Panic Disorder", Cleveland Clinic, August 12, 2020, https://my.clevelandclinic.org/health/diseases/4451-panic-disorder
6) "Any Anxiety Disorder", National Institute of Mental Health, accessed January 25, 2022, https://www.nimh.nih.gov/health/statistics/any-anxiety-disorder
7) Wendy Suzuki, "The Most Effective Ways to Manage Stress & Anxiety w/Dr. Wendy Suzuki EP 1160", September 8, 2021, in The School of Greatness, podcast, MP3 audio, 01:42:00, https://lewishowes.com/podcast/the-most-effective-ways-to-manage-stress-anxiety-with-dr-wendy-suzuki/
8) Jean M. Twenge, "The Sad State of Happiness in the United States and the Role of Digital Media", World Happiness Report, March 20, 2019, https://worldhappiness.report/ed/2019/the-sad-state-of-happiness-in-the-united-states-and-the-role-of-digital-media/
9) "Overweight & Obesity Statistics", National Institute of Diabetes and Digestive and Kidney Diseases, September 2021, https://www.niddk.nih.gov/health-

information/health-statistics/overweight-obesity

10) Bill Fay, "Demographics of Debt", Debt.org, February 23, 2022, https:// www.debt.org/faqs/americans-in-debt/demographics/#:~:text=The%20 average%20American%20has%20%2490%2C460

11) "The State of Mental Health in America", Mental Health America, January 25, 2022, https://mhanational.org/issues/state-mental-health-america

12) Jason Redman, "Navy Seal's 3 Rules for Leadership, Overcoming Near Death Experiences & Breaking The Victim Mentality w/Jason Redman EP 1175", October 13, 2021, in The School of Greatness, podcast, MP3 audio, 01:37:00, https://lewishowes.com/podcast/navy-seals-3-rules-for-leadership-overcoming-near-death-experiences-breaking-the-victim-mentality-w-jason-redman/

13) Jason Redman, "Navy Seal's 3 Rules."

14) Valuetainment, "Consequences of Over Protected Children-Jordan Peterson", YouTube, August 8, 2019, video, 03:26, https://www.youtube.com/ watch?v=Ll0opgJ9_Ck.

15) Brian Dunbar, ed., "Tribute to John Glenn from the Glenn Family and the John Glenn School of Public Affairs", NASA, December 8, 2016, https:// www.nasa.gov/feature/tribute-to-john-glenn-from-the-glenn-family-and-the-john-glenn-school-of-public-affairs/

Chatper 3

16) The Rock, "Seven Bucks Moment: Dwayne 'The Rock' Johnson", YouTube, February 17, 2022, video, 05:57, https://www.youtube.com/ watch?v=RjATMi9yNd0&t=336s

17) The Rock, "Seven Bucks Moment."

18) Nicole Lynn, "Nicole Lynn On Breaking Down Industry Barriers & Accomplishing Your Goals EP 1142", July 28, 2021, in The School of Greatness, podcast, MP3 audio, 01:06:00, https://lewishowes.com/podcast/nicole-lynn-on-breaking-down-industry-barriers-accomplishing-your-goals/

19) Gurudev Sri Sri Ravi Shankar, "A Spiritual Approach To Death, Abundance & Purpose w/Gurudev Sri Sri Ravi Shankar EP 1216", January 17, 2022, in The School of Greatness, podcast, MP3 audio, 01:23:00, https://lewishowes.com/ podcast/a-spiritual-approach-to-death-abundance-purpose-with-gurudev-sri-sri-ravi-shankar/

20) Tony Robbins, "Tony Robbins: Key to Success, Wealth and Fulfillment", April 4, 2016, in The School of Greatness, podcast, MP3 audio, 00:52:00, https://

lewishowes.com/podcast/tony-robbins2/

21) Katy Milkman, "The Science of Identity, Believing in Yourself & Setting Goals w/Katy Milkman Part 1 EP 1151", August 18, 2021, in The School of Greatness, podcast, MP3 audio, 00:59:00, https://lewishowes.com/podcast/the-science-of-identity-believing-in-yourself-setting-goals-with-katy-milkman-part-1/

22) Zig Ziglar, "Quotable Quote", Goodreads, February 8, 2022, https://www.goodreads.com/quotes/309132-money-isn-t-the-most-important-thing-in-life-but-it-s

23) Donald Miller, "Donald Miller: The Power of Storytelling", May 16, 2016, in The School of Greatness, podcast, MP3 audio, 00:55:00, https://lewishowes.com/podcast/donald-miller/

24) Laurie Santos, "961 The 5 Keys to Long-Term Happiness and Prosperity with Dr. Laurie Santos", June 1, 2020, in The School of Greatness, podcast, MP3 audio, 01:02:00, https://lewishowes.com/podcast/the-5-keys-to-long-term-happiness-and-prosperity-with-dr-laurie-santos/

25) Gurudev Sri Sri Ravi Shankar, "A Spiritual Approach To Death."

26) John Brennan, "1051 CIA Director REVEALS All: Making Mistakes, Being a Leader & Inside the Bin Laden Mission w/John Brennan", December 28, 2020, in The School of Greatness, podcast, MP3 audio, 01:41:00, https://lewishowes.com/podcast/cia-director-reveals-all-making-mistakes-being-a-leader-inside-the-bin-laden-mission-with-john-brennan/

27) Robert Greene, "1024 Robert Greene: The Positive Side of Human MANIPULATION (The #1 Skill for SUCCESS)", October 26, 2020, in The School of Greatness, podcast, MP3 audio,01:50:00, https://lewishowes.com/podcast/overcome-tragedy-create-abundance-embrace-failure-with-robert-greene/

28) Donald Miller, "Donald Miller: The Power."

Chatper 4

29) Sara Blakely, "397 Sara Blakely: SPANX CEO on Writing Your Billion Dollar Story", October 24, 2016, in The School of Greatness, podcast, MP3 audio, 01:05:00, https://lewishowes.com/podcast/sara-blakely/

30) Emma Fierberg and Alana Kakoyiannis, "Learning to Celebrate Failure at a Young Age Led to This Billionaire 's Success", Insider, February 16, 2022, https://www.business insider.com/sara-blakely-spanx-ceo-offers-advice-redefine-failure-retail-2016-7

31) Lauren Thomas, "Spanx Founder Sara Blakely Says Business Will Expand into

Denim and More after Blackstone Deal."
CNBC, October 22, 2021, https://www.cnbc.com/2021/10/22/spanx-founder-sara-blakely-says-business-will-to-expand-to-denim-and-more.html

32) Sara Blakely (@sarablakely), 2020, "Here's a glimpse of the moment i joined Instagram…"Instagram video, October 1, 2020, https://www.instagram.com/p/CFzRXzmA1Rs/

33) Sara Blakely, "397 Sara Blakely: SPANX CEO on Writing Your Billion Dollar Story", October 24, 2016, in The School of Greatness, podcast, MP3 audio, 01:05:00, https://lewishowes.com/podcast/sara-blakely/

34) Robert Greene, "1024 Robert Greene: The Positive Side of Human MANIPULATION (The #1 Skill for SUCCESS)", October 26, 2020, in The School of Greatness, podcast, MP3 audio,01:50:00, https://lewishowes.com/podcast/overcome-tragedy-create-abundance-embrace-failure-with-robert-greene/

35) Wendy Suzuki and Billie Fitzpatrick, Good Anxiety: Harnessing the Power of the Most Misunderstood Emotion (New York: Atria Books, 2021)

36) Sarah Jakes Roberts, Woman Evolve: Break Up with Your Fears and Revolutionize Your Life (Nashville, Tennessee: Thomas Nelson, 2021)

37) Dan Millman, "How to Develop a Peaceful Heart & Warrior Spirit w/Dan Millman EP 1217", January 19, 2022, in The School of Greatness, podcast, MP3 audio, 01:20:00, https://lewishowes.com/podcast/how-to-develop-a-peaceful-heart-warrior-spirit-with-dan-millman/

38) Ben Shapiro, "Jordan Peterson's Thoughts on Transgenderism", YouTube, February 8, 2022, video, 12:44, https://youtu.be/3enLBUJ5Od0

39) Sukhinder Cassidy, "Building Wealth, Overcoming Failure & Rethinking Risk Taking w/Sukhinder Singh Cassidy EP 1150", August 16, 2021, in The School of Greatness, podcast, MP3 audio, 01:29:00, https://lewishowes.com/podcast/building-wealth-overcoming-failure-rethinking-risk-taking-with-sukhinder-singh-cassidy/

40) Robert Greene, "1024 Robert Greene."

41) Sarah Jakes Roberts, "How To Heal Your Past, Build Strong Relationships & Deepen Your Faith w/Sarah Jakes Roberts EP 1105", May 3, 2021, in The School of Greatness, podcast, MP3 audio, 01:30:00, https://lewishowes.com/podcast/how-to-heal-your-past-build-strong-relationships-deepen-your-faith-with-sarah-jakes-roberts/

42) Dan Millman, "How to Develop a Peaceful Heart."

43) Sarah Jakes Roberts, "How To Heal."

44) Sarah Jakes Roberts, "How To Heal."

45) Sarah Jakes Roberts, "How To Heal."

46) Priyanka Chopra Jonas, "1067 Priyanka Chopra Jonas: Create Self Worth, Find Happiness & Choose Yourself", February 3, 2021, in The School of Greatness, podcast, MP3 audio, 01:32:00, https://lewishowes.com/podcast/priyanka-chopra-jonas-create-self-worth-find-happiness-choose-yourself/

47) Ethan Suplee, "Processing Pain, Losing 250+ Pounds, & Dissecting Trauma EP 1025", October 28, 2020, in The School of Greatness, podcast, MP3 audio, 01:26:00, https://lewishowes.com/podcast/processing-pain-losing-250-pounds-dissecting-trauma-with-actor-ethan-suplee/

48) Sukhinder Cassidy, "Building Wealth, Overcoming Failure."

49) Ray Dalio, "Create Financial Success, Develop Principles & Understand Your Purpose", December 7, 2020, in The School of Greatness, podcast, MP3 audio, https://lewishowes.com/podcast/create-financial-success-develop-principles-understand-your-purpose-with-ray-dalio/

50) Katy Milkman, "Behavioral Scientist's Take on Accountability, Temptation Bundling & Creating Lasting Habits w/Katy Milkman Part 2 EP 1152," August 20, 2021, in The School of Greatness, podcast, MP3 audio, 00:56:00, https://lewishowes.com/podcast/behavioral-scientists-take-on-accountability-temptation-bundling-creating-lasting-habits-with-katy-milkman-part-2/

51) Katy Milkman, "Behavioral Scientist's Take on Accounta bility."

Chatper 5

52) Jamie Kern Lima, "1074 How to Overcome Self-Doubt & Rejection to Build a Billion Dollar Brand w/Jamie Kern Lima", February 19, 2021, in The School of Greatness, podcast, MP3 audio, 01:40:00, https://lewishowes.com/podcast/how-to-overcome-self-doubt-rejection-to-build-a-billion-dollar-brand-with-jamie-kern-lima/

53) Jade Scipioni, "IT Cosmetics Jamie Kern Lima: 'I Lived Completely Burnt Out for Almost a Decade'", CNBC, March 9, 2021, https://www.cnbc.com/2021/03/09/it-cosmetics-jamie-kern-lima-on-building-a-billion-dollar-company.html

54) Phil McGraw, "Dr. Phil's Keys For Creating Success In Your Life EP 1172,", October 6, 2021, in The School of Greatness, podcast, MP3 audio, 01:11:00, https://lewishowes.com/podcast/dr-phils-keys-to-owning-your-life-future-today/

55) Phil McGraw, "Dr. Phil's Keys For Creating Success in Your Life EP 1172."

56) Tim Grover, "The Mindset of World Champions w/Tim Grover EP 1111", May

17, 2021, in The School of Greatness, podcast, MP3 audio, 01:03:00, https://lewishowes.com/podcastthe-mindset-of-world-champions-with-tim-grover-part-one/

57) Amy Cuddy, "The Science of Building Confidence & Self Esteem w/Harvard Psychologist Amy Cuddy EP 1198", December 6, 2021, in The School of Greatness, podcast, MP3 audio, 01:46:00, https://lewishowes.com/podcast/the-science-of-building-confidence-self-esteem-with-harvard-psychologist-amy-cuddy/

58) Evans, Jonny. 2015. "The Untold Story behind Apple's 'Think Different' Campaign", Computerworld. June 17, 2015. https://www.computerworld.com/article/2936344/the-untold-story-behind-apple-s-think-different-campaign.html#:~:text=Think%20Different%20became%20TV%2C%20posters%2C%20advertising

59) Jamie Kern Lima, "1074 How to Overcome."

60) Tim Grover, "The Mindset of World Champions."

Chatper 6

61) Robin Sharma, "988 The Morning Routine of Millionaires, Superstars & History's Greatest Geniuses w/Robin Sharma", August 3, 2020, in The School of Greatness, podcast, MP3 audio, 01:24:00, https://lewishowes.com/podcast/the-morning-routine-of-millionaires-superstars-and-historys-greatest-geniuses-with-robin-sharma/

62) Dan Millman, "How to Develop a Peaceful Heart & Warrior Spirit w/Dan Millman EP 1217", January 19, 2022, in The School of Greatness, podcast, MP3 audio, 01:20:00, https://lewishowes.com/podcast/how-to-develop-a-peaceful-heart-warrior-spirit-with-dan-millman/

63) Daniel Gilbert (@DanTGilbert), 2018, "He loved bumblers and despised pointers. Not even a question", Twitter post, May 23, 2018, https://twitter.com/DanTGilbert/status/999154208128622592

64) Erin McCarthy, "Roosevelt's 'The Man in the Arena'", Mental Floss, April 23, 2015, https://www.mentalfloss.com/article/63389/roosevelts-man-arena

65) Ellen Vora, "How To Turn Your Anxiety Into Your Superpower w/Ellen Vora EP 1240", March 14, 2022, in The School of Greatness, podcast, MP3 audio, 01:28:00, https://lewishowes.com/podcast/how-to-turn-your-anxiety-into-your-superpower-with-ellen-vora/

66) Rich Diviney, "1058 How to Attract Success, Destroy Laziness & Achieve

Optimal Performance w/Former Navy SEAL Officer Rich Diviney", January 13, 2021, in The School of Greatness,
podcast, MP3 audio, 01:46:00, https://lewishowes.com/podcast/how-to-attract-success-destroy-laziness-achieve-optimal-performance-with-former-navy-seal-officer-rich-diviney/

67) Joel Osteen, "Joel Osteen: Create Confidence & Abundance In All Areas Of Your Life! EP 1180", October 25, 2021, in The School of Greatness, podcast, MP3 audio, 01:13:00, https://lewishowes.com/podcast/joel-osteen-how-to-create-confidence-abundance-in-all-areas-of-your-life/

68) Priyanka Chopra Jonas, "1067 Priyanka Chopra Jonas: Create Self Worth, Find Happiness & Choose Yourself", February 3, 2021, in The School of Greatness, podcast, MP3 audio, 01:32:00, https://lewishowes.com/podcast/priyanka-chopra-jonas-create-self-worth-find-happiness-choose-yourself/

69) Priyanka Chopra Jonas, "1067 Priyanka Chopra Jonas."

70) Rich Diviney, "1058 How to Attract Success."

71) Wendy Suzuki, "The Most Effective Ways to Manage Stress & Anxiety w/Dr. Wendy Suzuki EP 1160", September 8, 2021, in The School of Greatness, podcast, MP3 audio, 01:42:00, https://lewishowes.com/podcast/the-most-effective-ways-to-manage-stress-anxiety-with-dr-wendy-suzuki/

72) Wendy Suzuki, "The Most Effective Ways."

Chatper 7

73) Tim Grover, "Why You NEED to be Selfish to WIN w/Tim Grover EP 1112", May 19, 2021, in The School of Greatness, podcast, MP3 audio, 01:05:00, https://lewishowes.com/podcast/why-you-need-to-be-selfish-to-win-with-tim-grover-part-two/

74) Joel Osteen, "Joel Osteen: Create Confidence & Abundance In All Areas Of Your Life! EP 1180", October 25, 2021, in The School of Greatness, podcast, MP3 audio, 01:13:00, https://lewishowes.com/podcast/joel-osteen-how-to-create-confidence-abundance-in-all-areas-of-your-life/

75) Dan Millman, "How to Develop a Peaceful Heart & Warrior Spirit w/Dan Millman EP 1217", January 19, 2022, in The School of Greatness, podcast, MP3 audio, 01:20:00, https://lewishowes.com/podcast/how-to-develop-a-peaceful-heart-warrior-spirit-with-dan-millman/

76) J'na Jefferson, "Snoop Dogg Explains Why He Thanked Himself during 'Walk of Fame' Speech", Vibe, May 24, 2014, https://www.vibe.com/news/entertainment/

snoop-dogg-walk-of-fame-speech-explanation-651073/

77) Dan Millman, Everyday Enlightenment: The Twelve Gateways to Personal Growth (Sydney: Hodder, 2000)

78) Joel Osteen, "Joel Osteen: Create Confidence."

79) Seth Godin, "1027 Habits of Success for Creatives, Artists & Entrepreneurs w/Seth Godin", November 2, 2020, in The School of Greatness, podcast, MP3 audio, 01:13:00, https://lewishowes.com/podcast/habits-of-success-for-creatives-artists-entrepreneurs-with-seth-godin/

Chatper 8

80) Dale Carnegie, How to Stop Worrying and Start Living (S.L.: Jaico Publishing House, 2019)

81) Dale Carnegie, How to Stop Worrying and Start Living (S.L.: Jaico Publishing House, 2019)

82) Dale Carnegie, How to Stop Worrying and Start Living (S.L.: Jaico Publishing House, 2019)

83) Ethan Kross and Gretchen Rubin, Chatter: The Voice in Our Head, Why It Matters, and How to Harness It (New York: Crown, 2022)

84) C. G. Jung, "Quotable Quote", Goodreads, February 15, 2022, https://www.goodreads.com/quotes/44379-until-you-make-the-unconscious-conscious-it-will-direct-your

85) Todd Herman, The Alter Ego Effect: The Power of Secret Identities to Transform Your Life (New York: HarperCollins Publishers, 2019)

86) Wendy Suzuki and Billie Fitzpatrick, Good Anxiety: Harnessing the Power of the Most Misunderstood Emotion (New York: Atria Books, 2021)

87) "An Ocean of Bliss May Rain Down from the Heavens, But If You Hold Up Only a Thimble, That Is All You Receive", Statustown, February 16, 2022, https://statustown.com/quote/9693/#:~:text=An%20ocean%20of%20bliss%20may

Chatper 9

88) Ramani Durvasula, "Signs You're Dating a Narcissist & How to Know If You Are One w/Dr. Ramani Durvasula (PART 1) EP 1195", November 29, 2021, in The School of Greatness, podcast, MP3 audio, 00:53:00, https://lewishowes.com/podcast/narcissists-vs-psychopaths-how-to-avoid-dating-one-with-dr-ramani-durvasula-part-1/

89) RecoveryRevival (@recoveryrevival), "'Stresses Have an Impact on Your Physiology'-Dr. Gabor Mate", TikTok video, February 27, 2022, https://www.tiktok.com/@recoveryrevival/video/7069601379811216642?_t=8RnnBW7SuAI&_r=1

90) Dr. Shefali Tsabary, "How to Understand Your Trauma & Relationships w/Dr. Shefali EP 1110", May 14, 2021, in The School of Greatness, podcast, MP3 audio, 01:41:00, https://lewishowes.com/podcast/how-to-understand-your-trauma-relationships-with-dr-shefali/

91) Nicole LePera, "The Power to Heal Yourself", The Holistic Psychologist, February 16, 2022, https://theholisticpsychologist.com/

92) David Perlmutter, "How Your Diet Affects Your Behavior, Risk Of Disease & What You Should Do About It w/Dr. David Perlmutter EP 1211", January 5, 2022, in The School of Greatness, podcast, MP3 audio, 01:32:00, https://lewishowes.com/podcast/how-your-diet-affects-your-behavior-risk-of-disease-what-you-should-do-about-it-with-dr-david-perlmutter/

93) Tim Ferriss, "Paul Conti, MD-How Trauma Works and How to Heal from It (#533)", The Tim Ferriss Show, September 22, 2021, https://tim.blog/2021/09/22/paul-conti-trauma/

94) Donald Miller, "Your Life Is A Story: Why You Should Write Your Own Eulogy TODAY w/Donald Miller EP 1215", January 14, 2022, in The School of Greatness, podcast, MP3 audio, 01:40:00, https://lewishowes.com/podcast/your-life-is-a-story-why-you-should-write-your-own-eulogy-today-with-donald-miller/

Chatper 10

95) Payal Kadakia, "Why You Shouldn't Have A 'Plan B' & The Ultimate Goal Setting Method w/Payal Kadakia EP 1224", February 4, 2022, in The School of Greatness, podcast, MP3 audio, 01:25:00, https://lewishowes.com/podcast/why-you-shouldnt-have-a-plan-b-the-ultimate-goal-setting-method-with-payal-kadakia/

96) Payal Kadakia, "Why You Shouldn't Have A 'Plan B.'"

97) Adam Grant, "1066 Positively Influence Others, Increase Mental Flexibility & Diversify Your Identity w/Adam Grant", February 1, 2021, in The School of Greatness, podcast, MP3 audio, 01:37:00, https://lewishowes.com/podcast/positively-influence-others-increase-mental-flexibility-diversify-your-identity-with-adam-grant/

98) Amy Cuddy, "The Science of Building Confidence & Self Esteem w/Harvard

Psychologist Amy Cuddy EP 1198", December 6, 2021, in The School of Greatness, podcast, MP3 audio, 01:46:00, https://lewishowes.com/podcast/the-science-of-building-confidence-self-esteem-with-harvard-psychologist-amy-cuddy/

99) Leon Howard, "From Prison To Financial Freedom: The Journey of Reshaping Your Identity w/Wallstreet Trapper EP 1209", December 31, 2021, in The School of Greatness, podcast, MP3 audio, 01:47:00, https://lewishowes.com/podcast/the-simple-keys-to-building-financial-freedom-eliminating-poor-money-habits-with-wallstreet-trapper/

100) Adam Grant, "1066 Positively Influence Others, Increase Mental Flexibility & Diversify Your Identity w/Adam Grant", February 1, 2021, in The School of Greatness, podcast, MP3 audio, 01:37:00, https://lewishowes.com/podcast/positively-influence-others-increase-mental-flexibility-diversify-your-identity-with-adam-grant/

101) Benjamin Hardy, "The Secret to Avoiding Burnout & Reshaping Your Identity w/Dr. Benjamin Hardy EP 1181", October 27, 2021, in The School of Greatness, podcast, MP3 audio, 01:07:00, https://lewishowes.com/podcast/the-secret-to-avoiding-burnout-reshaping-your-identity-with-dr-benjamin-hardy/

102) Tim Storey, "1078 Finding Spiritual Truth, Understanding Identity & Managing Your Inner Mess w/Tim Storey", March 1, 2021, in The School of Greatness, podcast, MP3 audio, 01:19:00, https://lewishowes.com/podcast/finding-spiritual-truth-understanding-identity-managing-your-inner-mess-with-tim-storey/

103) Donald Miller, "Your Life Is A Story: Why You Should Write Your Own Eulogy TODAY w/Donald Miller EP 1215", January 14, 2022, in The School of Greatness, podcast, MP3 audio, 01:40:00, https://lewishowes.com/podcast/your-life-is-a-story-why-you-should-write-your-own-eulogy-today-with-donald-miller/

104) Donald Miller, "Your Life Is A Story."

105) Donald Miller, "Your Life Is A Story."

Chatper 11

106) Joe Dispenza, "1054 Dr. Joe Dispenza: Transform Your Mind for Lasting Love & Magnetic Relationships (PART 1)", January 4, 2021, in The School of Greatness, podcast, MP3 audio, 01:08:00, https://lewishowes.com/podcast/dr-joe-dispenza-transform-your-mind-for-lasting-love-and-magnetic-relationships/

107) Caroline Leaf, "1079 How to Heal Your Mind & Improve Mental Health (Based

on NEUROSCIENCE!) w/Dr. Caroline Leaf", March 3, 2021, in The School of Greatness, podcast, MP3 audio, 01:49:00, https://lewishowes.com/podcast/how-to-heal-your-mind-and-improve-mental-health-based-on-neuroscience-with-dr-caroline-leaf/

108) Marisa Peer, "Get Rid Of Your Negative Beliefs, Manifest Abundance & Start Loving Yourself w/Marisa Peer EP 1213", January 10, 2022, in The School of Greatness, podcast, MP3 audio, 01:10:00, https://lewishowes.com/podcast/get-rid-of-your-negative-beliefs-manifest-abundance-start-loving-yourself-with-marisa-peer/

109) Joe Dispenza, "679 Heal Your Body with Your Mind: Dr. Joe Dispenza", August 12, 2018, in The School of Greatness, podcast, MP3 audio, 01:20:00, https://lewishowes.com/podcast/heal-your-body-with-your-mind-dr-joe-dispenza/

110) Joe Dispenza, "1055 How To Overcome Negative Emotions, Let Go of Your Identity & Truly Love Yourself w/Dr. Joe Dispenza (PART 2)," January 6, 2021, in The School of Greatness, podcast, MP3 audio, 01:03:00, https://lewishowes.com/podcast/how-to-overcome-negative-emotions-let-go-of-your-identity-and-truly-love-yourself-with-dr-joe-dispenza-part-2/

111) Ethan Kross, "Turn Your Inner Dialogue Into Productivity and Confidence w/Dr. Ethan Kross EP 1118", June 2, 2021, in The School of Greatness, podcast, MP3 audio, 01:38:00, https://lewishowes.com/podcast/turn-your-inner-dialogue-into-productivity-and-confidence-%EF%BB%BFwith-dr-ethan-kross/

112) Mel Robbins, "The High 5 Habit & The Secret To Motivation w/ Mel Robbins EP 1170", October 1, 2021, in The School of Greatness, podcast, MP3 audio, 01:38:00, https://lewishowes.com/podcast/the-5-second-rule-the-secret-to-motivation-with-mel-robbins/

113) Mel Robbins, "The High 5 Habit."

114) Mel Robbins, "The High 5 Habit."

115) Mel Robbins, "The High 5 Habit."

116) Gabrielle Bernstein, Super Attractor: Methods for Manifesting a Life beyond Your Wildest Dreams (Carlsbad, California: Hay House, 2021)

117) Gabrielle Bernstein, Super Attractor

118) Gabrielle Bernstein, Super Attractor

119) Dan Millman, "How to Develop a Peaceful Heart & Warrior Spirit w/Dan Millman EP 1217", January 19, 2022, in The School of Greatness, podcast, MP3 audio, 01:20:00, https://lewishowes.com/podcast/how-to-develop-a-peaceful-heart-warrior-spirit-with-dan-millman/

120) Dan Millman, "How to Develop a Peaceful Heart."

121) Susan David, "Why Emotional Agility Is The Most Important Skill You Need To Know EP 1297", February 18, 2018, in The School of Greatness, podcast, MP3 audio, 01:28:00, https://lewishowes.com/podcast/susan-david-the-art-of-emotional-agility/

122) Susan David, "Why Emotional Agility."

123) Gabrielle Bernstein, Super Attractor

124) Dan Millman, "How to Develop a Peaceful Heart."

125) Dan Millman, "How to Develop a Peaceful Heart."

126) Nir Eyal, "Build Life Changing Habits & Become A Productivity Master w/Nir Eyal EP 1097", April 14, 2021, in The School of Greatness, podcast, MP3 audio, 01:31:00, https://lewishowes.com/podcast/build-life-changing-habits-become-a-productivity-master-with-nir-eyal/

127) Nir Eyal, "Build Life Changing Habits."

128) Susan David, "Susan David: The Art of Emotional Agility", February 18, 2018, in The School of Greatness, podcast, MP3 audio, 01:15:37, https://lewishowes.com/podcast/susan-david-the-art-of-emotional-agility/

129) Derek Hough, "How To Pursue Your Dream & Make A Living As An Artist w/ Derek Hough EP 1167", September 24, 2021, in The School of Greatness, MP3 audio, 01:33:00, https://lewishowes.com/podcast/how-to-pursue-your-dream-make-a-living-as-an-artist-with-derek-hough/

130) Susan David, "Susan David: The Art."

131) Nir Eyal, "Build Life Changing Habits."

132) Nir Eyal, "Build Life Changing Habits."

133) Gabrielle Bernstein, Super Attractor

134) Seth Godin, "1027 Habits of Success for Creatives, Artists & Entrepreneurs w/Seth Godin", November 2, 2020, in The School of Greatness, podcast, MP3 audio, 01:13:00, https://lewishowes.com/podcast/habits-of-success-for-creatives-artists-entrepreneurs-with-seth-godin/

Chatper 12

135) Rachel Rodgers, "How To Develop A Rich Mindset, Double Your Income & Accomplish Your Dreams w/Rachel Rodgers EP 1184", November 3, 2021, in The School of Greatness, podcast, MP3 audio, https://lewishowes.com/podcast/how-to-develop-a-rich-mindset-double-your-income-accomplish-your-dreams-with-rachel-rodgers/

136) Rachel Rodgers, "How To Develop."

137) Rachel Rodgers, "How To Develop."

138) Ali Abdaal, "Build Multiple Income Streams, Habits To Become A Millionaire, and How To Gamify Your Productivity w/Ali Abdaal EP 1158", September 3, 2021, in The School of Greatness, podcast, MP3 audio, 01:59:00, https://lewishowes.com/podcast/build-multiple-income-streams-habits-to-become-a-millionaire-and-how-to-gamify-your-productivity-with-ali-abdaal/

139) Ali Abdaal, "Build Multiple Income Streams."

140) Ali Abdaal, "Why I Left Medicine … Forever", YouTube, April 29, 2022, video, 43:16, https://www.youtube.com/watch?v=mZOVLrLXKCE

Chatper 13

141) Brandon Gaille, "23 Lottery Winners Bankrupt Statistics", Brandon Gaille, May 26, 2017, https://brandongaille.com/22-lottery-winners-bankrupt-statistics/

142) Gabrielle Bernstein, "How to Manifest Your Dreams, Replace Negative Beliefs & Attract Abundance w/Gabby Bernstein EP 1103", April 28, 2021, in The School of Greatness, podcast, MP3 audio, 01:44:00, https://lewishowes.com/podcast/how-to-manifest-your-dreams-replace-negative-beliefs-attract-abundance-with-gabby-bernstein/

143) Seth Godin, "Reject the Tyranny of Being Picked: Pick Yourself," Seth's Blog, April 27, 2022, https://seths.blog/2011/03/reject-the-tyranny-of-being-picked-pick-yourself/

144) Rory Vaden, "How To Beat Procrastination & Rewire Your Brain For Success w/Rory Vaden EP 1144", August 2, 2021, in The School of Greatness, podcast, MP3 audio, 00:58:00, https://lewishowes.com/podcast/how-to-beat-procrastination-rewire-your-brain-for-success-with-rory-vaden/

145) Gabrielle Bernstein, "How to Manifest."

146) Stephen R. Covey, The 7 Habits of Highly Effective People (New York: Simon & Schuster, 2013)

147) Sean Covey and Stacy Curtis, The 7 Habits of Happy Kids (New York: Simon & Schuster, 2018)

148) Rory Vaden, "How To Multiply Your Time & Income w/Rory Vaden EP 1133", July 7, 2021, in The School of Greatness, podcast, MP3 audio, https://lewishowes.com/podcast/how-to-multiply-your-time-income-with-rory-vaden/

Chatper 14

149) Rory Vaden, "How To Beat Procrastination & Rewire Your Brain For Success w/Rory Vaden EP 1144", August 2, 2021, in The School of Greatness, podcast, MP3 audio, 00:58:00, https://lewishowes.com/podcast/how-to-beat-procrastination-rewire-your-brain-for-success-with-rory-vaden/

150) Katy Milkman, "The Science of Identity, Believing in Yourself & Setting Goals w/Katy Milkman Part 1 EP 1151", August 18, 2021, in The School of Greatness, podcast, MP3 audio, 00:59:00, https://lewishowes.com/podcast/the-science-of-identity-believing-in-yourself-setting-goals-with-katy-milkman-part-1/

151) Rory Vaden, "How To Beat Procrastination."

152) Katy Milkman, "The Science of Identity."

153) Shawn Achor, The Happiness Advantage (New York: Random House, 2011)

Chatper 15

154) Rory Vaden, "How To Beat Procrastination & Rewire Your Brain For Success w/Rory Vaden EP 1144", August 2, 2021, in The School of Greatness, podcast, MP3 audio, 00:58:00, https://lewishowes.com/podcast/how-to-beat-procrastination-rewire-your-brain-for-success-with-rory-vaden/

155) Benjamin Hardy, "The Secret to Avoiding Burnout & Reshaping Your Identity w/Dr. Benjamin Hardy EP 1181", October 27, 2021, in The School of Greatness, podcast, MP3 audio, 01:07:00, https://lewishowes.com/podcast/the-secret-to-avoiding-burnout-reshaping-your-identity-with-dr-benjamin-hardy/

156) Jason Redman, "Navy Seal's 3 Rules for Leadership, Overcoming Near Death Experiences & Breaking The Victim Mentality w/Jason Redman EP 1175", October 13, 2021, in The School of Greatness, podcast, MP3 audio, 01:37:00, https://lewishowes.com/podcast/navy-seals-3-rules-for-leadership-overcoming-near-death-experiences-breaking-the-victim-mentality-w-jason-redman/

157) Katy Milkman, "The Science of Identity, Believing in Yourself & Setting Goals w/Katy Milkman Part 1 EP 1151", August 18, 2021, in The School of Greatness, podcast, MP3 audio, 00:59:00, https://lewishowes.com/podcast/the-science-of-identity-believing-in-yourself-setting-goals-with-katy-milkman-part-1/

Chatper 16

158) Katy Milkman, "The Science of Identity, Believing in Yourself & Setting Goals w/Katy Milkman Part 1 EP 1151", August 18, 2021, in The School of Greatness,

podcast, MP3 audio, 00:59:00, https://lewishowes.com/podcast/the-science-of-identity-believing-in-yourself-setting-goals-with-katy-milkman-part-1/

159) Thomas Frank, "Avoid Burnout, Learn Faster, Improve Your Memory & Overcome Procrastination w/Thomas Frank EP 1205", December 22, 2021, in The School of Greatness, podcast, MP3 audio, https://lewishowes.com/podcast/avoid-burnout-learn-faster-improve-your-memory-overcome-procrastination-with-thomas-frank/

160) Jen Sincero, "How to Build Habits to Create Financial Abundance & Success w/Jen Sincero EP 1101", April 23, 2021, in The School of Greatness, podcast, MP3 audio, https://lewishowes.com/podcast/how-to-build-habits-to-create-financial-abundance-success-with-jen-sincero/

161) Caroline Leaf, "1079 How to Heal Your Mind & Improve Mental Health (Based on NEUROSCIENCE!) w/Dr. Caroline Leaf", March 3, 2021, in The School of Greatness, podcast, MP3 audio, 01:49:00, https://lewishowes.com/podcast/how-to-heal-your-mind-and-improve-mental-health-based-on-neuroscience-with-dr-caroline-leaf/

162) Thomas Frank, "Avoid Burnout, Learn Faster."

163) Evy Poumpouras, "How to Build Command, Authority & Credibility w/Evy Poumpouras 1092", April 2, 2021, in The School of Greatness, podcast, MP3 audio, 01:55:00, https://lewishowes.com/podcast/how-to-build-command-authority-credibility-with-evy-poumpouras/

164) Jordan Peterson, "Jordan Peterson on Marriage, Resentment & Healing the Past (Part 1) EP 1093", April 5, 2021, in The School of Greatness, podcast, MP3 audio, 01:23:00, https://lewishowes.com/podcast/jordan-peterson-on-marriage-resentment-healing-the-past-part-1/

Chatper 17

165) PHP, "Steph Curry 105 THREES in a ROW, 5 Minutes Straight without Missing", YouTube, April 30, 2022, video, 05:13, https://www.youtube.com/watch?v=1mi-lCTCvrE

166) MasterClass, "Stephen Curry's 9 Tips for a Basketball Practice Routine", MasterClass, March 2, 2022, https://www.masterclass.com/articles/stephen-currys-practice-tips#a-brief-introduction-to-steph-curry

167) Sourabh Singh, "Steph Curry Workout Routine: What Makes Him the Best Shooter in the League?" Essentially Sports, May 19, 2021, https://www.essentiallysports.com/nba-basketball-news-golden-state-warriors-steph-

curry-workout-routine-what-makes-him-the-best-shooter-in-the-league/

168) Bharat Aggarwal, "Steph Curry Details 'How It Feels Like' When He Hits Prime Shooting Form & Achieves a Flow State", Essentially Sports, March 10, 2021, https://www.essentiallysports.com/nba-basketball-news-steph-curry-details-how-it-feels-like-when-he-hits-prime-shooting-form-achieves-a-flow-state/

169) Motivation Stop (@motivationstop), "Perfectionism Is a Defence Mechanism,", TikTok video, April 30, 2021, https://www.tiktok.com/@motivationstop/video/7082462324438748421

170) Thomas Frank, "Avoid Burnout, Learn Faster, Improve Your Memory & Overcome Procrastination w/Thomas Frank EP 1205", December 22, 2021, in The School of Greatness, podcast, MP3 audio, https://lewishowes.com/podcast/avoid-burnout-learn-faster-improve-your-memory-overcome-procrastination-with-thomas-frank/

171) Motivation Stop (@motivationstop), "Perfectionism Is a Defence Mechanism."

172) Jonathan Acuff, Finish: Give Yourself the Gift of Done (New York: Portfolio/Penguin, 2018)

173) Motivation Stop (@motivationstop), "Perfectionism Is a Defence Mechanism."

174) Thomas Frank, "Avoid Burnout, Learn Faster."

175) Jen Sincero, "How to Build Habits to Create Financial Abundance & Success w/Jen Sincero EP 1101", April 23, 2021, in The School of Greatness, podcast, MP3 audio, https://lewishowes.com/podcast/how-to-build-habits-to-create-financial-abundance-success-with-jen-sincero/

176) Austin Kleon, "The Habits & Routines Behind Great Artists w/Austin Kleon EP 1123", June 14, 2021, in The School of Greatness, podcast, MP3 audio, 01:25:00, https://lewishowes.com/podcast/the-habits-routines-behind-great-artists-with-austin-kleon/

177) Anthony ONeal, "How To Reshape Your Beliefs Around Money, Love & Your Future w/Anthony ONeal EP 1222", January 31, 2022 in The School of Greatness, podcast, MP3 audio, 01:28:12, https://lewishowes.com/podcast/how-to-reshape-your-beliefs-around-money-love-your-future-with-anthony-oneal/

178) Rob Dyrdek, "How To Reshape Your Beliefs Around Money, Love & Your Future w/Anthony O'Neal EP 1222", September 6, 2021, in The School of Greatness, podcast, MP3 audio, https://lewishowes.com/podcast/how-to-reshape-your-beliefs-around-money-love-your-future-with-anthony-oneal/

179) Lindsey Vonn, "Lindsey Vonn: DISCOVER Your Potential, Destroy Self-Doubt & Develop Habits for SUCCESS EP 1132", July 5, 2021, in The School of Greatness, podcast, MP3 audio, 00:58:00, https://lewishowes.com/podcast/lindsey-vonn-

discover-your-potential-destroy-self-doubt-develop-habits-for-success/

180) Rory Vaden, "How To Multiply Your Time & Income w/Rory Vaden EP 1133", July 7, 2021, in The School of Greatness, podcast, MP3 audio, https://lewishowes.com/podcasthow-to-multiply-your-time-income-with-rory-vaden/

181) Rory Vaden, "How To Multiply."

Chatper 18

182) Derek Hough, "How To Pursue Your Dream & Make A Living As An Artist w/ Derek Hough EP 1167", September 24, 2021, in The School of Greatness, MP3 audio, 01:33:00, https://lewishowes.com/podcast/how-to-pursue-your-dream-make-a-living-as-an-artist-with-derek-hough/

183) Lori Gottlieb, "Red Flags To Watch Out For & The Keys To A Healthy Relationship w/Lori Gottlieb EP 1191", November 19, 2021, in The School of Greatness, podcast, MP3 audio, 01:04:00, https://lewishowes.com/podcast/red-flags-to-watch-out-for-the-key-to-a-healthy-relationship-with-lori-gottlieb/

184) Sarah Jakes Roberts, "How To Heal Your Past, Build Strong Relationships & Deepen Your Faith w/Sarah Jakes Roberts EP 1105", May 3, 2021, in The School of Greatness, podcast, MP3 audio, 01:30:00, https://lewishowes.com/podcast/how-to-heal-your-past-build-strong-relationships-deepen-your-faith-with-sarah-jakes-roberts/

185) Nicole Lynn, "Nicole Lynn On Breaking Down Industry Barriers & Accomplishing Your Goals EP 1142", July 28, 2021, in The School of Greatness, podcast, MP3 audio, 01:06:00, https://lewishowes.com/podcast/nicole-lynn-on-breaking-down-industry-barriers-accomplishing-your-goals/

옮긴이 정지현

스무 살 때 남동생의 부탁으로 두툼한 신시사이저 사용 설명서를 번역해 준 것을 계기로 번역의 매력과 재미에 빠졌다. 대학 졸업 후 출판번역 에이전시 베네트랜스 전속 번역가로 활동 중이며 현재 미국에 거주하면서 책을 번역한다. 옮긴 책으로는 『타이탄의 도구들』 『지금 하지 않으면 언제 하겠는가』 『마흔이 되기 전에』 『5년 후 나에게 Q&A』 『빌런의 공식』 『나는 왜 생각을 멈출 수 없을까』 등이 있다.

그레이트 마인드셋

초판 1쇄 발행 2023년 7월 31일
초판 5쇄 발행 2024년 7월 22일

지은이 루이스 하우즈
옮긴이 정지현
펴낸이 김선준

책임편집 송병규
편집팀 이희산
마케팅팀 이진규, 권두리, 신동빈
홍보팀 조아란, 장태수, 이은정, 권희, 유준상, 박미정, 박지훈, 이건희
디자인 김세민
경영관리팀 송현주, 권송이

펴낸곳 (주)콘텐츠그룹 포레스트 **출판등록** 2021년 4월 16일 제2021-000079호
주소 서울시 영등포구 여의대로 108 파크원타워1 28층
전화 02) 2668-5855 **팩스** 070) 4170-4865
이메일 www.forestbooks.co.kr
종이 ㈜월드페이퍼 **인쇄** 더블비 **제본** 책공감

ISBN 979-11-92625-60-7 (03190)